Klaus-Jürgen Bremm

Amerikas unwahrscheinlicher Sieg

George Washingtons triumphaler Einzug in New York am 25. November 1783. Farbdruck um 1850.

Klaus-Jürgen Bremm

Amerikas unwahrscheinlicher Sieg

Der Unabhängigkeitskrieg 1775–1783

wbg Theiss

wbg Theiss ist ein Imprint der Verlag Herder GmbH

Bei Fragen zur Produktsicherheit wenden Sie sich an
produktsicherheit@herder.de

Lektorat: Thomas Bertram
Satz: Zerosoft, Timisoara
Covergestaltung: Michaela Kneißl, geviert
Coverbild: Kapitulation von General Cornwallis nach der Schlacht von Yorktown. Gemälde von John Trumbull (1797). © akg-images / De Agostini Picture Lib.
Herstellung: GGP Media GmbH, Posneck

Printed in Germany

ISBN Print: 978-3-534-61072-3
ISBN E-Book (E-Pub): 978-3-534-61129-4
ISBN E-Book (PDF): 978-3-534-61131-7

Inhalt

Einleitung: 1781 – Englands vergehendes Imperium in Amerika

„Amerika ist verloren! Das prächtigste Juwel in der Krone meines Vaters. Ach! Was wird nur aus meinem Bruder George? Jetzt, da das Königreich kaum noch zum Vererben wert ist."

Fiktiver Dialog zwischen Prinz William Henry und General Sir Henry Clinton aus dem *Pennsylvania Journal* (Oktober 1781)[1]

Am 24. September 1781 traf nach einer ungewöhnlich langen Überfahrt von zwei Monaten ein kleines britisches Geschwader aus dem Mutterland vor der Halbinsel Manhattan ein. Eines der drei als Verstärkung nach Amerika entsandten Linienschiffe unter dem Kommando von Rear-Admiral (Konteradmiral) Robert Digby war die *Prince George*, ein 100-Kanonen-Gigant, auf dem Prinz William Henry, der drittälteste Sohn von König Georg III., als Midshipman (Fähnrich) diente. Der erst 16-jährige Prinz und spätere König William (Wilhelm) IV. sollte das einzige Mitglied der königlichen Familie sein, das während des damals bereits seit sechs Jahren wütenden Krieges, den Großbritannien gegen die rebellierenden Kolonisten führte, den Boden Amerikas betrat.

Die Jubeltöne der loyalen New Yorker Presse über den unerwarteten Aufenthalt des Prinzen konnten jedoch kaum kaschieren, dass seinem Vater von Großbritanniens einstigem Imperium in Amerika inzwischen nur noch wenige Enklaven zwischen Florida und Maine geblieben waren. Auf dem Boden der ehemaligen 13 Kolonien hielten britische Truppen im Herbst 1781 nur noch Long Island und Manhattan mit New York, die südlichen Häfen Savannah und Charleston sowie Yorktown in Virginia, ein schmuckes Landstädtchen an der Mündung des gleichnamigen Flusses in die Chesapeake Bay. Ausgerechnet hier, nur wenige Kilometer von Jamestown entfernt, wo im Jahr 1607 die Geschichte von Englands amerikanischem Kolonialreich ihren Anfang genommen hatte, sollte Großbritanniens Hoffnung auf Wiederherstellung seines transatlantischen Imperiums kaum drei Wochen nach dem Eintreffen des königlichen Seekadetten ihr schmerzliches Ende finden. Yorktown wurde in diesen letzten Septembertagen des Jahres 1781 von einer kleinen britischen Armee unter Charles Cornwallis, 1. Marquess Cornwallis, gehalten, einem der tatkräftigsten und bisher erfolgreichsten britischen Generale in Nordamerika. Cornwallis' spektakuläre Verfolgung seines ärgsten Widersachers, General Nathanael Greene, durch ganz North Carolina hatte überall im britischen Mutterland Begeisterung ausgelöst und ihm in den Londoner Zeitungen den Ruf eines zweiten Hannibal eingetragen.[2] Doch seit die französische Flotte unter Admiral François Joseph Paul de Grasse mit mehr als 30 Linienschiffen den Eingang zur Chesapeake Bay kontrollierte und ein halbherziger Durchbruchversuch eines britischen Geschwaders am 5. September 1781 gescheitert war, saß Cornwallis mit 8000 Mann, davon beinahe die Hälfte deutsche Truppen, in der Falle. Bereits drei Wochen später war von Williamsburg aus eine mehr als zweifach überlegene Armee der verbündeten Amerikaner und Franzosen unter George Washington und Jean-Baptiste-Donatien de Vimeur, comte de Rochambeau, auf Yorktown vorgerückt und hatte begonnen, die Briten einzuschließen. Beide Generale wollten den Gegner nach den Regeln der europäischen Belagerungskunst mit einem gewaltigen Artillerieaufgebot zur Kapitulation zwingen. Nachdem am 28. September 1781 sämtliche Zugänge zur Stadt abgeriegelt worden waren, schwanden Cornwallis' Hoffnungen auf das rechtzeitige Eintreffen der ihm zugesagten Verstärkungen aus New York mit jedem weiteren Tag.

Der weltgeschichtlichen Bedeutung der Schlacht schienen die vor Yorktown aufgebotenen Truppenstärken kaum zu entsprechen. Im Vergleich zu den auf europäischen Kriegsschauplätzen operierenden Armeen waren hier nicht mehr als Detachements im Einsatz. So befehligte etwa Washington nicht mehr als 5000 Reguläre seiner Kontinentalarmee. Hinzu kamen allerdings noch 3000 Milizionäre aus Virginia. Auf französischer Seite wies Rochambeaus Kontingent ebenfalls nur eine Stärke von 5000 Mann auf, die noch durch 3200 Marinesoldaten der französischen Flotte verstärkt worden waren. Anders als die prominenten Schlachten des Ancien Régime beschränkte sich der Kampf um Yorktown auch fast zur Gänze auf ein Artillerieduell, in dem die Geschütze der britischen Verteidiger erstaunlich schnell zum Schweigen gebracht werden konnten. Spektakuläre taktische Manöver, blutige Sturmangriffe oder entschlossene Gegenattacken seitens der Belagerten blieben die Ausnahme. Als schließlich nach nur einwöchigem alliierten Beschuss ganz Yorktown mit seinen gepflegten Häusern und Gärten in Schutt und Asche lag, die Briten ihre wichtigsten Schanzen verloren hatten und von der versprochenen Hilfe der New Yorker Garnison immer noch nichts zu sehen war, glaubte sich Lord Cornwallis dazu berechtigt, am 17. Oktober 1781 Washington und Rochambeau die Kapitulation seiner Armee anzubieten. Sie erfolgte fast auf den Tag genau vier Jahre nach der britischen Kapitulation von Saratoga, der ersten Entscheidungsschlacht des amerikanischen Krieges. Bereits damals hatte Großbritannien nach dem Untergang einer ganzen Armee am Hudson River, der Frankreichs Kriegseintritt aufseiten der

Amerikaner zur Folge gehabt hatte, seine ursprüngliche Idee aufgeben müssen, es könne noch einmal sämtliche 13 rebellierenden Kolonien zurückgewinnen. In den auf Saratoga folgenden vier Jahren kämpften die Briten nur noch um den Erhalt ihrer vier südlichen Kolonien, deren auf Sklavenhaltung basierende Ökonomie und Gesellschaftsstruktur große Ähnlichkeit mit den der Krone loyal gebliebenen Karibikinseln aufwiesen. Diese Strategie war nicht aussichtslos, zumal sich die amerikanische Rebellion inzwischen nur noch mit massiver Hilfe der Franzosen am Leben halten konnte. Das anhaltende Unvermögen des in Philadelphia versammelten Kontinentalkongresses, eine in allen Kolonien akzeptierte Währung und ein funktionierendes Steuersystem aufzubauen, war seit Kriegsbeginn mit jedem Jahr deutlicher geworden. „Wir sind, mit einem Wort, am Ende der Fahnenstange angelangt, und unsere Befreiung wird entweder jetzt oder gar nicht kommen", schrieb ein von der ständigen Not zermürbter George Washington am 9. April 1781 an Colonel John Laurens, seinen ehemaligen Adjutanten, der sich jetzt im fernen Versailles darum bemühte, ein weiteres dringend benötigtes Darlehen von den selber in Finanznöten steckenden Franzosen zu erhalten.[3]

Auch die internationale Lage schien sich seit Jahresbeginn zugunsten des Vereinigten Königreichs verändert zu haben. Russland und Österreich hatten gemeinsam den Kriegsparteien eine Mediation auf der Basis des jeweiligen Besitzstandes angeboten, und Versailles war angesichts der fortgesetzten Schwäche der amerikanischen Alliierten nicht abgeneigt, darauf einzugehen. Seit dem Sommer 1778 hatte General Washingtons Kontinentalarmee vor Manhattan ausgeharrt, ohne einen ernsthaften Versuch zur Einnahme New Yorks zu wagen, und als im Winterlager von Morristown in New Jersey Hunger, Kälte und die monatelang ausbleibende Bezahlung Hunderte Soldaten aus Pennsylvania in Aufruhr versetzt hatten, schien Anfang 1781 sogar die gesamte Armee der amerikanischen Rebellen vor ihrer Auflösung zu stehen. Viele der meuternden Männer hatten zudem ihre dreijährige Dienstpflicht längst abgeleistet und verlangten jetzt vehement von ihren Befehlshabern die Entlassung. Kaum weniger dürfte der spektakuläre Verrat von Benedict Arnold, einem Apotheker aus Connecticut, der bis dahin als einer der besten Generale der Rebellen gegolten hatte, dem Ansehen der Amerikaner geschadet haben. Frankreichs Vertrauen in die Verlässlichkeit seines Verbündeten war an einem Tiefpunkt angelangt.

Nur noch eine letzte Kampagne wollte Frankreichs Außenminister Charles Gravier, comte de Vergennes, der große Architekt des Bündnisses mit den Amerikanern, führen.[4] Sollte sie, wie bereits sämtliche vorangegangenen Anstrengungen, keinen Erfolg bringen, musste Frieden mit England geschlossen werden. Noch einmal veranlasste Vergennes daher im Frühjahr 1781 die Entsendung einer großen Flotte in die Karibik und erteilte zugleich General Rochambeau, der seit Monaten mit seinem Expeditionskorps ohne besondere Mission in der Hafenstadt Newport in Rhode Island verblieben war, den Auftrag, sich nunmehr mit Washingtons Kontinentalarmee vor den Toren New Yorks zu vereinigen. Doch auch für die beiden vereinigten Armeen sollten sich die Befestigungen der Stadt als zu stark erweisen, sodass Washington und Rochambeau übereinkamen, ersatzweise Cornwallis' Armee auf der Jamestown-Halbinsel in Virginia anzugreifen. Es war ein verwegener, fast schon verzweifelter Plan, dessen Gelingen von einer beängstigend langen Liste unvorhersehbarer Umstände abhing, aber es musste etwas geschehen, ehe auch dieser Sommer ergebnislos verstrich.

Zum ersten Mal seit Ausbruch des Krieges begünstigten 1781 die strategischen Vorzeichen eindeutig Großbritannien. Die Verbündeten waren jetzt zum Siegen verdammt, die britischen Befehlshaber in Amerika brauchten dagegen nur eine Niederlage zu vermeiden. An dieser lösbaren Aufgabe sollten

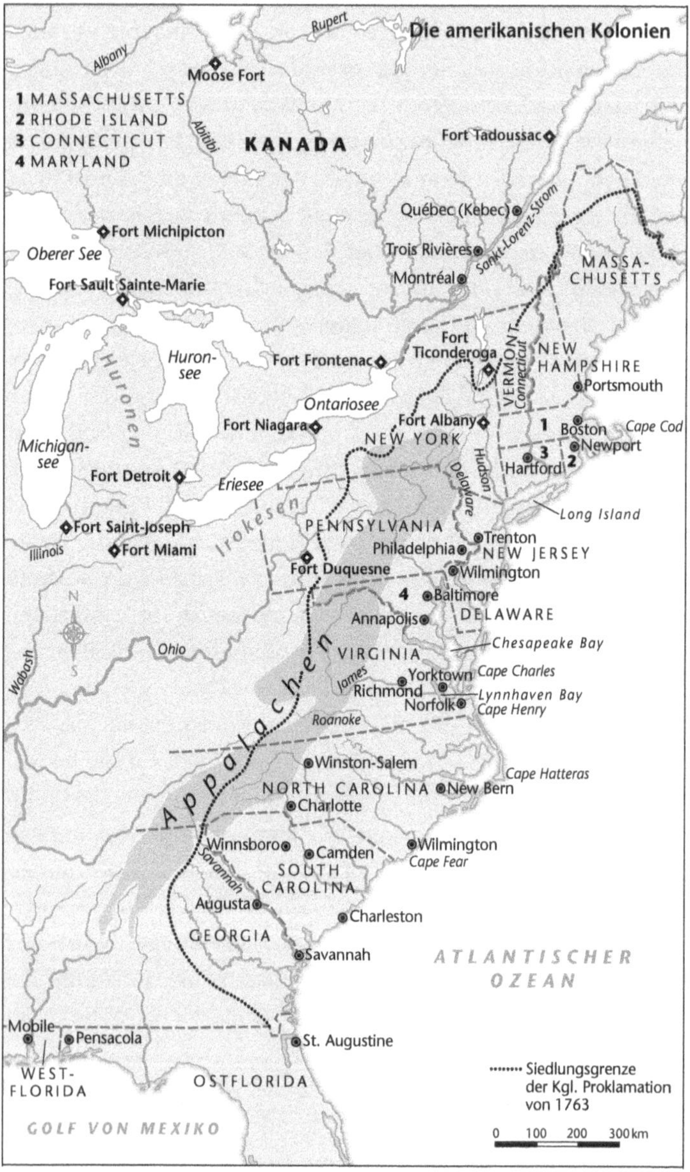

Die amerikanischen Kolonien

sie jedoch mangels Entschlusskraft, wegen ihrer divergierenden Auffassungen und nicht zuletzt aufgrund einer sträflichen Unterschätzung der französischen Flotte auf bizarre Weise scheitern. Amerikas Triumph bei Yorktown war der unwahrscheinliche Sieg. Er rettete die sogenannte *Glorious Cause* und bewahrte so ein andernfalls wohl auf seine nördlichen Staaten reduziertes Amerika vor dem Schicksal einer Existenz als unbedeutender Klientelstaat unter französischer Vormundschaft.[5]

1. Der einsame Sieger – Großbritannien nach dem Pariser Frieden von 1763

„Dass wir den Krieg mit solchem Erfolg und mit so großer Reputation für unsere Armeen geführt, dass wir dabei unseren Verbündeten so wesentliche Unterstützung gewährt und schließlich den Krieg mit einem so ehrenvollen und ruhmreichen Frieden beendet haben, hat überall im Ausland eine gewaltige Ehrfurcht ausgelöst, sodass man uns inzwischen als eine dem Rest der Menschheit überlegene Rasse betrachtet."

William Gordon, Großbritanniens Gesandter beim Regensburger Reichstag, 1764[6]

Seit dem Ende des Weströmischen Reiches hatte es in Europa keine bedeutendere Macht mehr gegeben als das so siegreich aus dem Siebenjährigen Krieg hervorgegangene Großbritannien. Aus der ehemaligen Ketzerinsel am Rande des Kontinents war in nur wenigen Jahren eine Weltmacht geworden, die ihre Flotten und Armeen scheinbar beliebig nach Quebec, Havanna oder Manila entsenden konnte. Auf dem Höhepunkt des Krieges hatte das Vereinigte Königreich weltweit die zuvor nie erreichte Zahl von 170 000 Soldaten und Seeleuten unter Waffen gehabt und die daraus erwachsenen Kosten von jährlich 18 Millionen Pfund allem Anschein nach mühelos bestritten.[7] Nichts schien dem Land nach dem Pariser Friedensvertrag von 1763 noch unmöglich. Aus Rio de Janeiro schrieb nur ein Jahr nach dem Schweigen der Waffen Robert Clive, der gefeierte Sieger von Plassey und Begründer der Vorherrschaft der Britischen Ostindien-Kompanie in Bengalen, aufmunternd an den leitenden Minister George Grenville, dass es England angesichts des beklagenswerten Zustands der Stadt am Fuße des Zuckerhuts für immer zur Schande gereichen würde, wenn es nicht gelänge, sie mit einem einzigen Bataillon britischer Infanterie zu erobern.[8]

Dank seiner aufstrebenden Industrie, der geschäftlichen Obsession seiner weltweit agierenden Kaufleute und nicht zuletzt aufgrund seines fortschrittlichen Finanzsystems mit der bereits 1694 gegründeten Bank of England schienen der Macht des Vereinigten Königreichs kaum Grenzen gesetzt zu sein. Thomas Arnes berühmte Ode „Rule Britannia" war nur zwei Jahrzehnte nach ihrer Erstaufführung auf wunderbare Weise Realität geworden. Zähneknirschend mussten die so gründlich geschlagenen Franzosen die Arroganz der neuen Herren auf sämtlichen Weltmeeren hinnehmen, wenn etwa im Ärmelkanal französische Schiffe unter Androhung von Gewalt genötigt wurden, den Union Jack zu grüßen.[9]

Dem ununterbrochenen Lärmen der Siegesglocken im erfolgstrunkenen Königreich sollte freilich nur zu bald die Ernüchterung folgen. Großbritannien war die unbestrittene Weltmacht, doch seine spektakuläre Kette von Siegen hatte ihm lediglich überdehnte Grenzen in Nordamerika und eine verdoppelte Schuldenlast eingebracht, jedoch keinen wirklichen Gewinn und vor allem keine Sicherheit. Frankreich konnte unter Außenminister Étienne-François duc de Choiseul ungehindert eine Erneuerung seines großen Kampfes gegen England vorbereiten, während London sich im Ohiotal mit einem umfassenden Indianeraufstand konfrontiert sah. Auch auf die Frage, was mit den 70 000 Frankokanadiern von eher zweifelhafter Loyalität geschehen sollte, hatten die Minister von König Georg III. vorerst keine überzeugende Antwort parat. Dabei waren die alten Probleme, etwa mit den katholischen Iren, keineswegs befriedigend gelöst und erforderten weiterhin und auf Dauer eine große Truppenpräsenz auf der benachbarten Insel.

Noch beunruhigender war allerdings, dass London seit dem Frieden von 1763 in Europa keinen namhaften Alliierten mehr besaß. Die lange Epoche der habsburgisch-bourbonischen Rivalität, in der das Wiener Kaiserhaus stets der natürliche Verbündete der britischen Monarchie gewesen war, hatte ein unwiderrufliches Ende gefunden. Schon zu Beginn des Siebenjährigen Krieges war Versailles von seiner auf den Besitz des Rheins und der südlichen Niederlande fixierten Außenpolitik abgerückt, um sein Hauptaugenmerk zukünftig auf die Sicherung seiner überseeischen Besitzungen zu richten. Wohl kaum ein Ereignis machte Frankreichs strategische Wende deutlicher als der 1757 unternommene Versuch, sich mit der Besetzung Hannovers, des Stammherzogtums der seit 1714 in St. James's regierenden Welfen, ein namhaftes Tauschobjekt gegen drohende Verluste in Kanada und der Karibik zu sichern. Die Minister und Berater König Ludwigs XV. hegten damals keinerlei Zweifel, dass ohne die beträchtlichen Erträge aus dem Handel mit Zuckerrohr, Tabak oder Tee Flotte und Heer des Bourbonenstaates zukünftig nicht mehr im bisherigen Umfang finanzierbar wären.

Habsburg wiederum sah inzwischen nicht mehr in Frankreich, sondern im Preußen Friedrichs des Großen seinen gefährlichsten Rivalen. Zur Sicherung ihrer Position wetteiferten die beiden deutschen Vormächte seit dem Hubertusburger Frieden von 1763 vor allem um ein Bündnis mit Russland, das inzwischen zur Vormacht im mittel- und osteuropäischen Raum aufgestiegen war. Selbst der Kriegerkönig von Sanssouci, der im Siebenjährigen Krieg noch mit Großbritannien verbündet gewesen war, sah in einer Erneuerung der Allianz mit dem

Inselkönigreich nur die Gefahr, in einen neuen Konflikt mit Frankreich hineingezogen zu werden. Zudem konnte Friedrich II. es lange nicht verwinden, dass London nach dem Abgang von William Pitt, 1. Earl of Chatham und Englands überragendem Kriegsherrn, die Zahlung seiner Subsidien, die Preußen seit 1756 ein militärisches Überleben ermöglicht hatten, bereits vor dem letzten Kriegsjahr brüsk eingestellt hatte.

So blieb für Großbritannien als einziger, wenn auch eher unwahrscheinlicher Alliierter gegen Frankreichs revisionistische Bemühungen nur die ehemalige Großmacht Spanien, deren vernachlässigte Kriegsflotte, sollte sie tatsächlich wieder mit der französischen Seemacht vereinigt werden, immer noch eine echte Herausforderung für Londons maritime Vorherrschaft darstellen würde. Doch Spaniens Geneigtheit wäre nur um den Preis der Aufgabe Gibraltars zu haben gewesen, wozu London sich auf dem Gipfel seiner Macht unmöglich entschließen konnte. Schon die im Pariser Frieden vereinbarte Rückgabe der unter großen Opfern eroberten Antilleninseln Martinique und Guadeloupe an Frankreich hatte im Parlament und in der britischen Öffentlichkeit derart heftigen Unmut ausgelöst, dass im April 1763 sogar Premierminister John Stuart, 3. Earl of Bute, einst der Erzieher des Königs und einer der Architekten des Vertrags mit Frankreich, beim Verlassen des Parlaments von einem wütenden Londoner Mob attackiert worden war.[10] Eine Allianz mit Madrid wäre schließlich auch kaum mit Großbritanniens Verpflichtungen gegenüber Portugal, seinem einzigen und ältesten maritimen Alliierten, zu vereinbaren gewesen.

Das wohl entscheidende Manko der britischen Politik in den Jahren nach dem Pariser Frieden bestand jedoch darin, dass London nicht willens oder nicht fähig schien, eine der sich bietenden Optionen auszuwählen und diese konsequent zu verfolgen. Voller Häme pflegte Friedrich von Preußen, dessen fragiles Königreich soeben noch knapp der Vernichtung entgangen war, an seiner Potsdamer Tafelrunde zu spotten,

Georg III. wechsele wohl häufiger seine Regierungen als seine Hemden.[11] Dem aufgeklärten Autokraten musste das lebhafte Wechselspiel unterschiedlicher Strömungen und Richtungen zwischen Whitehall und St. James's allerdings als höchst kakofonisch erscheinen, wobei er jedoch verkannte, dass britische Regierungen unter politischem Druck bisher immer noch zu einer erfolgreichen Strategie gefunden hatten. Ohne akute Bedrohung pflegte man an der Themse jedoch die Dinge eher treiben zu lassen, befasste sich lieber mit seinen kleinen Intrigen, der politischen Vorteilsnahme oder dem stets aufregenden Spiel des Zuschanzens lukrativer Ämter. So verschloss sich das Parlament jetzt auch mehrheitlich der dringend gebotenen Neuordnung des amerikanischen Kolonialbesitzes. Großbritanniens seit mehr als 100 Jahren behauptete Territorien entlang der Ostküste Nordamerikas bildeten fraglos das Herzstück seines Imperiums, zumal deren anderthalb Millionen Kolonisten meist ebenso britisch empfanden wie die Bewohner des Mutterlandes. Die beeindruckende Kette der Triumphe über die verhassten katholischen Mächte Frankreich und Spanien war daher auch in Boston, New York oder Philadelphia nicht weniger enthusiastisch begrüßt worden als in den Straßen Londons. Dem 1758 in der Schlacht von Ticonderoga am Lake Champlain gefallenen britischen General George Augustus Howe hatten die dankbaren Bürger der Kolonie Massachusetts sogar auf eigene Kosten einen Gedenkstein in Westminster Abbey aufstellen lassen.[12] Der Krieg gegen die Franzosen habe die bewährte Gemeinschaft zwischen Kolonien und Mutterland weiter gefestigt, verkündete dann auch mit feurigem Überschwang der Bostoner Rechtsanwalt James Otis Jr. 1763 seinen Zuhörern in der Townhall seiner Heimatstadt. Großbritanniens wahre Interessen und die seiner Kolonisten seien vollkommen identisch, und was Gott in seiner weisen Vorhersehung zusammengefügt habe, dürfe, so warnte der spätere amerikanische Rebell, niemals von Menschen gespalten werden.[13]

Der verbreitete Stolz auf die eigene *Britishness*, die auf unbedingter Freiheitsliebe, natürlichem Geschäftssinn und heftigem Abscheu vor dem als Aberglauben empfundenen Katholizismus beruhte, bildete auch das einzige einigende Band zwischen allen amerikanischen Kolonien. Einschränkungen mochte es in Pennsylvania, New Jersey und New York geben, wo starke deutsche, niederländische oder irische Bevölkerungsanteile lebten. Ein einheitliches Rechtssystem oder wirtschaftliche Gemeinsamkeiten existierten in den Kolonien ebenso wenig wie ein politisches Zentrum. Während die nördlichen Neuenglandkolonien von einer den Eigenbedarf deckenden Landwirtschaft, von Kleingewerbe und Fischfang geprägt waren, dominierte in Georgia, in den beiden Carolinas und in Virginia eine auf Sklavenhaltung beruhende Plantagenwirtschaft. In diesen südlichen Kolonien konzentrierte sich auch der Großteil der etwa 400 000 aus Afrika verschleppten Schwarzen und ihrer Nachkommen, wodurch die weiße Bevölkerung sich in etlichen Bezirken bereits zu einer prekären Minderheit gemacht hatte. Handelsbeziehungen zwischen den 13 amerikanischen Kolonien gab es kaum. Man exportierte gewöhnlich seinen Reis, Tabak und Stockfisch direkt ins Mutterland oder in die Karibik.[14]

Das historisch gewachsene Nebeneinander verschiedenster Formen der Anbindung an das Mutterland spiegelte sich auch in den von der britischen Krone gewährten Chartas der Kolonien. So befanden sich etwa Maryland und Pennsylvania seit ihrer Gründung im Privatbesitz der Familien Calvert und Penn, die ihre Gouverneure und obersten Richter selbst bestimmen durften. Connecticut und Rhode Island wiederum wählten ihre höchsten Beamten selbst und waren damit schon beinahe Republiken, während Virginia und die beiden Carolinas, wo zunächst ebenfalls private Unternehmer ihr Glück versucht hatten, inzwischen von Gouverneuren der Krone verwaltet wurden. Deren politischer Spielraum war allerdings gering, und gewöhnlich mussten die hohen Vertreter des Königs mit den die örtlichen Parlamente dominierenden wichtigsten Familien der Kolonie Kompromisse schließen.

Kaum ein Politiker in London hätte angesichts dieser urwüchsigen Verhältnisse die Notwenigkeit einer Vereinheitlichung der Strukturen und der Konsolidierung der britischen Herrschaft bestritten. Immerhin entschloss sich die britische Regierung 1768 sogar, außer den beiden Staatssekretären für die nördliche und die südliche Hemisphäre mit Wills Hill, 1. Earl of Hillsborough, einen zusätzlichen Staatssekretär für die amerikanischen Kolonien zu berufen. Ansonsten aber fanden Regierung und Parlament im fernen Mutterland auch nach dem Sieg über Frankreich selten die Zeit oder die Geduld, sich näher mit den Verhältnissen in den Kolonien zu befassen. Vor allem fehlte der Anreiz zu ihrer Reform, solange die Amerikaner ihre wichtigste Rolle als Abnehmer britischer Fertigwaren erfüllten und ansonsten Ruhe hielten. London hatte stets die Kosten eines aufwendigen Beamtenapparats gescheut, und bis zum Ausbruch des Krieges gegen Frankreich, der bei den amerikanischen Kolonisten als *French and Indian War* bekannt war, keine Neigung gezeigt, in nennenswerter Zahl reguläre Truppen in Amerika einzusetzen.[15] Jetzt aber erzwang der große Indianeraufstand von 1763 sogar den verlängerten Verbleib starker regulärer Streitkräfte in den westlichen Grenzgebieten der Kolonien, obwohl sie dringend zur Sicherung des Empire in Kanada und in der Karibik benötigt wurden. Wesentliche Ursache der Unruhe unter den Stämmen war die fortgesetzte Landnahme neuer Siedler im Indianerland jenseits der Alleghenies. Allein in dem Jahrzehnt nach 1760 sollten mehr als 100 000 Menschen aus England, Schottland und Irland in die amerikanischen Kolonien strömen, von denen die meisten sich ein neues Auskommen als Farmer in den umstrittenen Grenzgebieten erhofften. Die Regierung in London verhängte zwar einen Siedlungsstopp, vermochte ihn jedoch ebenso wenig durchzusetzen wie die Wiederaufnahme der während des jüngsten Krieges ausgesetzten Besteuerung der Importe von Rum und Molasse aus der Karibik.

Es zeigte sich nun auch, dass die optimistischen Ideen mancher Kolonisten von einer gleichrangigen Teilhabe am britischen Weltreich, wie sie schon 1754 der aus Boston stammende Publizist Benjamin Franklin auf einer Konferenz von Vertretern aus sechs Kolonien in Albany gefordert hatte, nicht überall Anklang fanden. Franklins Motto *Join, or Die,* das der damalige königliche Generalpostmeister durch eine in acht Teile zerstückelte Schlange symbolisiert hatte, war jedoch weder in den Kolonien noch in Großbritannien auf besondere Gegenliebe gestoßen. Die Briten des Mutterlandes waren keineswegs der Ansicht, dass ihnen die amerikanischen Kolonisten ebenbürtig seien, und es war durchaus keine Einzelmeinung, wenn etwa General James Wolff, der tragische Held von Quebec, erklärte, die amerikanischen Milizionäre zählten in seiner Armee zu den „schmutzigsten und verachtungswürdigsten feigen Hunden, die man sich nur vorstellen könnte".[16] Gerade in dieser Zeit war bei den Briten auch das Lied „Yankee Doodle" sehr populär geworden, das den angeblich typischen amerikanischen Kolonisten als Tölpel verspottete, der von Holländern abstamme, sich hauptsächlich von Käse ernähre und glaube, eine Feder an seinem Hut würde ihn zum feinen Herrn machen.[17] Es gebe in den Kolonien auch niemanden, der zu einer gebildeten Unterhaltung fähig sei, glaubte Samuel Johnson, Englands damals einflussreichster Gelehrter. Außer seinen natürlichen Sehenswürdigkeiten habe Amerika dem anspruchsvollen Reisenden nichts zu bieten.[18]

Die Reformideen im britischen Kabinett drehten sich daher eher um die Frage, wie die amerikanischen Kolonien, über deren beachtlichen Wohlstand man seit dem Krieg gegen Franzosen und Indianer im Mutterland gut Bescheid wusste, an den Kosten des gewaltigen Schuldenbergs beteiligt werden konnten. Auch wenn eine Tilgung dieser Verbindlichkeiten niemals festgelegt worden war, musste die Regierung Seiner Majestät inzwischen jedes Jahr zwei Drittel des Staatshaushalts, der etwa fünf Millionen Pfund betrug, für Zinszahlungen aufbringen. Angesichts eines wachsenden Selbstbewusstseins der Kolonisten war jedoch vorhersehbar, dass jeder Versuch der britischen Krone, auf bestimmte Importe oder öffentliche Dienstleistungen auch nur bescheidene Steuern zu erheben, mehr Unruhe und Empörung auslösen würde, als es der tatsächlichen wirtschaftlichen Belastung entspräche.

So hatte das britische Unterhaus im März 1765 auf Antrag von Premierminister und Schatzkanzler Grenville zunächst eine Stempelsteuer auf amtliche Dokumente und Druckerzeugnisse verabschiedet, damit jedoch sofort heftige Proteste in Boston, New York und Rhode Island hervorgerufen. In Boston hingen empörte Bürger eine Puppe des mit der Einziehung der Steuer beauftragten Andrew Oliver, eines wohlhabenden Geschäftsmanns, an einen Baum vor der Stadt und brachten, für jeden Vorbeikommenden gut lesbar, einen Zettel an: „Für ganz Neuengland ist es ein Traum, hängen zu sehen einen Besteuerer an einem Baum." Später wurde die Puppe auf dem Tower Hill verbrannt, so wie es die Bostoner an jedem 5. November, dem Jahrestag der katholischen Pulververschwörung von 1605, mit den Figuren von Papst und Teufel machten.[19] Zwar verschwand die wenig ergiebige Stempelsteuer mit dem Sturz des glücklosen George Grenville nach nur einem Jahr wieder von der politischen Agenda, doch von dem überraschenden Widerstand der Kolonisten herausgefordert, beschloss das Parlament in derselben Sitzung den *Declaratory Act*, in dem es ausdrücklich seine volle Souveränität über jeden Winkel der amerikanischen Kolonien bekräftigte.[20] Die Mehrheit der Abgeordneten in Whitehall betrachtete die Amerikaner, wie schon seit jeher die Iren, nicht als ebenbürtig, ohne dabei allerdings zu bedenken, dass Irland leichter zu kontrollieren war als die 3000 Seemeilen entfernten Kolonien. Mit ihrer rigiden Haltung in der Steuerfrage hatten die Parlamentarier jedoch bei den Kolonisten eine empfindliche Stelle getroffen. Immer mehr Patrioten in Boston, New York und Philadelphia stellten sich die provozierende Frage, ob denn die amerikanischen Kolonisten ihren Wohlstand nicht selbst erarbeitet hätten? Was hatte denn das Mutterland dazu beigetragen, dass man jetzt in London glaubte, einen Teil davon beanspruchen zu können? Gleichwohl vermochten sich nur wenige von ihnen vorzustellen, dass Amerika sogar selbst einmal, wie es Benjamin Franklin 1767 prophezeit hatte, aufgrund der Dynamik seiner Entwicklung und dank seiner unerschöpflichen Ressourcen zur Weltmacht aufsteigen und jene Fesseln, die man ihm jetzt aufzuerlegen drohte, seinerseits seinen Unterdrückern anlegen könnte. Eine in der radikalen Tradition der religiösen *Dissenter* stehende Minderheit, vor allem Advokaten, Händler und Schmuggler in Boston, Philadelphia und Rhode Island, betrachtete mittlerweile das britische Parlament, in dem man sich nicht repräsentiert sah, mit tiefem Argwohn. Das Unterhaus als höchstes Symbol ihrer geliebten *Britishness* schien plötzlich sogar zum größten Feind aller von der Krone verbürgten Freiheiten geworden zu sein. Als ob das Parlament noch einen schlagenden Beweis für die Berechtigung der jenseits des Atlantiks gehegten Vorbehalte erbringen wollte, verabschiedete es im Juni 1767 ein neues Steuerpaket für die Kolonien. Demnach sollten die Kolonisten auf eine Reihe wichtiger Vorprodukte und Waren für den täglichen Bedarf Importzölle entrichten. Unter dem Namen des damaligen Finanzministers Charles Townshend sollten sie rasch bekannt und berüchtigt werden und sich für die Beziehungen des Mutterlandes zu seinen Kolonien als wahres Gift erweisen. Nicht allein die Absicht, drei neue Behörden zur Erhebung der Steuern einzurichten, erregte die Gemüter, auch die Verlegung britischer Truppen von Halifax nach Boston erwies sich rasch als Quell wachsenden Unmuts. In einer Zeit, da Großbritannien in Europa völlig isoliert war und nach Frankreichs handstreichartigem Erwerb Korsikas sogar um seine Position im Mittelmeer fürchten musste, nahm die Regierung Seiner Majestät das Risiko in Kauf, mit ihrem Druck auf die amerikanischen Kolonisten eine zweite Front zu eröffnen. Jenseits des Atlantiks registrierte man den halsbrecherischen Kurs des Parlaments mit Kopfschütteln, und die in Massachusetts erscheinende *Essex Gazette* mahnte London, dass nichts in der Welt Großbritannien vor den ihm in Europa drohenden Gefahren wirksamer schützen könne als die Loyalität und Zuneigung seiner Amerikaner.[21]

Als die sogenannten Townshend-Zölle 1773 von einem der ständigen Querelen mit den Kolonisten überdrüssigen Parlament zurückgenommen wurden, empfanden Männer wie Franklin, die immer noch gesamtbritisch dachten, weniger ein Gefühl des Triumphs als vielmehr die Sorge, dass nach diesem neuerlichen Fehlschlag die einst so stolze britische Nation erst recht der Verachtung seitens ihrer europäischen Rivalen anheimgegeben sein würde. All diese Streitereien könnten, so warnte die *Boston Gazette* im Oktober desselben Jahres, sogar zum Untergang des ruhmreichsten Imperiums führen, auf das je die Strahlen der Sonne gerichtet waren. Würde England doch nur aufhören, Maßnahmen gegen seine amerikanischen Kolonisten zu ersinnen, die es ohnehin nicht durchsetzen könne oder wolle.[22] Schon ein Jahr zuvor, im Juni 1772, als bewaffnete Schmuggler aus Providence in Rhode Island die Kriegsfregatte *Gaspée* in ihre Hand brachten und niederbrannten, war zum Erstaunen diesseits und jenseits des Atlantiks eine scharfe Gegenreaktion der Londoner Regierung unterblieben. Lord Hillsborough, der für die Kolonien zuständige Staatssekretär, sah sich sogar gezwungen, von seinem Amt zurückzutreten, nachdem er im Kabinett keine Unterstützung für einen harten Kurs gegen die dreisten Herausforderer der königlichen Autorität hatte finden können.[23]

Trotz Londons fortgesetzter Nachsichtigkeit trat in den amerikanischen Kolonien keine Beruhigung ein. Die Radikalen in Neuengland witterten förmlich die Schwäche der königlichen Minister. Advokaten, Händler und Schmuggler, die sich selbst „Patrioten" nannten, nahmen nun sogar Anstoß an der bescheidenen Teesteuer von drei Pence je Pfund, die allein noch von dem ursprünglichen Gesamtpaket des Parlaments übrig geblieben war. Dass der legal importierte Tee trotz der aufrechterhaltenen Steuer von den Bewohnern der Kolonien zukünftig sogar günstiger zu erwerben wäre als die geschmuggelte Ware aus der Karibik, spielte in den Augen der „Patrioten" keine Rolle.

Endgültig außer Kontrolle geriet der Konflikt des radikalen Teils der Kolonisten mit dem Mutterland, als am 16. Dezember 1773 in Boston insgesamt 354 mit Tee der Britischen Ostindien-Kompanie gefüllte Kisten unter dem Beifall der Bürger von etwa 50 als Mohawk-Indianer verkleideten Aktivisten ins Hafenbecken geworfen wurden. Der Bostoner Rechtsanwalt John Adams, einer der frühesten und entschiedensten Befürworter der amerikanischen Unabhängigkeit und später der zweite Präsident der Vereinigten Staaten, bejubelte den Coup in seinen Aufzeichnungen. Die Vernichtung des Tees sei eine „so kühne, entschlossene, furchtlose und kompromisslose Tat" und sie werde „notwendigerweise so wichtige und dauerhafte Konsequenzen haben", dass er sie „nur als ein epochemachendes Ereignis betrachten" könne.[24] Damit hatte Adams vollkommen recht. Die Bewohner von Boston hatten an diesem klaren Winternachmittag mit frivoler Leichtfertigkeit König und Parlament den Fehdehandschuh vor die Füße geworfen. Jeder Bostoner wusste, dass eine energische Gegenreaktion Londons dieses Mal nicht ausbleiben konnte. Tatsächlich sollten die nach einem Monat allmählich im Mutterland eintreffenden Nachrichten aus Boston über die dreiste Tat der Kolonisten das bisher mit seinen kleinen Affären und politischen Grabenkämpfen beschäftigte politische London zutiefst aufschrecken.

Empört über die unerhörte Missachtung eines legalen Parlamentsbeschlusses seitens der bislang mit so viel Nachsicht und Verständnis behandelten Kolonisten, sahen sich der König, sein leitender Minister North (seit 1790 2. Earl of Guilford) und die Mehrheit der Kabinettsmitglieder zu einem radikalen Kurswechsel in ihrer Amerikapolitik veranlasst.[25]

Die Boston Tea Party von 1773. Lithografie von Nathaniel Currier.

Es müsse endlich ein Exempel statuiert werden, lautete die auch in den Straßen der Hauptstadt vorherrschende Meinung, als immer mehr Einzelheiten über die Bostoner Affäre die Runde machten. Die geradezu prophetisch klingenden Betrachtungen des Dekans (*Dean*) der Kathedrale von Gloucester, Josiah Tucker, eines Torys und entschiedenen Verächters der Amerikaner, fanden in der allgemeinen Empörung dagegen kaum Beachtung. Tucker hatte in einem Traktat die kühne These aufgestellt, dass die Amerikaner ruhig ihre Unabhängigkeit haben sollten. Mochten sie doch endlich selbst für ihre Sicherheit aufkommen. Es würde Großbritannien viele Kosten ersparen, seinen transatlantischen Handel am Ende sogar vermehren und seinen politischen Einfluss angesichts der dann zu erwartenden Streitigkeiten der Kolonien untereinander steigern.[26]

Auch wenn andere bedeutende Stimmen, wie etwa Adam Smith, ähnlich argumentierten, entschloss sich das House of Commons im Mai 1774, seinen Kurs gegenüber Amerika zu verschärfen. Nach intensiven Beratungen stimmten die Abgeordneten mit großer Mehrheit dafür, die in der alten Charta für Massachusetts verbürgten Grundrechte der Kolonie aufzuheben. Der Hafen von Boston blieb vorerst für jeglichen Handel gesperrt, außerdem sollten sämtliche Versammlungen in den Städten und Siedlungen von Massachusetts verboten werden.[27] Der König gratulierte Lord North noch am selben Abend zu seinem Erfolg im Parlament. Er sei über das eindeutige Ergebnis unendlich erfreut.[28]

Georg III. war bereits der dritte Welfe auf dem britischen Thron und, anders als seine beiden Vorgänger, in Großbritannien aufgewachsen. Winston Churchill sah in dem damals 35-jährigen Monarchen einen der gewissenhaftesten Herrscher, die je auf dem englischen Thron gesessen hätten. „Schlicht in seinem Geschmack und bescheiden in seinem Benehmen, wirkte er auf den ersten Blick wie ein typischer Landmann. Aber sein Geist war der eines Hannoveraners, mit einer unendlichen Fähigkeit, Einzelheiten zu beherrschen, aber nur mit begrenztem Erfolg bei der Behandlung großer Fragen und Hauptprinzipien. Er besaß großen moralischen Mut und einen eingefleischten Eigensinn, und seine Hartnäckigkeit verlieh der erstarrenden Haltung seiner Regierung Gewicht." Georg III. konnte all jene nicht verstehen, welche die Folgen einer Politik des Zwangs fürchteten, wie er mit Blick auf die Whigs wiederholt erklärt hatte, und war über Parlamentarier wie Edmund Burke oder Charles James Fox erstaunt, welche die rebellische Gesinnung in den Kolonien sogar noch zu fördern schienen.[29] Den bisherigen Oberbefehlshaber aller britischen Truppen in den amerikanischen Kolonien, General Thomas Gage, ernannte der König

1774 zum neuen Gouverneur von Massachusetts und legte dem aus New York angereisten Offizier persönlich ans Herz, sämtliche Beschlüsse des Parlaments strikt durchzusetzen.

Wie ihre Kritiker erwartet hatten, trugen die sogenannten *Coercive Acts* keineswegs zur Beruhigung der Lage bei. Schon der Abgeordnete Burke hatte in einer Rede vor dem Parlament gewarnt, dass ein Engländer wohl die ungeeignetste Person der Erde sei, einen anderen Engländer in die Sklaverei zu zwingen.[30] Auch der alte Franzosenhasser William Pitt lehnte die beschlossenen Repressalien als überzogen ab und warnte eindringlich vor einem Krieg, den Großbritannien niemals gewinnen könne. Burke gehörte wie Pitt oder Thomas Pelham-Holles, 1. Duke of Newcastle-upon-Tyne, einer politischen Richtung an, die unter der Bezeichnung „Whigs" seit fast einem halben Jahrhundert sämtliche politische Schlüsselpositionen im Vereinigten Königreich besetzte. Die Geschichte dieser einflussreichen Gruppierung reichte bis in das Jahr der Glorious Revolution zurück, als Wilhelm von Oranien, von einem Teil des Parlaments gerufen, 1688 mit einem Heer in England landete, um Jakob II., den letzten Vertreter der katholischen Stuarts, vom Thron zu vertreiben. Seither waren die Whigs als eingeschworene Gegner der schottischen Jakobiten zugleich natürliche Verbündete des seit 1714 herrschenden Hauses Hannover. Sie profitierten davon, dass ihre Opponenten im Parlament, die als „Tories" bezeichnet wurden, lange Zeit im Ruf gestanden hatten, insgeheim die Thronansprüche der vertriebenen Stuarts zu unterstützen. Erst unter Georg III. konnten sie mit Lord Grenville wieder einen leitenden Minister stellen und einen harten Kurs gegen die rebellischen Kolonisten einschlagen, was später sämtlichen königstreu gebliebenen Amerikanern die verächtliche Bezeichnung „Tory" einbrachte.

Entsetzt über Londons plötzliche Härte, verurteilten die amerikanischen „Patrioten" die Beschlüsse nach deren Bekanntwerden als *Intolerable Acts* und sahen sich in ihren übertriebenen Befürchtungen bestätigt, dass das britische Parlament nichts weniger als die Beseitigung der amerikanischen Freiheiten beabsichtige. Als Antwort traten im September 1774 erstmals die Vertreter von zunächst zwölf Kolonien in Philadelphia zusammen und beschlossen einen generellen Boykott britischer Waren. Weder Beamte der Krone noch ihre Offiziere konnten sich inzwischen ins offene Land wagen, ohne befürchten zu müssen, von rebellischen Kolonisten bedroht oder gar angegriffen zu werden. Die Empörung über die vermeintliche Tyrannei des Parlaments richtete sich allerdings nicht nur gegen die Vertreter der Krone und das britische Militär. Auch die loyal gebliebenen Kolonisten und selbst die mehrheitlich noch unentschiedenen Amerikaner sahen sich zunehmend Repressalien vonseiten eines patriotischen Mobs ausgesetzt. Der Kampf um die Unabhängigkeit war von Anfang an auch ein immer unerbittlicher geführter Bürgerkrieg, in dem die Aufständischen ihre bisherigen Mitbürger demütigten, verletzten oder gar töteten, deren Besitz niederbrannten und die Überlebenden vertrieben. Gerade diese gewalttätigen Exzesse bestärkten wiederum die britischen Minister in ihrer Überzeugung, dass es sich bei den sogenannten „Patrioten“ in Neuengland lediglich um kriminelle Aufwiegler handle, isolierte Wahnsinnige, die unter der großen Mehrheit der Kolonisten kaum Rückhalt fänden. Die britische Strategie in der sich anbahnenden Auseinandersetzung mit den amerikanischen Rebellen sollte daher gerade auf die Unterstützung dieser friedlichen und scheinbar loyalen Amerikaner bauen.

2. Ohne Heer und Flotte – Amerika im Kampf gegen eine Weltmacht

Von Concord bis zur Räumung Bostons

> *„So begann der Bürgerkrieg, und der Sieg war seine erste Frucht aufseiten der Amerikaner, die Lord Sandwich unklug und voreilig Feiglinge genannt hatte."*
>
> Horace Walpole, 4. Earl of Orford, *Journal of the Reign of King George the Third*[31]

Der bewaffnete Kampf der 13 nordamerikanischen Kolonien gegen das britische Mutterland begann am 19. April 1775. Kurz nach Mitternacht steuerten auf Befehl von General Thomas Gage, dem gerade ernannten Gouverneur von Massachusetts, etwa drei Dutzend Boote mit zehn Kompanien seiner Bostoner Garnison im Mondlicht die nahe Mündung des Charles River an. Unbemerkt von den Bewohnern der umliegenden Siedlungen, sollte die unter dem Kommando von Lieutenant Colonel Francis Smith stehende 700 Mann starke Truppe flussaufwärts bis nach Cambridge rudern, um von dort über Lexington gegen das noch 20 Kilometer entfernte Landstädtchen Concord vorzurücken. Das Ziel der Briten waren die dort vermuteten Waffendepots der amerikanischen Rebellen.

Smiths Auftrag war alles andere als ungefährlich. Seit dem Ersten Kontinentalkongress im September und Oktober 1774 in Philadelphia befanden sich fast ganz Pennsylvania und die benachbarten Neuenglandkolonien in Aufruhr. Damals war die Mehrheit der Delegierten, die im Mai des darauffolgenden Jahres wieder zusammentreten wollten, zwar noch nicht zum Bruch mit der britischen Krone bereit gewesen, hatte dem Londoner Parlament jedoch einhellig das Recht bestritten, in die inneren Verhältnisse der Kolonien einzugreifen. Selbstverwaltung war zunächst das Ziel aller Rebellen, die sich selbst „Patrioten" nannten. So hatte sich im Dezember 1774 auch in Cambridge unter Führung des Bostoner Anwalts John Hancock ein Provinzialkongress für Massachusetts konstituiert, der seither sämtliche Regierungsfunktionen in der Kolonie beanspruchte. Man hatte auch bereits damit begonnen, Steuern einzutreiben und örtliche Milizen zu organisieren. Jede Stadt in Massachusetts sollte jetzt auch eine besondere, ausschließlich aus jungen Männern bestehende Einheit aufstellen, die sich „Minute Men" nannten und, mit Muskete oder Gewehr, Bajonett, Pulver sowie wenigstens 30 Kugeln ausgestattet, innerhalb kürzester Frist alarmiert werden konnten.[32] Die Distanzierung der Kolonisten vom Mutterland hatte damit eine für London beängstigende Dynamik erreicht. „Die Regierungen Neuenglands befinden sich nun in offener Rebellion", konstatierte König Georg III. am 18. November 1774 in einem Schreiben an Lord North. „Nun werden harte Schläge darüber entscheiden müssen, ob sie dem Mutterland wieder unterworfen oder unabhängig sein werden."[33] Dass die Rebellion schon über Massachusetts hinausgewachsen war, zeigte sich nur einen Monat später, als Milizionäre aus Rhode Island und New Hampshire im Dezember 1774 die nur von wenigen Soldaten gehaltenen Forts der Krone besetzten und die gesamte dort vorhandene Artillerie in ihre Hand brachten.[34]

Gouverneur Gage schätzte die Zahl der bewaffneten „Patrioten" in allen Neuenglandstaaten inzwischen auf über zehntausend Mann. Anders als Regierung und Parlament in London gab er sich über das Ausmaß der Radikalisierung in den Kolonien keinen Illusionen hin. Immerhin hatte der 56-jährige Brite fast die Hälfte seines Lebens in Amerika verbracht und war außerdem ein Veteran des grausamen French and Indian War. Als junger Offizier hatte Gage auch 1746 unter Prinz Wilhelm August, Duke of Cumberland, dem zweitältesten Sohn König Georgs II., gedient. Bei Culloden war er an der brutalen Niederwerfung der schottischen Rebellen beteiligt gewesen, die jetzt bereits so manchem Politiker im Mutterland als Blaupause für den Umgang mit den amerikanischen Rebellen erschien. Nach dem 1763 errungenen Sieg über die Franzosen war Gage, dessen militärische Verdienste bei der Eroberung Kanadas eher unbedeutend waren, zur allgemeinen Verblüffung zum Oberbefehlshaber aller britischen Truppen in Nordamerika ernannt worden. Obwohl der General mit einer Frau aus New Jersey aus angesehenem Haus verheiratet war und am Hudson River über beträchtlichen Grundbesitz verfügte, zählte Gage auf britischer Seite zu den Hardlinern. Thomas Gage war stets ein entschiedener Gegner der konzilianten Politik des leitenden britischen Ministers Frederick North gegenüber den amerikanischen Kolonisten gewesen. Der Londoner Kabinettschef North galt damals bereits als Urgestein der britischen Politik, schien aber, wie der Gaspée-Zwischenfall gezeigt hatte, kein Freund harten Durchgreifens zu sein. Innerlich lehnte der 42-jährige Politiker den Krieg gegen die Kolonisten sogar ab. Der spätere 2. Earl of Guilford war in Oxford ein brillanter Student gewesen, hatte auch in Deutschland studiert und war bereits mit 27 Jahren als zweiter Schatzkanzler in das Pitt-Newcastle-Kabinett gelangt. Nachdem North es abgelehnt hatte, in die Regierung von Lord Rockingham einzutreten, war er 1766 wiederum unter Pitt zum Mitglied des Kronrats *(Privy Council)* ernannt worden. Nur vier Jahre später hatte der König den aufstrebenden Politiker mit der Bildung eines Kabinetts beauftragt. Im Umgang mit dem

Parlament erwies sich North als schlagfertiger Redner und gewiefter Taktiker, dessen überragendes Geschick auf dem Feld der Staatsfinanzen ihm sogar den Respekt des anglophoben Königs Friedrich II. von Preußen einbrachte. Vor allem aber genoss der erste Minister das absolute Vertrauen König Georgs III., war es ihm doch geglückt, jenes umstrittene Gesetz im Parlament durchzubringen, das den Prinzen und den Prinzessinnen des Welfischen Herrscherhauses eine Heirat ohne Zustimmung des Monarchen untersagte.[35]

In Boston sah Gouverneur Gage mit Beginn des Frühjahrs 1775 die Zeit für einen bewaffneten Gegenschlag gekommen, um wenigstens der schlimmsten Unruhestifter in der Kolonie habhaft zu werden. Zwar hatte William Legge, 2. Earl of Dartmouth, der Lord Hillsborough als Staatssekretär für die Kolonien nachgefolgt war, ihm von den angeforderten 20 000 Mann nur ein Viertel in Aussicht gestellt, aber selbst diese bescheidenen Verstärkungen ließen auf sich warten. Stattdessen waren am 14. April 1775 zunächst Dartmouths neue Instruktionen mit der Fregatte *Falcon* in Boston eingetroffen. Darin empfahl der Staatssekretär dem General angesichts der brisanten Lage, endlich die Rädelsführer und möglichst auch die Delegierten des Kontinentalkongresses zu verhaften und zu bestrafen. Die Würde des Königs und die Ehre des Empire erforderten unbedingt ein hartes Vorgehen. Gewalt müsse notfalls mit Gewalt beantwortet werden.[36] Bei den Aufständischen handle es sich, so glaubte der Politiker im fernen London, ohnehin nur um einen undisziplinierten Haufen notorischer Aufwiegler, die vor regulären britischen Truppen unweigerlich die Flucht ergreifen würden.[37]

In Anbetracht der Ungeduld, die aus dem Schreiben des Staatssekretärs sprach, entschloss sich Gage, ohne das Eintreffen der angekündigten Verstärkungen abzuwarten, zu einer schnellen und überraschenden Entwaffnungsaktion. Einen offenen Kampf gegen die amerikanischen Rebellen wollte der

General auch weiterhin vermeiden. Militärische Gewalt würde viele der immer noch schwankenden Bewohner der Kolonien gegen die Krone aufbringen, außerdem verfügte Gage in Boston vorerst nur über fünf reguläre britische Regimenter. Eine handstreichartige Zerstörung der Depots in Concord ließe sich dagegen als Polizeiaktion darstellen, welche die Rebellen schwächen und die britische Autorität stärken würde. Strikte Geheimhaltung war gerade in Boston, wo sich eine Mehrheit der Bürger als Speerspitze des Widerstands gegen die britische Krone verstand, die wesentliche Voraussetzung für das Gelingen des Unternehmens. Gage hatte daher nur wenige Offiziere in seine Pläne eingeweiht, und selbst Lieutenant Colonel Smith hatte seine letzten Anweisungen in einem versiegelten Umschlag erhalten. Die ihm unterstellten Soldaten gehörten zu den Elitetruppen der Bostoner Garnison, die aus je fünf Kompanien leichter Infanterie und Grenadiere bestanden. In der Nacht zum 19. April wurden die 700 Mann in ihren Quartieren von den Unteroffizieren einzeln wachgerüttelt, um die üblichen lauten Weckkommandos zu vermeiden. Ihr Abmarsch durfte nicht den geringsten Lärm verursachen. Schon in den Tagen zuvor hatte Gage den sogenannten Boston Neck abriegeln lassen, der als schmale Landbrücke die auf einer Halbinsel vor der Mündung des Charles River errichtete Stadt mit dem Festland verband. Auch in der Bostoner Bucht kreuzten Patrouillenboote, um Spione oder Melder abzufangen. Gerade deshalb jedoch waren die „Patrioten" in der Stadt auf das Höchste alarmiert. Etliche Gerüchte machten inzwischen die Runde, und in den Straßen sprachen die Bürger untereinander sogar schon von den Geschützen in Concord, auf die es die Briten jetzt abgesehen hätten.[38] Dass die längst erwartete Aktion unmittelbar bevorstand, erfuhren die „Patrioten" auf dem Festland schließlich von Joseph Warren, einem Bostoner Arzt und offenen Wortführer der antibritischen Fraktion in der Stadt. Warrens Warnung verschaffte seinen Mitverschwörern immerhin die

Zeit, die erforderlich war, um das wertvolle Kriegsmaterial aus den Depots in Concord wegzuschaffen. Dem Zeitgewinn diente auch der Aufmarsch von etwa 100 eilig zusammengerufenen Milizionären, die auf einer Wiese im Ortskern von Lexington versuchten, den Marsch der Briten nach Concord zu verzögern. Als Lieutenant Colonel Smiths Vorhut noch im Schutz der Dunkelheit gegen 4.30 Uhr die Ortschaft passieren wollte, stieß sie auf das verwegene kleine Aufgebot, das von Captain John Parker, dem Führer der örtlichen Miliz, kommandiert wurde. Seinen noch schlaftrunkenen Männern hatte Parker gedroht, jeden eigenhändig zu erschießen, der versuchen sollte, sich aus der Linie zu entfernen. Zunächst aber kam es nur zu einem Wortwechsel mit den Ankömmlingen, in dessen Verlauf der kommandierende britische Offizier die Milizionäre mehrfach aufforderte, die Waffen niederzulegen und sich zu zerstreuen. Zu Letzterem waren die Kolonisten, denen angesichts der britischen Übermacht schon der Mut geschwunden war, zwar durchaus bereit, doch ihre wertvollen Waffen wollten sie keinesfalls zurücklassen. In dieser angespannten Stimmung lösten sich in der Nähe mehrere Schüsse. Möglicherweise waren sie sogar aus einem der Häuser der Umgebung abgegeben worden. Smith sprach in seinem Bericht an Gage von einem Wohn- oder Versammlungshaus, das die Rebellen von Anfang an besetzt hätten.[39] Später machten sich beide Parteien gegenseitig für diese ersten Schüsse des Krieges verantwortlich. Auf britischer Seite wurde ein Soldat namens Johnson leicht verletzt, und das Pferd des kommandierenden Offiziers erhielt einen Streifschuss. Die Antwort der Briten auf die vermeintliche Provokation ließ nicht lange auf sich warten. Ein Zug der zur Linie aufmarschierten vordersten Kompanie eröffnete das Feuer auf die Kolonisten, die es zwar sogleich erwiderten, aber kaum Wirkung erzielten. Darauf folgte noch eine zweite britische Salve, ehe die Rotröcke mit dem Bajonett voranstürmten und den Gegner zerstreuten, der bereits hinter einer Steinmauer Zuflucht gesucht hatte. Am Ende waren acht Milizionäre tot, zehn weitere verwundet.[40] Das erste Gefecht des Krieges der britischen Weltmacht gegen ihre 13 amerikanischen Kolonien hatte keine fünf Minuten gedauert und war mit einem für die Kolonisten ernüchternden Resultat zu Ende gegangen. Deren Widerstandswille war damit jedoch keineswegs gebrochen. Hatte schon das sogenannte Bostoner Massaker vom 5. März 1770, bei dem fünf Bürger der Stadt von britischen Soldaten getötet worden waren, im ganzen Land für erhebliche Unruhe gesorgt, so schien nun die Grenze zum offenen Konflikt unwiderruflich überschritten.

Während die Briten ihren Weg nach Concord ungerührt fortsetzten, trafen entlang ihrer Marschroute immer neue Milizionäre ein, die Smiths Streitmacht zahlenmäßig bald deutlich überlegen waren. Weithin vernehmbares Alarmschießen ließ die Briten ahnen, dass die ihnen drohende Gefahr wohl größer war, als sie bislang angenommen hatten. Jedenfalls hielt es Smith nunmehr für geboten, durch einen Melder Verstärkungen aus Boston anzufordern.[41] Gegen sieben Uhr traf seine Abteilung endlich in Concord ein, einer im Kern aus etwa 30 Häusern, einem Versammlungs- und Gerichtsgebäude sowie zwei Tavernen bestehenden Siedlung. Gemäß ihrem Auftrag begannen die Ankömmlinge sofort, etliche verdächtige Gebäude nach Waffen zu durchsuchen. Die wenigen im Ort verbliebenen Einwohner verhielten sich von Beginn an feindselig, einer erhob sogar die Hand gegen Smiths Stellvertreter.[42] Die Ausbeute der Briten war gering. Das meiste Material hatten die frühzeitig gewarnten Rebellen in Sicherheit bringen können. Drei ausgegrabene Geschützrohre, mehrere Tausend Musketenkugeln und etliche Vorräte ließ Smith in einem nahen Teich versenken. Die zurückgelassenen Geschützbespannungen und einige Transportkarren wurden dagegen verbrannt, wobei in der allgemeinen Hektik mehrere Häuser Feuer fingen, darunter auch das Gerichtsgebäude.

Bereits zu Beginn der Aktion hatte Lieutenant Colonel Smith seine fünf leichten Kompanien unter dem Kommando von Major Lawrence Parsons über eine etwa 800 Meter vom Ort entfernte Brücke geschickt, damit sie auf dem anderen Ufer des Concord Creek das Hauptziel der Unternehmung, James Barretts Farm, durchsuchten. Colonel Barett war wie viele amerikanische Milizionäre ein Veteran des French and Indian War und trotz seiner 65 Jahre immer noch der Befehlshaber des örtlichen Aufgebots. Smith vermutete vor allem auf seinem Anwesen noch größere Mengen an Kriegsmaterial. Die Teilung seiner Truppe sollte sich indes als Fehler erweisen. Bisher hatten sich die „Patrioten" in der Umgebung von Concord noch zurückgehalten, doch ermutigt vom Zuzug immer neuer Verstärkungen und wütend über die Brände in der Ortschaft, von denen sie glaubten, sie seien von den Briten absichtlich gelegt worden, rückten sie unter Barretts Führung gegen die Brücke vor.

Noch fehlten den Milizionären zuverlässige Nachrichten über den Schusswechsel in Lexington, weshalb ihnen Barrett in Unkenntnis der Tatsache, dass der Krieg längst ausgebrochen war, ein striktes Feuerverbot erteilt hatte. Major Parsons hatte inzwischen eine seiner Kompanien an der Brücke zurückgelassen, zwei andere auf einem Höhenzug etwa 500 Meter jenseits des Übergangs postiert, während er selbst mit den zwei ihm verbliebenen Kompanien weiter auf Colonel Barretts Anwesen vorgerückt war. Von der so plötzlich auftretenden Masse der Rebellen überrascht, zogen sich die beiden zur Deckung auf dem Höhenzug zurückgelassenen Kompanien auf die Brücke zurück. Vergeblich forderte der kommandierende Offizier an der Brücke von Lieutenant Colonel Smith Verstärkung an. Auf sich gestellt, verlor er die Nerven, ließ seine Männer halbherzig eine Salve auf die in dichten Reihen langsam vorrückenden Kolonisten abgeben, bevor er den Befehl zum Rückzug gab. Die von Barrett geführten Milizionäre erwiderten sofort das Feuer und stürmten anschließend die Brücke, noch ehe die Briten sie zerstören konnten.[43] Smith behauptete kurz darauf in seinem Bericht für Gage, dass ein oder zwei der an der Brücke gefallenen britischen Soldaten von den Amerikanern nach Indianerart verstümmelt worden seien. Der damalige Fähnrich und Augenzeuge Jeremy Lister sprach sechs Jahre später in seinen Erinnerungen sogar von ausgestochenen Augen und abgeschnittenen Nasen.[44]

Das Gefecht an der Brücke von Concord. Zeitgenössischer Kupferstich, handkoloriert.

Die Schüsse der „Patrioten", so schrieb 60 Jahre später der aus Boston stammende Philosoph und Essayist Ralph Waldo Emerson, der sich 1835 in Concord niederlassen sollte, seien in der ganzen Welt zu hören gewesen. Allerdings hätte auch dieser zweite blutige Zwischenfall noch keinen Krieg auslösen müssen, wenn die Kolonisten ihre Gegner unbehelligt aus Concord hätten abziehen lassen. Offenbar fehlte den Milizionären und ihren Offizieren eine klare politische Instruktion und vor allem eine Persönlichkeit, die eine solche Vorgabe jetzt hätte durchsetzen können. So sollten die Emotionen des Moments das weitere Geschehen bestimmen. Major Parsons' Kompanien waren vorerst von der britischen Hauptmacht in Concord abgeschnitten, die nun selbst von allen Seiten beschossen wurde. Smith versuchte noch eine Weile, sich in der Ortschaft zu halten, und befahl schließlich gegen Mittag, nachdem die beiden abgeschnittenen Kompanien sich doch noch zur Hauptmacht hatten durchschlagen können, den Rückzug auf Lexington. Anfangs noch unangefochten, gestaltete sich jedoch der letzte Abschnitt des Marsches, der durch einen langen Hohlweg führte, immer schwieriger. Von den Flanken ständig unter Feuer genommen, erreichte die durch den fortgesetzten Kampf erschöpfte britische Kolonne, aufgelöst und vielfach auch schon ohne Munition, gegen 15 Uhr endlich wieder Lexington.

Zu ihrer Erleichterung war dort inzwischen die von Smith am Morgen angeforderte Verstärkung aus Boston unter Major Hugh Percy mit zwei zusätzlichen Regimentsgeschützen eingetroffen. Obwohl die gesamte britische Streitmacht damit auf eine Stärke von 2000 Mann angewachsen war, setzten die Milizionäre ihre Angriffe unbeeindruckt fort. Mehr als ein kurzes Verschnaufen war Colonel Smiths Männern nicht vergönnt. Nachdem die beiden mitgeführten Geschütze ihre Munition verschossen hatten, war die Position in Lexington nicht mehr zu halten. Um die Amerikaner zu täuschen, entschloss sich Percy, nicht über Cambridge zum Charles River auszuweichen, sondern den kürzeren Weg über Sommerville zum Charlestown Neck einzuschlagen, der die nördlich von Boston gelegene Halbinsel Bunker Hill mit dem Festland verband. Doch auch auf der neuen Route hörten die Nachstellungen der Rebellen nicht auf. Der Kugelregen nahm kein Ende, sodass der 22-jährige Fähnrich Lister, der an der Brücke von Concord durch einen Schuss in den Ellenbogen verletzt worden war, absitzen musste, um seinen Weg im Schutz seines Pferdes zu Fuß fortzusetzen. Andere Verwundete versuchten bald ebenfalls, neben der Flanke ihrer Pferde marschierend, die rettende Halbinsel zu erreichen.[45] Selbst aus vielen beiderseits der Straße stehenden Gebäuden wurde jetzt auf die vorbeiziehenden Rotröcke geschossen, woraufhin die Angegriffenen die verdächtigen Häuser stürmten und niederbrannten. Erst als die Briten bei Einbruch der Dunkelheit die nach Bunker Hill führende Landenge erreichten, endete der mörderische Beschuss. Von Charlestown, einer Siedlung am Südrand der Halbinsel, wurden die Reste der britischen Streitmacht mit Booten in das gegenüberliegende Boston gebracht. Wohl kaum ein britischer Soldat war nicht von den Ereignissen und Strapazen des Tages zutiefst erschüttert. Wie der verwundete Lister waren sie 20 Stunden auf den Beinen gewesen, hatten kaum etwas zu sich genommen und, sofern sie zu Lieutenant Colonel Smiths Korps gehört hatten, fast 80 Kilometer zurückgelegt. Die Offiziere zeigten sich bei ihrer Rückkehr nach Boston schockiert und ratlos. Lord Hugh Percy, der die britische Verstärkung nach Lexington geführt hatte, resümierte in einem Brief vom 20. April an Edward Harvey, den Generaladjutanten und obersten militärischen Berater des Königs, die Ereignisse der hinter ihm liegenden Stunden: Wer jetzt noch glaube, dass die Streitkräfte der Neuengländer nicht mehr als nur ein irregulärer Mob seien, liege völlig falsch.[46] Die ernüchternde Bilanz des Unternehmens schien ihm recht zu geben. Die Verluste der Briten lagen mit 273 Toten und Verletzten etwa dreimal so hoch wie die der Rebellen.[47] Wichtiger und entscheidend war jedoch, dass die Nachricht vom fluchtartigen Rückzug der britischen Truppen überall in den Kolonien große Euphorie auslöste. Waffen und Munition wurden gesammelt, in New York besetzte ein rebellischer Mob die britischen Magazine, während die gemäßigten „Patrioten" in der Stadt einen eigenen Provinzialkongress konstituierten. Aus ganz Neuengland strömten jetzt Tausende Milizionäre vor die Tore Bostons, wo die britische Besatzung inzwischen völlig vom Umland abgeschnitten war. Unter den

Ankömmlingen befand sich auch der 57-jährige Israel Putnam, ein Farmer und Gastwirt aus Connecticut, der bereits gegen die Franzosen gekämpft hatte, von Indianern gefoltert worden war und jetzt in nur acht Stunden 160 Kilometer zurückgelegt hatte. Putnam sollte später einer der wichtigsten Generale der amerikanischen Kontinentalarmee werden.

Als am 10. Mai 1775, genau drei Wochen nach den Gefechten bei Lexington und Concord, der im Vorjahr vereinbarte zweite Kontinentalkongress in Philadelphia zusammentrat, schien es höchste Zeit, wieder die politische Kontrolle über die Aktionen der Milizionäre zu erlangen, zumal nur wenige Tage später eine bei dem Kongress eingehende Nachricht die Einnahme von Fort Ticonderoga meldete.[48] Milizionäre unter Führung von Colonel Benedict Arnold und Ethan Allen hatten eigenmächtig die am Lake Champlain im Norden der Kolonie New York gelegene Befestigung, die ursprünglich von den Franzosen errichtet worden war, eingeschlossen und den britischen Kommandanten mit seiner kleinen Besatzung zur Kapitulation genötigt. Durch diesen beherzten Coup waren den amerikanischen Rebellen fast 100 Geschütze und große Mengen Munition in die Hände gefallen. Allerdings mussten die Delegierten des Kongresses nun befürchten, dass der dreiste Handstreich das Verhältnis der amerikanischen Kolonien zur britischen Krone weiter verschlechtern würde. Die Zeichen deuteten immer mehr auf Krieg, doch wollte man ihn in Philadelphia wirklich?

Noch war es unter den Vertretern der 13 rebellischen Kolonien höchst strittig, ob man ohne reguläre Armee und ohne Flotte, besonders aber ohne ein klares Kriegsziel tatsächlich die britische Weltmacht herausfordern sollte. Zu den Wortführern der noch auf Ausgleich mit der Krone bedachten Fraktion zählte der aus Maryland stammende Rechtsanwalt und Pflanzerbaron John Dickinson, der in dieser Situation für die Verabschiedung einer Loyalitätsadresse an den König eintrat. Allerdings dokumentierte auch diese Erklärung das neue Selbstbewusstsein der

Amerikaner. Der Monarch sollte demnach nur noch das einigende Element zwischen Kolonien und Mutterland sein, während das Londoner Parlament zukünftig keinerlei Rechte mehr in Amerika ausüben dürfte. Immer noch war für viele Kolonisten die völlige Unabhängigkeit vom Mutterland und eine politische Existenz außerhalb des britischen Empire eine zutiefst befremdliche Vorstellung. Zu groß schien ihnen die Abhängigkeit von Großbritannien. Die amerikanischen Kolonien lebten von der Landwirtschaft und dem Export von Tabak und anderen Agrarprodukten, womit bislang der Zufluss britischer Fertigwaren finanziert werden konnte. Wie sollten die nur lose verbundenen Kolonien einen Krieg gegen die Weltmacht England durchstehen? Mit Ausnahme einiger Pulvermühlen existierte keine eigenständige Rüstungsindustrie. Sämtliche Gewehre und Geschütze sowie die dazugehörige Munition müssten zunächst aus Europa ins Land geschmuggelt werden.

Die legendäre „Hulbert Flag", die wohl vor der Befreiung von Fort Ticonderoga am Champlain Valley durch Captain John Hulbert angefertigt wurde.

Selbst die glühendsten Patrioten unter den Delegierten mochten sich zwar trefflich über die angebliche Tyrannei des Londoner Parlaments und sogar über König Georg III. empören, aber für den offenen Krieg gegen eine maritime Weltmacht, die erst zwölf Jahre zuvor Frankreich und Spanien auf sämtlichen Kriegsschauplätzen gedemütigt hatte, traten vorerst nur wenige Männer ein. Zu dieser Gruppe der Extremisten gehörte an prominenter Stelle der 40-jährige Anwalt John Adams aus Massachusetts. Schon im Vorjahr hatte der seit Jahren regelmäßig Tagebuch führende Politiker in einem Brief an einen Freund über die furchtsamen Delegierten des Ersten Kontinentalkongresses gespottet. Sie alle würden erzittern angesichts der Aussicht auf Blutvergießen. Er selbst aber habe den Rubikon bereits überschritten, vertraute er einem anderen Freund an, der ihn eindringlich vor der Entschlossenheit Großbritanniens, sein Weltreich zu verteidigen, gewarnt hatte. Adams gab sich unerschrocken und erklärte, dass er unwiderruflich entschlossen sei, zu schwimmen oder zu versinken, zu überleben oder notfalls mit seinem Land zugrunde zu gehen.[49]

Das offizielle Porträt von John Adams als Vizepräsident, Gemälde von John Trumbull (1792/1793).

Um jedoch gegen die britische Militärmacht bestehen zu können, benötigten die amerikanischen Rebellen unbedingt eine professionelle Streitmacht nach europäischem Muster, deren Soldaten nicht schon nach der ersten Salve der britischen Regulären auseinanderlaufen würden. Die neue Armee musste daher mehr sein als nur eine lockere Ansammlung verschiedener Milizen. Vor allem aber musste sie von einem einheitlichen Geist erfüllt und durch harte Disziplin geprägt sein. Doch welcher General sollte dieses Wunder vollbringen? Auf John Adams' Empfehlung hin ernannten die Delegierten am 30. Juni 1775 den aus Virginia stammenden George Washington zum Oberbefehlshaber der zukünftigen Kontinentalarmee. Dank seiner Ehe mit der wohl reichsten Witwe der Kolonie war der ehemalige Landvermesser und Milizoffizier zu einem der größten Grundbesitzer am Potomac River aufgestiegen und gehörte auch dem Parlament von Virginia, dem House of Bourgesses, an. Seine bisherige militärische Bilanz fiel jedoch weniger glänzend aus. Als junger Mann war Washington mit angeworbenen Milizionären in das damals zwischen London und Versailles umstrittene Ohiotal gezogen, um Franzosen und Indianer zu bekämpfen, allerdings nicht immer mit Erfolg. Ausgerechnet am 4. Juli 1754 hatte der damals 22-jährige Washington sogar vor einer stärkeren frankokanadischen Abteilung kapitulieren müssen und war im Jahr darauf gemeinsam mit seinem jetzigen Widersacher auf britischer Seite, Thomas Gage, Teilnehmer an der unglückseligen Expedition des Generals Edward Braddock gegen Fort Duquesne gewesen. Beide Männer hatten damals das Glück gehabt, die verheerende Niederlage der Briten am Monongahela River unverletzt zu überleben. Später hatte Washington im Auftrag des Gouverneurs von Virginia, Robert Dinwiddie, ein Milizregiment aufgestellt, das er im Zuge eines jahrelangen Kleinkriegs gegen die mit den Franzosen verbündeten Indianer zu einer schlagkräftigen Truppe formte. Unter den im Pennsylvania State House von Philadelphia versammelten Delegierten strahlte der inzwischen 43-jährige Mann aus Virginia allein schon aufgrund seiner Körpergröße eine natürliche Autorität aus. Obwohl Washington nie einen größeren Verband als ein Regiment geführt und sich lange vor dem endgültigen Sieg über Frankreich ins Privatleben zurückgezogen hatte, um sich ausschließlich der Verwaltung seiner Ländereien zu widmen, zweifelte kaum ein Teilnehmer des Zweiten Kontinentalkongresses daran, dass er der richtige Mann für die gewaltige Aufgabe war. Als angesehenes Mitglied der virginischen Pflanzeraristokratie würde Washington, so das Kalkül der Delegierten aus Neuengland, zudem auch die südlichen Kolonien für die Sache der „Patrioten" einnehmen.

Allerdings drängte die Zeit für die in Philadelphia versammelten Delegierten, denn am 26. Mai 1775 waren endlich die von Kolonialminister Lord Dartmouth in Aussicht gestellten britischen Verstärkungen im Bostoner Hafen gelandet. Außer zwei neuen Infanterieregimentern und einem Verband leichter Kavallerie waren zu Gages großer Überraschung auch die Generale William Howe, George Clinton und John Burgoyne in Boston eingetroffen. Dass dieses militärische Dreigestirn ausgerechnet an Bord eines Schiffes nach Amerika gekommen war, das nach dem mythischen dreiköpfigen Höllenhund Cerberus benannt worden war, dürfte Gouverneur Gage jedoch kaum als günstiges Omen betrachtet haben. War doch damit klar, dass er nicht mehr das volle Vertrauen der Regierung in London besaß.[50] Dabei war zum Zeitpunkt der Entsendung der drei hohen Militärs die ernüchternde Nachricht vom britischen Desaster des 19. April noch gar nicht im Mutterland eingetroffen. Die von Gage seither geübte Passivität hätte die Kritik aus London gewiss noch mehr befeuert. Als sich General Burgoyne beim Einlaufen in die Bostoner Bucht bei der Besatzung eines entgegenkommenden Postschiffs nach der Lage erkundigte, mochte er nicht glauben, dass sich die Bostoner Garnison seit Wochen vor ein paar Tausend zerlumpten Milizionären in der

Stadt versteckte. „Lasst uns hineingehen und für die nötige Ellbogenfreiheit sorgen“, soll er entsetzt ausgerufen haben.[51]

Howe, Clinton und Burgoyne brachten aus London die Vorstellung mit, dass man die rebellischen Farmer von Massachusetts dank der nunmehrigen Verdoppelung der britischen Truppen rasch in ihre Schranken verweisen könne. Gouverneur Gage machte den drei Ankömmlingen jedoch schnell klar, dass sich der Aufstand längst über die Grenzen seiner Kolonie ausgeweitet hatte. Selbst mit den eingetroffenen Verstärkungen würden seine Truppen nicht ausreichen, den Ring der Milizionäre um Boston zu durchbrechen. Gage schätzte, dass rund 16 000 Rebellen die Zugänge zur Stadt abriegelten. Sie hatten inzwischen eine Kette von Befestigungen angelegt und feuerten besonders in der Nacht auf die britischen Feldposten, ohne damit allerdings besonderen Schaden anzurichten. Die Lage in der Stadt war beengt und die Verpflegung dürftig. „Wir müssen uns von gesalzenem Schweinefleisch und Erbsen ernähren, während frische Kost nicht einmal mehr für Geld zu haben ist“, schrieb der noch an seiner Verwundung leidende Fähnrich Jeremy Lister vom 10. Infanterieregiment an seinen Vater in England.[52]

Trotz der beengten Verhältnisse ließen sich die vier britischen Generale erstaunlich viel Zeit, wenigstens das nächstliegende Ziel in Angriff zu nehmen und die bislang vom Feind noch nicht besetzte Halbinsel Bunker Hill, deren Südspitze nur 400 Meter von Boston entfernt lag, in ihre Hand zu bringen. Dass der Besitz der Halbinsel den Briten den Zugang nach Cambridge öffnen würde, war auch den Rebellen inzwischen klar geworden, und so fasste man dort den Entschluss, dem Gegner zuvorzukommen. In der Nacht zum 17. Juni rückten rund 1200 Milizionäre unter Führung von Israel Putnam und Colonel William Prescott, einem Veteranen des Krieges gegen die Franzosen, über die Landbrücke auf die Halbinsel vor, um bis Tagesanbruch auf dem Breed’s Hill oberhalb von Charlestown eine etwa 100 Meter breite Feldschanze zu errichten. Prescotts Männer schufteten den Rest der Nacht, und am nächsten Morgen sahen sich die Briten in Boston von den Rebellen ausmanövriert. Auch der sofort einsetzende massive Beschuss durch britische Kriegsschiffe konnte die Milizionäre nicht mehr von ihrer sich etwa 30 Meter über dem Meer erhebenden Position vertreiben. Mit der Inbesitznahme und der raschen Verschanzung forderten Putnam und Prescott den britischen Oberbefehlshaber Gage unmittelbar heraus.

Im Bostoner Kriegsrat setzte sich schließlich General Howe mit seiner Auffassung durch, noch am selben Nachmittag die Feldbefestigung der Rebellen im direkten Angriff zu stürmen. Von allen Optionen der Briten war dies die fragwürdigste, die zweifellos der festen Überzeugung entsprang, dass die Kolonisten niemals einer geordneten britischen Schlachtlinie widerstehen könnten. Eine Landung im Rücken der Rebellen, wie sie General Henry Clinton vorgeschlagen hatte, wäre wohl aussichtsreicher gewesen. Doch wie sein älterer Bruder George Augustus Howe, der 1758 bei der Belagerung von Fort Ticonderoga getötet worden war, genoss William Howe in der ganzen Armee einen exzellenten Ruf. Sein Urteil hatte in der Runde das größte Gewicht. Der damals 46-jährige General konnte bereits auf eine lange militärische Karriere im Dienst der Krone zurückblicken. So hatte er sich 1758 bei der Einnahme der Festung Louisburg auf Kap Breton ausgezeichnet, und nur ein Jahr später war es ihm gelungen, mit seinem Bataillon die steilen Felsen zur Abraham-Ebene vor den Toren Quebecs hinaufzusteigen, was den Briten am nächsten Tag den entscheidenden Sieg über die Franzosen und die Eroberung der Stadt ermöglichte. Im Jahr 1760 nahm Howe als Regimentskommandeur an General Jeffrey Amhersts Feldzug gegen Montreal teil, und während der Belagerung von Havanna zwei Jahre später bekleidete er bereits den Rang eines Generaladjutanten. Wie die meisten seiner Offiziere berief sich auch Howe jetzt auf seine Erfahrungen mit den amerikanischen Kolonisten im Krieg gegen die Franzosen und war überzeugt, dass sich deren laxe Kampfmoral seither nicht gebessert habe. Ganz sicher schien er sich seiner Einschätzung indes nicht zu sein, denn im Lauf des frühen Nachmittags ließ er vorsorglich weitere Truppen aus Boston nach Bunker Hill übersetzen. Am Ende hatten die Briten mit rund 2200 Soldaten eine doppelte Übermacht auf der Halbinsel versammelt und gegen 15 Uhr konnte der Angriff auf die Stellungen der Rebellen beginnen. Unter den Augen der Bostoner Bürger, die sogar auf die Dächer ihrer Häuser gestiegen waren, um eine bessere Sicht zu haben, marschierten die Bataillone unter Howes persönlicher Führung durch das hohe Gras den etwa 800 Meter langen Hang hinauf. Mit wachsender Beklemmung sahen die Kolonisten auf der Höhe die breite, wie mit einem Lineal gezogene Linie der Rotröcke näher kommen, vor deren blitzenden Bajonetten sie jetzt nur noch ein Erdaufwurf und eine einzige Kugel in ihren Läufen trennte. „Wartet, bis ihr das Weiße in ihren Augen seht, und schießt auf die Offiziere", hatte Putnam seinen Männern zuvor eingeschärft. Die meisten Milizionäre hielten sich daran. Zweimal gelang es ihnen, den Angriff der britischen Bataillone abzuschlagen, die jedes Mal zurückwichen, um sich in der schützenden Senke neu zu formieren. Erst im dritten Versuch gelang es Howes stark gelichteten Kolonnen schließlich, die Brustwehren zu ersteigen und die noch ausharrenden Rebellen, denen inzwischen die Munition ausgegangen war, im Nahkampf niederzuringen. Am Abend war die Halbinsel in der Hand der Briten, aber weder Howe noch seine Offiziere mochten darüber in Euphorie geraten. Fast die Hälfte der Angreifer war in weniger als zwei Stunden entweder getötet oder verwundet worden, darunter 90 Offiziere, die kaum zu ersetzen waren. Dagegen hatten die meisten Kolonisten unter Zurücklassung von 160 Gefallenen und 40 Gefangenen über die Landbrücke nach Cambridge entkommen können. Unter den Toten auf amerikanischer Seite befand sich auch der Bostoner Arzt Joseph Warren, der mit den letzten Verteidigern die Schanze verlassen hatte und auf dem Weg zum Charlestown Neck niedergeschossen worden war.[53]

Die Schlacht bei Bunker Hill am 17. Juni 1775. Gemälde von John Trumbull von 1786.

An eine Verfolgung der Rebellen bis nach Cambridge war nach dem schockierenden Aderlass des Nachmittags nicht zu denken. Bunker Hill war taktisch ein britischer Sieg, propagandistisch aber ein weiterer Rückschlag. Der Sieg war so teuer erkauft, dass General Clinton fürchtete, ein weiterer Erfolg dieser Art würde die britische Armee in Amerika vollends ruinieren.

Gage wiederum bemerkte zu dem Desaster, dass die Kolonisten an diesem Tag einen Kampfgeist gezeigt hätten, den sie gegen die Franzosen niemals aufbrachten.[54] Schon den demütigenden Fehlschlag in Concord hatten Regierung und König dem Bostoner Gouverneur zur Last gelegt. Nach dem neuerlichen Debakel von Bunker Hill bestand jedoch kein Zweifel mehr daran, dass die Zeit des Generals in den Kolonien endgültig abgelaufen war. Ein im Oktober in Boston eintreffender königlicher Befehl bestimmte General Howe zum Nachfolger des glücklosen Gage. Über das Ausmaß der amerikanischen Rebellion machte man sich inzwischen in London keine Illusionen mehr. Staatssekretär Dartmouth, der zuletzt noch für Verhandlungen mit den Rebellen eingetreten war, hatte inzwischen seinen Posten für George Germain räumen müssen. Der gab sich zwar als politischer Hardliner, aber seine militärische Karriere, in der er rasch bis zum Lieutenant General aufgestiegen war, wies einen irreparablen Makel auf. In einem aufsehenerregenden Kriegsgerichtsverfahren war Germain wegen wiederholten Ungehorsams während der Schlacht von Minden 1759 aus der Armee ausgestoßen worden. Zum Todesurteil soll damals in der Jury nur eine Stimme gefehlt haben.[55]

Wollte Großbritannien seine Kolonien behalten, musste es jetzt entschlossen gegen die Rebellen vorgehen und eine Armee über den Atlantik schicken. Nicht jeder Abgeordnete des Parlaments war jedoch davon überzeugt, dass ein ganzer Kontinent, der sich über fast 3000 Kilometer erstreckte, überhaupt zurückerobert werden konnte. So warnte etwa Charles Pratt, 1. Earl Camden, seine Kollegen, dass die Armee Seiner Majestät sich in einem „grenzenlosen Meer von Schwierigkeiten wiederfinden" würde. Die Abgeordneten der Tories setzten dagegen ihre Hoffnungen auf die loyalen Kolonisten, die nach ihrer Überzeugung immer noch die Mehrheit bildeten und die Truppen des Königs gewiss unterstützen würden. Besonders aber vertrauten sie auf die Unbesiegbarkeit jener unvergleichlichen Armee, die vor den Toren von Minden und Quebec über die Franzosen triumphiert hatte.[56] Allerdings erwies es sich als schwieriger und zeitraubender als angenommen, das Heer zu mobilisieren und zu verstärken. Zwölf Jahre nach dem Ende des Siebenjährigen Krieges hielt Großbritannien weniger als 50 000 Soldaten unter Waffen, die sich auf 70 Infanterie- und 28 Kavallerieregimenter verteilten. Ein Viertel dieser Kräfte war in Irland stationiert und konnte kaum vollständig von dort abgezogen werden. Der Rest befand sich, mit Ausnahme der etwa 12 000 in England und Schottland stehenden Soldaten, in Garnisonen überall auf der Welt.[57]

In Europa war Großbritannien seit dem Pariser Frieden von 1763 ohne Verbündete und musste sogar damit rechnen, dass Frankreich bei einem ungünstigen Verlauf des Krieges in Amerika eine Revanche für seine Niederlage anstreben würde. Dass der kontinentale Rivale längst damit begonnen hatte, die Rebellen heimlich mit Waffen zu beliefern, stand in London außer Frage.[58] Kriegsminister William Barrington, 2. Viscount Barrington, der sich zunächst im Parlament für eine Seeblockade der Kolonien ausgesprochen hatte, war somit darauf angewiesen, Truppen aus dem Kurfürstentum Hannover heranzuziehen, dem Stammland des Welfischen Königshauses. Damit ließen sich immerhin die 7000 Mann ablösen, die bisher dem Schutz von Gibraltar und Menorca gedient hatten. Selbst das strikte Verbot der Anwerbung von Katholiken wurde wenigstens für Mannschaften und Unteroffiziere aufgehoben.[59] Für den Einsatz in Amerika sollten zudem in befreundeten deutschen Staaten insgesamt 18 000 Söldner in geschlossenen Verbänden unter eigenen Offizieren angeworben werden, was jedoch Zeit in Anspruch nehmen würde. Daneben bemühten sich Werbeoffiziere wie der hannoverische Offizier Georg Heinrich Albrecht von Scheither um deutsche Rekruten auch für die britischen Regimenter. Insgesamt soll er 2000 Mann im ganzen Reich angeworben haben.[60] Deutsche sollten im Verlauf des Krieges sogar ein Drittel aller britischen Truppen in Amerika stellen.[61] Dagegen wurden die auf Russland gesetzten großen Hoffnungen bitter enttäuscht. Eine von König Georg III. persönlich an Katharina II. gerichtete Bitte um Truppen wies die russische Zarin barsch zurück. Sie habe nicht einmal den Anstand besessen, selbst zu antworten, beklagte sich der zutiefst irritierte Monarch am 3. November bei Lord North, und Begriffe benutzt, die vielleicht für russische

Ohren noch akzeptabel seien, nicht aber für zivilisiertere Menschen.[62]

Immerhin trafen schon im Herbst 1775 insgesamt zehn neue Bataillone in Boston ein, deren Soldaten auf Drängen des Königs in Schottland und Irland ausgehoben worden waren.[63] Die Lage für die Briten besserte sich dadurch jedoch nicht. Die Stadt wurde immer noch von den Kolonisten blockiert, und der jüngste Zuzug musste die ohnehin beengten Verhältnisse für die Truppen noch verschärfen. Unter diesen Umständen konnte Boston kaum als Ausgangspunkt für einen britischen Gegenschlag dienen, zumal kein militärischer Plan in der Stadt so geheim gehalten werden konnte, dass die Rebellen nicht sofort wenigstens in Teilen davon Wind bekamen. Die britische Strategie sah daher vor, sämtliche Truppen aus der Stadt zu verlegen und das südlicher gelegene New York als neue militärische Basis zu besetzen. Darin hatte bereits Howe mit seinem Vorgänger Gage übereingestimmt. Gelänge es von Manhattan aus, im Zusammenwirken mit Truppen aus Kanada die gesamte Hudsonlinie zu besetzen, würden die rebellierenden Kolonien in zwei Teile aufgespalten werden. Allerdings sah sich Howe gezwungen, noch bis zum Frühjahr untätig in Boston auszuharren. Für eine frühere Räumung der Stadt fehlte ihm schlicht der Schiffsraum.

Der lange und harte Winter in Massachusetts setzte indes nicht nur den Briten in der Stadt zu. Auf der Gegenseite musste auch George Washington für den Erhalt seiner Armee kämpfen, deren Stärke durch Pocken und Desertion mit jedem Tag weiter sank. Ein schmutziger, unausrottbarer Söldnergeist durchdringe überdies alle Ränge und er wisse nicht, wohin das alles noch führen werde, schrieb der neue Oberbefehlshaber der Kontinentalarmee in deprimierter Stimmung am 28. November 1775 an John Jay.[64] Es fehle seinen Männern vor Boston am Notwendigsten, um unter winterlichen Verhältnissen im Feldlager zu bestehen. Zum Jahreswechsel betrachteten zudem viele Milizionäre ihre Dienstpflicht als längst erfüllt und machten sich auf den Weg zu ihren Familien. Fraglos war es eine der größten Leistungen Washingtons, seine Armee in dieser kritischen Phase im Kern zusammenzuhalten, die empfindlichen Lücken mit neu verpflichteten Milizionären zu schließen und die Disziplin seiner Männer in monatelanger Kärrnerarbeit zu festigen. Erst im Frühjahr besserte sich die Lage, als es Colonel Henry Knox, einem ehemaligen Bostoner Buchhändler und militärischen Autodidakten, in einem organisatorischen Kraftakt gelang, einen Großteil der im Vorjahr in Fort Ticonderoga erbeuteten Geschütze Hunderte von Kilometern über vereiste Flüsse und kaum zugängliche Gebirgspässe bis vor die Tore von Boston zu schleppen.[65]

Am 2. März 1776 hatte Knox tatsächlich 40 Geschütze und 15 Mörser in Stellung gebracht und konnte nunmehr das Bombardement auf die Stadt eröffnen. Nur zwei Tage später gelang es den Kolonisten auch, das südliche Gegenufer von Boston mit den Höhen von Dorchester zu besetzen. Von dort aus war es den Belagerern mit ihren Geschützen jetzt erstmals möglich, auch die vor dem Hafen ankernden britischen Schiffe zu beschießen. Die Briten waren schockiert. Einen sofortigen Gegenangriff auf die Höhen musste Howe jedoch wegen eines schweren Sturms abblasen. Als Washingtons Truppen kurz darauf auch den benachbarten Nooks Hill besetzten, der die britischen Stellungen auf dem Boston Neck flankierte, entschloss sich Howe, die Stadt sofort zu räumen. Am 17. März, fast auf den Tag genau elf Monate nach Concord und Lexington, verließen 9000 britische Soldaten und fast 1000 Loyalisten im Feuerschein des in Brand gesetzten Forts William den Hafen von Boston in Richtung Halifax. Washington ließ den Gegner gewähren und untersagte sogar einen Beschuss der auslaufenden Schiffe. Im Gegenzug hatte sich Howe offenbar verpflichtet, die Stadt zu verschonen. Kein britischer Soldat sollte in diesem Krieg wieder seinen Fuß nach Boston setzen. Ein großer Teil der schweren Waffen und der Munition, die wegen des Mangels an Schiffsraum hatten zurückbleiben müssen, fiel den Rebellen in die Hände. Entgegen Howes Befehlen waren sie nicht zerstört worden. Unter Trommelklang und Pfeifenspiel rückten die Rebellen nur wenige Stunden später in die fast menschenleere Stadt ein. Ausgelassen feierten sie mit den Bostoner „Patrioten“ ihren ersten militärischen Triumph, den wenige Monate zuvor kaum jemand für möglich gehalten hätte.[66]

Die Belagerung von Boston 1775–1776 durch die britische Armee. Zeitgenössischer Stich.

„Die Liebe zur Freiheit im Herzen“? – Amerikas Kontinentalarmee im Krieg gegen Großbritannien

> *„Gegen Ende des Krieges kämpften wir vielfach mit britischen Soldaten gegen einen Feind, der seinerseits in großer Zahl Amerikaner gegen uns einsetzte.“*
>
> General Nathanael Greene[67]

Wenige Tage vor Weihnachten 1777 gelangte der Soldat Joseph „Plumb“ Martin aus Connecticut mit seinem Regiment auf die trostlosen Höhen von Valley Forge. „Wir waren in einer verzweifelten Lage“, erinnerte sich der damals 17-jährige Freiwillige in seinem Tagebuch. Es gab weder Unterkünfte noch Verpflegung, und nicht einmal Trinkwasser konnte Martin nach stundenlangem Herumirren in der Dunkelheit finden. Schließlich glückte es ihm, von einem Kameraden einen halben Kürbis einzutauschen, den er sich auf einem Stein briet und wie ein Stück Torte verschlang.[68] Seit sich der Soldat Martin zwei Jahre zuvor nach den Gefechten von Lexington und Concord den Rebellen angeschlossen hatte, weil ihn, wie er schrieb, wegen der vermeintlichen Übergriffe britischer Truppen Albträume plagten, waren Niederlagen, Rückzüge und Entbehrungen seine täglichen Begleiter gewesen. Martin war nicht der einzige Soldat, der unter den unsäglichen Zuständen in Washingtons Kontinentalarmee litt. Ähnliche Erfahrungen hatten schon ein Jahr vor dem grässlichen Winter von Valley Forge den Soldaten Joseph Eliot aus Massachusetts veranlasst, seiner Frau zu schreiben, dass sie ihre Söhne unbedingt davon abhalten müsse, sich als Freiwillige zu melden.[69]

Als sich der Krieg gegen die Briten auch nach dem Sieg von Saratoga noch Jahr um Jahr ergebnislos hinzog, meuterte schließlich im Winterlager von Morristown eine ganze Brigade aus Pennsylvania. Vielen Männern war der Sold schon seit Monaten nicht ausgezahlt worden, und andere Soldaten verlangten nach dem Ende ihrer dreijährigen Dienstpflicht die Entlassung. Mangel an Geld, Verpflegung und Ausrüstung blieben während des gesamten Krieges das Krebsübel in Washingtons Kontinentalarmee. Jede europäische Streitmacht wäre unter diesen Bedingungen auseinandergebrochen, wunderte sich der ehemalige preußische Offizier Friedrich Wilhelm von Steuben bei seiner Ankunft in Valley Forge.[70] Die Beschreibungen von zerlumpten und hungrigen Gestalten, die meist barfuß hinter ihrer Fahne hertrotteten, finden sich in fast allen Erinnerungen von Zeitgenossen und Augenzeugen, und noch der 40. Präsident der Vereinigten Staaten, Ronald Reagan, spielte mit diesem Topos, als er 1981 anlässlich des zweihundertsten Jahrestags der britischen Kapitulation von Yorktown von Kolonisten mit bandagierten Füßen sprach und von Musketen, die nicht immer feuerten. Diese Rebellen hätten, so der Präsident, keine schicken Uniformen gehabt, aber in ihren Herzen habe die Liebe zur Freiheit gebrannt.

Soldat der amerikanischen Kontinentalarmee. Stich nach einem Gemälde von Alonzo Chappel.

Tatsächlich hat der so oft bemühte Kontrast zwischen dem schäbigen Äußeren der Soldaten Washingtons und dem meist tadellosen Erscheinungsbild ihrer britischen Gegner, die sogar noch am Tag von Lord Cornwallis’ Kapitulation eine zweite, saubere Uniform anlegen konnten, immer wieder zu der Vermutung Anlass gegeben, dass für viele Amerikaner der Drang nach Unabhängigkeit und Freiheit eine bedeutende Motivation gewesen sein müsse. Was hätte diese Soldaten sonst unter einer Fahne halten können, die den meisten von ihnen eher als ein Symbol von Mangel, Entbehrung und Niederlage erscheinen musste?

Mit Ausnahme von Trenton und Saratoga hatten sie nur Rückzüge und zermürbende Stellungskämpfe erlebt. „Wir kämpften, wurden geschlagen, sammelten uns wieder und kämpften erneut", beschrieb etwa General Nathanael Greene seine Taktik in den beiden Carolinas.[71] Das Beutemachen, eine beliebte Einnahmequelle für alle Soldaten des 18. Jahrhunderts, fiel unter diesen Umständen schwer. Als Greenes Soldaten tatsächlich einmal in South Carolina während der Schlacht von Eutaw Springs am 9. September 1781 den Sieg vor Augen hatten, konnten sie der seltenen Gelegenheit nicht widerstehen, das feindliche Lager zu plündern. Den bereits geschlagenen Briten ermöglichte diese Aktion, sich zu sammeln und die Amerikaner im Gegenangriff zurückzuschlagen.

Bei allem tief empfundenen Hass auf Großbritannien blieb dessen Armee für die Rebellen das Maß aller Dinge. Von Anfang an versuchte sich die im Juni 1775 unter dem Kommando von George Washington vor den Toren Bostons formierte Kontinentalarmee an ihrem Gegner zu orientieren. Nach britischem Vorbild lernten die amerikanischen Soldaten, zu jedem größeren Kampf in eng geschlossener Linie aufzumarschieren und selbst unter massivem Beschuss des Gegners drei bis vier Salven pro Minute mit ihren Musketen abzugeben. Von der aufgelockerten Kampfweise der Milizionäre hielt Washington ebenso wenig wie der Kongressdelegierte John Adams aus Massachusetts, der meinte, dass die Armee vor allem lernen müsse, mit dem Bajonett anzugreifen.[72]

Dies sollte zunächst eine luftige Fantasie bleiben. Über das bizarre Erscheinungsbild der Männer aus Connecticut, New York und Massachusetts äußerte sich Washington anfangs auf ähnlich abfällige Weise wie die britischen Offiziere. Besonders die Milizionäre aus den Neuenglandkolonien zeigten nach seiner Überzeugung eine geradezu halsstarrige Dummheit. Das strenge britische Reglement, das er in seiner Armee durchsetzen wollte, versprach außer der höheren Feuerdichte auch verbesserte Kontrollmöglichkeiten für die Offiziere. Es zwang die neuen Soldaten aber auch, das Paradox zu akzeptieren, dass sie zur Verteidigung der Freiheit bis auf Weiteres auf etliche ihrer gewohnten Rechte verzichten mussten. Selbst Körperstrafen konnten jetzt nach britischem Vorbild verhängt werden, wobei die Höchstzahl der Peitschenhiebe unter Bezugnahme auf eine Bibelstelle zunächst auf 39 beschränkt sein sollte. Da deren Abschreckungswirkung auf hartgesottene Übeltäter offenbar nicht ausreichte, entzündete sich eine Debatte über ein höheres Strafmaß, das dem britischen Standard mit bis zu 200 Hieben nacheiferte. Schon im September 1776 bestimmte der Kongress in Philadelphia, dass zukünftig 100 Schläge das neue Höchstmaß sein sollten.

Während der Dienst in den schon lange bestehenden örtlichen Milizen grundsätzlich bis ins hohe Alter geleistet werden musste, aber bisher nur bei Bedarf beansprucht wurde, hatte sich der Soldat der neuen Kontinentalarmee für einen bestimmten Zeitraum mit allen Konsequenzen zu verpflichten. Anfangs waren es nur wenige Monate, am Ende konnten es aber auch drei Jahre sein. Außer mit einer Prämie in Bargeld warb man die Kandidaten gelegentlich auch mit dem Versprechen einer Landzuweisung irgendwo in den umstrittenen westlichen Territorien an. Viele Bewerber hatten jedoch ihre ganz besonderen Gründe, das unbehauste Soldatenschicksal zu wählen. So sah etwa der Schusterlehrling Thomas Painter keine Perspektive in seinem Beruf und trat in die Armee ein, weil er insgeheim hoffte, dort das unstete Leben eines Streuners führen zu können. Der junge Eli Jacobs wiederum wollte einfach nur den ewigen Streitigkeiten in seinem Elternhaus entfliehen. Andere kamen, weil sie von Männern, die sich bereits verpflichtet hatten, dazu überredet worden waren, und manche Freiwillige waren wohl auch ernsthaft überzeugt, dass sie einer patriotischen Sache dienten.[73]

***

Die Geschichte dieser seltsamen und am Ende doch so erfolgreichen Kontinentalarmee hatte im ersten Kriegsjahr vor den Toren Bostons begonnen. Gemäß einer Verfügung des Kongresses waren die nach Lexington und Concord um die Stadt versammelten Milizionäre aus Massachusetts, Connecticut und Rhode Island dem neuen Oberbefehlshaber George Washington unterstellt worden. Außerdem ernannten die Delegierten in Philadelphia insgesamt sechs Major Generals, darunter die ehemaligen britischen Offiziere Charles Lee und Horatio Gates, der das Amt des Generaladjutanten der Armee übernahm. Hinzu kamen Artemas Ward aus Massachusetts, Israel Putnam und schließlich Philip Schuyler aus Albany. Der schwerreiche Politiker aus einer holländischen Familie erhielt das neue Northern Departement. Bereits im Herbst 1775 sollte er mit 3000 New Yorkern einen Angriff auf das britische Kanada unternehmen.

Aus den Truppen vor Boston, rund 22 000 Milizionäre, formierten Washington und Gates insgesamt 27 neue Regimenter, die wiederum in sechs Brigaden zusammengefasst waren. Jedem Regiment, das von einem Colonel (Oberst) kommandiert wurde, unterstanden anfangs zehn Kompanien mit je vier Offizieren, 76 Schützen und einem Trommler.[74] Das größte Truppenkorps in der neuen Kontinentalarmee war die Division, die aus zwei Brigaden bestand und von einem Major General geführt wurde. Ein besonderes Artilleriekorps unter Henry Knox, dem späteren ersten Kriegsminister der Vereinigten Staaten, war wie ein Regiment in zehn Kompanien gegliedert und dem Oberbefehlshaber der Armee unmittelbar unterstellt.

Weil insgesamt drei Brigaden zur Verteidigung von Ticonderoga und Massachusetts abgestellt werden mussten, sank die Stärke von Washingtons Armee vor der Schlacht von New York im Sommer 1776 auf nur noch 20 000 Mann, einschließlich der zusätzlich vom Kongress aufgerufenen Milizregimenter.[75] In den folgenden Jahren reduzierte sich die Zahl der Kontinentalsoldaten durch Entlassungen, Krankheiten und Desertion immer weiter, und im Sommer 1781, als die Franzosen vor New York erstmals zu Washington stießen, war die Kontinentalarmee auf die Hälfte ihrer ursprünglichen Stärke geschrumpft. Da die Organisation der Regimenter und der Ausgleich ihrer Verluste während des gesamten Krieges in der Verantwortung der einzelnen Kolonien lagen, war die Qualität der Truppen höchst unterschiedlich. Werbeoffiziere wie der aus Pennsylvania stammende Captain Alexander Graydon mussten sich bei ihrer mühevollen Suche nach neuen Rekruten meist mit Angehörigen der unteren Schichten begnügen, die gegen Bezahlung als Ersatz für besser gestellte Kandidaten dienten. Einmal bekam Graydon sogar zu hören, dass ein ungelernter Tagelöhner eine Kugel genauso stoppen könne wie ein wohlanständiger Bürger, Letzterer sei hingegen als wichtige Stütze für seine Heimatgemeinde unverzichtbar.[76]

Um überhaupt noch Freiwillige zu finden, hatten sich einige Kolonien im Süden sogar dazu entschlossen, Sklaven im Falle einer Meldung zu den Fahnen die persönliche Freiheit in Aussicht zu stellen. Am Ende waren etwa ein Viertel der Soldaten in Washingtons Armee vor New York Schwarze, die auf General Rochambeaus Offiziere sogar einen besonders guten und entschlossenen Eindruck machten. Einige Kolonien sahen es allerdings kritisch, dass Schwarze und Weiße gemeinsam in einem Verband dienten, sodass etwa Rhode Island schon 1778 beschloss, separate Verbände aus Afroamerikanern aufzustellen.[77] In den meisten Schlachten mussten die Regimenter der Kontinentalarmee durch Milizaufgebote verstärkt werden, denen, wie etwa 1781 bei Guilford Court House, die Aufgabe zufiel, den angreifenden Gegner aus einer vorgeschobenen Position mit ein oder zwei Salven zu dezimieren, ehe er auf die Hauptarmee stieß. Auch an der Belagerung von Yorktown waren auf amerikanischer Seite neben 5000 Kontinentalsoldaten zusätzlich 3000 Milizionäre aus Virginia beteiligt.

Obwohl viele von Washingtons Soldaten gewöhnlich nach Ablauf ihrer Verpflichtung oder sogar schon vorher durch Desertion der Armee den Rücken kehrten, blieb ein harter Kern von Kämpfern bis zum Ende des Krieges unter der Fahne. Diese Männer bewahrten sich ihre in langen Dienstjahren erworbenen Fähigkeiten nicht nur, sondern gaben sie vielfach auch an ihre jüngeren Kameraden weiter.

Jedenfalls zeichneten sich die Manöver des Rhode-Island-Regiments, die der hessische Hauptmann Johann Ewald anlässlich der Kapitulation von Yorktown beobachten konnte, durch ein hohes Maß an Disziplin und Geschick aus. „Die Männer beherrschten ihre Schritte vollkommen, trugen ihre Waffen vorbildlich und hielten ihre Köpfe vollkommen gerade. Beim Ausrichten nach rechts bewegte sich kein Auge, und das Schwenken beim Marschieren erfolgte so exakt, dass ihre Befehlshaber kaum eingreifen mussten.“[78]

Auch das Offizierskorps der Kontinentalarmee schien sich in der langen Kriegszeit professionalisiert zu haben. Die Bilder von Hauptleuten der Miliz, die ihre vor den Toren von Boston kampierenden Soldaten rasierten oder ihnen die Schuhe reparierten, waren längst Vergangenheit. Washington sorgte dafür, dass seine Offiziere, die gewöhnlich die Söhne von Händlern, Anwälten und Spekulanten waren, eine spürbare Distanz zu ihren Leuten wahrten. Unbrauchbare Kandidaten mussten die Armee verlassen. Die Betonung von Klassenschranken führte allerdings dazu, dass sich viele Kompaniechefs ihren Männern entfremdeten. In Valley Forge wunderte sich Friedrich Wilhelm von Steuben, dass die meisten Offiziere offenbar weder die Anzahl noch die Namen ihrer Soldaten kannten. Bei Paraden boten sie oft ein pittoreskes Bild. Einmal sah Steuben einen Captain in einem selbst gefertigten Umhang, der mehr einem Schlafrock als einem Uniformteil geähnelt habe. Vorschriftsmäßige Waffenröcke blieben die Ausnahme.

Geld war bei den Männern, die meist aus bürgerlichen Berufen stammten, ein Dauerthema. Untereinander wetteiferten die Offiziere nach den Worten von John Adams um Beförderungen und Sold wie die Affen um Nüsse.[79] Conrad Alexandre Gérard, der erste Botschafter Frankreichs beim Kontinentalkongress, sah in dem ständigen Gerangel um Rang und Bezahlung sogar eine allgemeine Krankheit der Amerikaner.[80] Viele amerikanische Offiziere beneideten auch ihre britischen Gegner, die nach dem Ausscheiden aus dem Dienst auf eine lebenslange Pension in Höhe ihres halben Soldes rechnen konnten. Der Kongress sah sich daher im Mai 1778 gezwungen, seinen Offizieren nach dem Krieg eine allerdings auf sieben Jahre befristete Pension zu gewähren.[81] Dem Vorbild der Briten nachzueifern musste jedoch nicht immer zum Erfolg führen. So enttäuschten die Generale Charles Lee und Horatio Gates, die aus der britischen Armee hervorgegangen waren, während Männer wie Greene, Henry Knox, Israel Putnam und bis zu seinem Verrat auch Benedict Arnold außergewöhnliche Leistungen auch ohne besondere militärische Vorerfahrungen vollbrachten. Bei ihren Gegnern fanden diese Männer jedoch selbst nach ihrem Sieg kaum Akzeptanz. In Yorktown teilten die gefangenen britischen und deutschen Offiziere nach dem Kapitulationszeremoniell lieber den Bankettisch mit den Franzosen. Hauptmann Johann Ewald erinnerte sich an deren freundliche Aufmerksamkeit, während das Verhältnis zwischen Amerikanern und Briten, die doch in besseren Tagen einmal einer Nation angehört hatten, sehr abgekühlt war.[82] Aufseiten der Briten mochte an diesem Tag auch die Scham eine Rolle gespielt haben, dass man zum zweiten Mal seit Saratoga vor einer in Lumpen gehüllten Armee vermeintlicher Amateure die Waffen hatte strecken müssen. Doch Washingtons verwilderte Soldaten waren längst zu einer verschworenen Gemeinschaft zusammengewachsen. Männer wie Joseph Martin wussten, dass sie für eine mehrheitlich gleichgültige und undankbare Bevölkerung kämpften und hungerten. Immer wieder mussten sie erleben, dass viele Amerikaner lieber zu Hause bei ihren Familien blieben, um ohne eigenes Zutun von ihrem Kampf zu profitieren. Gerade aus dieser bedrückenden Erfahrung entwickelten sie jedoch einen besonderen Stolz.[83] Sie waren die Verdammten ihrer Nation, aber auch, so wie sie es sahen, ihre Retter. Als sich ihr Oberbefehlshaber zwei Jahre nach Yorktown von seinen Soldaten verabschiedete, war sein Lob für ihre beispiellose Ausdauer keine Phrase. Die Armee habe acht lange Jahre unentwegt Leiden und Entmutigungen ertragen, ohne nur einen Zoll nachzugeben. Dies, so Washington, käme beinahe einem Wunder gleich.[84]

Von Manhattan zum Delaware – Die Kontinentalarmee am Rande des Untergangs

> *„Ich sehe deutlich, dass wir auf dem besten Weg zu gegenseitiger Feindseligkeit, Verachtung und wechselseitigem Hass sind. Eine Trennung wird auf Dauer unvermeidlich sein."*
>
> Benjamin Franklin an seinen Londoner Freund David Hartley[85]

Washington und seine Generale machten sich trotz der Befreiung Bostons keine Illusionen über ihre Lage. Dass Howes Rückzug tatsächlich nur der Auftakt zu einem langen, mühsamen und verlustreichen Krieg sein würde, war allen „Patrioten" völlig klar. „Wir wissen, dass Ihr uns großen Schaden zufügen könnt", hatte im Oktober 1775 der die Kolonie Pennsylvania vertretende Delegierte des Zweiten Kontinentalkongresses, Benjamin Franklin, an den ihm bekannten Parlamentsabgeordneten David Hartley nach London geschrieben, „aber wir sind fest entschlossen, es geduldig zu ertragen, solange wir können." Kaum einer der in Philadelphia versammelten 55 Delegierten konnte seit der blutigen Schlacht von Bunker Hill noch an der Entschlossenheit der britischen Weltmacht zweifeln, ihre amerikanische Kolonien, das Herzstück ihres Imperiums, um jeden Preis zu behaupten. Wiederholt hatte der König vor seinen Ministern und dem Parlament von einer verräterischen Rebellion gesprochen, die mit allen Mitteln bekämpft werden müsse. Großbritanniens Position als Weltmacht stand auf dem Spiel. Die Zeit für Kompromisse schien vorbei, und das im Juli 1775 beschlossene Verhandlungsangebot des Kontinentalkongresses, die *Palmtree Resolution*, war in London ohne jede Antwort geblieben. Stattdessen hatte König Georg III. am 23. August die Aufsässigkeit der Kolonisten zur Rebellion erklärt. Vier Monate später hatte das britische Unterhaus den *Prohibitory Act* beschlossen, der sämtlichen Handel des Mutterlands mit den Kolonien vorerst unterbinden sollte. Auch waren britische Kriegsschiffe nunmehr berechtigt, auf sämtlichen Meeren amerikanische Handelsschiffe aufzubringen.[86]

Dass die Rebellion der Neuenglandkolonisten auch Großbritanniens neues Imperium in Kanada gefährdete, hatte sich schon im Herbst gezeigt. Auf zwei verschiedenen Routen waren im September 1775 Truppen des Kontinentalkongresses unter der Führung von Colonel Benedict Arnold, einem Apotheker aus Connecticut, und General Brigade Richard Montgomery zum St. Lorenz-Strom vorgedrungen, um Montreal und Quebec zu erobern. Die Eroberung beider Städte würde eine britische Zangenoperation entlang des Hudsons zur Spaltung der Kolonien unmöglich machen.

Während Montgomery, ein gebürtiger Ulsterire und ehemaliger Captain in der britischen Armee, über den Lake Champlain Montreal erreichte, war Arnold am 25. September mit etwa 1100 Mann und Verpflegung für 45 Tage von Newbury Port in Maine auf dem Kennebec-River nach Norden aufgebrochen. Der Fluss erwies sich jedoch, nachdem die Truppe Fort Halifax passiert hatte, wegen seiner Stromschnellen und etlicher Wasserfälle als schwer passierbar. Die mitgeführten 200 Boote leckten inzwischen, wodurch ein großer Teil der Vorräte verdorben wurde. Immer wieder mussten die beschädigten Boote mühsam über Land an den Wasserfällen vorbeigetragen werden. Die Suche nach Verpflegung verzögerte die Fortsetzung des Marsches oft um Tage und immer mehr durch die Strapazen erschöpfte Männer mussten zurückgeschickt werden. „Wir vertrauten auf Gott und hofften, dass er uns gnädig sein würde", notierte Captain Simeon Thayer, einer von Arnolds Offizieren, am 23. Oktober in seinem Tagebuch. Seine Männer waren entmutigt und wollten am liebsten alle auf der Stelle umkehren.[87] Fünf Tage später hatte sich ihre Lage dramatisch verschlimmert, nachdem sie allein am 28. Oktober drei Wasserfälle hatten umgehen müssen, schienen die Rebellen am Ende. „Die wildesten und unnatürlichsten Herzen müssten erschauern, wenn sie die düstere Situation dieser mutiger Männer kennen würden", schrieb Thayer, „die einzig und allein darauf aus sind, die Tyrannei auszurotten, von der das Land bedroht wird. Sie lasen sogar einige rohe Häute auf, die schon mehrere Tage lang auf dem Boden ihrer Boote lagen, um daraus Schuhe oder Mokassins für den Fall der Notwendigkeit zu machen, die sie jetzt aber für ihre eigene Konservierung in Stücke hacken, zuerst das Haar versengen, sie anschließend kochen und sich eine beträchtliche Zeit lang von dem Saft oder der Flüssigkeit ernähren, die sie daraus aufsaugen."[88]

Mit mehr als 500 Kilometern sollte sich die Distanz am Ende als doppelt so groß herausstellen, wie ursprünglich angenommen. Nur 675 Überlebende erreichten nach 45 Tagen am 9. November endlich den St. Lorenz bei Point Levi und konnten sich kurz darauf mit Montgomerys Gruppe vereinigen, der inzwischen die Einnahme von Montreal geglückt war. Die anfänglichen Hoffnungen der Rebellen, die frankophonen Bewohner der ehemaligen französischen Kolonie gegen ihre neuen Herren aufwiegeln zu können, erfüllten sich jedoch nicht. Immerhin waren die meisten Bauern entlang des Weges bereit, den ausgehungerten Amerikanern Lebensmittel zu verkaufen. Trotz ihrer geglückten Vereinigung war die Lage der beiden Gruppen alles andere als aussichtsreich. Nach den außergewöhnlichen Strapazen und erheblichen Abgängen war Montgomery und Arnold nur eine bescheidene Streitmacht von kaum 1000 Mann übrig geblieben. Beide Befehlshaber sahen angesichts sinkender Temperaturen und nachlassender Kampfmoral keinen anderen Ausweg, als einen Überraschungsangriff auf Quebec zu wagen. Allein im Besitz der Stadt, die von nur wenigen britischen Truppen unter General Sir Guy Carleton gehalten wurde, hatten sie eine Chance, den strengen kanadischen Winter zu überstehen.

Begünstigt von einem dichten Schneetreiben, führten sie in der Nacht zum 31. Dezember 1775 ihre Kolonnen an zwei verschiedenen Punkten gegen die Unterstadt von Quebec. Nach Anfangserfolgen brachen beide Angriffe jedoch im Feuer der inzwischen alarmierten Verteidiger zusammen. Die Amerikaner büßten fast die Hälfte ihrer Leute ein. Schlimmer noch war, dass von den zwei Befehlshabern der erste, Montgomery, durch einen Kopfschuss getötet wurde, während Arnold nach einem Schuss ins Bein vom Schlachtfeld getragen werden musste. Es grenzte an ein Wunder, dass der schwer verwundete Arnold es schaffte, mit den Überlebenden in wahrhaft verzweifelter Lage vor den Toren der Stadt auszuharren, um auf Verstärkungen zu warten, die allerdings erst im Frühjahr eintreffen konnten.

Tatsächlich waren es jedoch Truppen aus Großbritannien und Braunschweig, die mit dem Beginn des Tauwetters in der Sankt-Lorenz-Bucht eintrafen und es General Carleton ermöglichten, einen Gegenangriff zu führen. Überstürzt mussten sich die Kolonisten vor der britischen Übermacht über Sorel den Richelieu Fluss entlang nach Süden auf den Lake Champlain zurückziehen. Dort hofften sie, wenigstens die beiden Forts Crown Point und Ticonderoga halten zu können. Mehr als 5000 Amerikaner waren inzwischen entweder tot oder in britische Gefangenschaft geraten.[89] Der verlustreiche Rückschlag in Kanada musste unweigerlich in eine Katastrophe münden, sollte es den Briten gelingen, sich auch in New York festzusetzen. Niemand würde sie dann noch daran hindern können, entlang des Hudson River nach Norden auf Ticonderoga vorzustoßen. Mit einer britischen Landung auf Long Island war nach Washingtons Ansicht jederzeit zu rechnen, und er gab sich wenig zuversichtlich, sie mit seiner unerfahrenen Armee verhindern zu können.

Den rebellierenden Kolonien drohte damit die Teilung und wohl die endgültige Niederlage. Der Kontinentalkongress in Philadelphia sah sich einer ernsten Krise gegenüber und rang bereits seit Wochen um einen politischen Befreiungsschlag. Noch stand die entscheidende Frage im Raum, welchem Zweck der ausufernde Kampf gegen das Mutterland überhaupt dienen solle. Nicht allein die radikalen Vertreter der Delegierten vertraten inzwischen die Überzeugung, dass nur noch die völlige Unabhängigkeit von Großbritannien die amerikanischen Freiheiten schützen könne.

Gemäßigte „Patrioten", die immer noch auf einen Ausgleich mit der britischen Krone hofften, folgten dagegen nur einem trügerischen Traum, behauptete der Brite Thomas Paine in seiner im Januar 1776 publizierten Schrift *Common Sense*. Der 39-jährige Autor war erst ein Jahr zuvor auf Empfehlung Benjamin Franklins in die Kolonien gekommen. „Recht und Vernunft forderten die Trennung", verkündete Paine jetzt seinen neuen Landsleuten. Nicht allein das britische Parlament wolle die Amerikaner zu Sklaven machen, auch König Georg strebe nichts anderes an als ihre völlige Unterwerfung. Dadurch aber erlösche jegliche Gehorsamspflicht gegenüber der Krone. Paines knappes Resümee lautete: „Es ist Zeit, zu gehen!"[90]

Thomas Paine (1736/37–1809) war politischer Theoretiker und einer der Gründerväter der Vereinigten Staaten. Gemälde von John Wesley Jarvis (um 1806).

Unter dem Titel *Common Sense* war seine Tirade gegen die Königsherrschaft in mehr als 100 000 Exemplaren verteilt worden und beherrschte wochenlang die Debatten im ganzen Land. Aus der Rebellion der Kolonisten gegen Zölle und Steuern hatte der ehemalige Steuereintreiber König Georgs III. eine Revolution gemacht. Was bisher noch an Loyalität gegenüber der Krone vorhanden gewesen war, schwand vollends, nachdem in den Kolonien bekannt geworden war, dass der König sogar Söldner aus den deutschen Staaten für den Krieg in Amerika anwerben ließ.[91] Kein Gemäßigter unter den Delegierten konnte jetzt noch plausibel erklären, welche Gemeinsamkeiten es mit einem Monarchen geben könne, der vor keiner noch so brutalen Eskalation gegen seine Untertanen zurückschreckte. Hatte der König, indem er sogar deutsche Truppen auf sie hetzte, seine amerikanischen Untertanen nicht höchstpersönlich aus der Gemeinschaft der Briten verstoßen?

Nach Ansicht von John Adams musste das offene Streben nach Unabhängigkeit den bis dahin geführten „halben Krieg" gegen das Mutterland auf eine neue Stufe heben. Nur dann hätten die Kolonisten Aussicht, die europäischen Großmächte als Alliierte zu gewinnen. Ohne den völligen Bruch mit Großbritannien würden jedoch Frankreich und Spanien durch einen Kriegseintritt aufseiten der Kolonien das Risiko eingehen, dass sich Amerikaner und Briten am Ende doch noch auf fremde Kosten einigten. Adams konnte daher mit der Entwicklung der letzten Wochen zufrieden sein. Ihm waren die 13 Kolonien bisher wie ein langer Konvoi von Schiffen erschienen, der stets auf seine schwerfälligsten Teile Rücksicht nehmen muss. Jetzt aber waren endlich sämtliche Kapitäne auf den neuen Kurs eingeschwenkt.[92] Am 15. Mai 1776 verabschiedete der Kongress eine Empfehlung, die alle 13 Kolonien aufforderte, innerhalb ihrer Grenzen sämtliche Regierungsgeschäfte selbst zu übernehmen. Inzwischen hatten auch etliche Kolonialparlamente, etwa diejenigen von South Carolina und von Rhode Island, die Initiative ergriffen und aus eigenem Ermessen ihre Unabhängigkeit vom Mutterland erklärt. Das Virginia House of Burgesses wiederum erteilte seinen Delegierten in Philadelphia den Auftrag, im Kontinentalkongress für die Unabhängigkeit aller Amerikaner einzutreten.[93]

In seinem entsprechenden Antrag sprach der Vertreter der Kolonie, Richard Henry Lee, am 7. Juni erstmals auch von den „vereinigten Kolonien", die jegliches Treueverhältnis und sämtliche staatsrechtlichen Verbindungen mit Großbritannien für immer lösen sollten. Der offene Versuch einer unwiderruflichen Trennung vom Mutterland musste nach den Maßstäben der Zeit allerdings als Rebellion und Hochverrat ausgelegt werden und konnte unter Umständen für die Rädelsführer sogar vor den Toren Londons am Galgen von Tyburn enden. Großbritannien war die unbestrittene Weltmacht und hatte als solche nie gezögert, harte Maßnahmen, beispielsweise gegen die schottischen Jakobiten, anzuwenden. Gleichwohl war das britische Empire auch zu weitsichtigen Konzessionen fähig, zu denen fraglos der *Quebec Act* von 1774 zählte, der zum großen Verdruss der amerikanischen Kolonisten praktisch das alte französische Kanada wiederhergestellt hatte.[94] Im scharfen Gegensatz zu seinen absolutistischen Rivalen Frankreich und Spanien war das Vereinigte Königreich durchaus keine rechtlose Despotie, wie die Radikalen es sich und der Welt einzureden versuchten. Die britische Presse konnte frei berichten, und selbst als König Georg III., erbost über einen ihn diffamierenden Artikel im *North Briton*, dessen Herausgeber John Wilkes im Tower einsperren ließ, schritt William Murray, der oberste Richter des Landes, zugunsten des Pressemannes ein. Im Parlament wiederum musste jede Regierung Seiner Majestät mühsam um Mehrheiten kämpfen, und jeder leitende Minister, der an dieser Aufgabe scheiterte, hatte um seinen Rücktritt nachzukommen. Selbst nach dem Bostoner Eklat fanden die amerikanischen Kolonien noch beherzte und mächtige Fürsprecher im House of Commons, wie etwa William Pitt. Die Rede von den britischen Freiheiten besaß durchaus einen wahren Kern, und die Vorstellung, dass Großbritannien allein die Verantwortung für den Streit mit den Kolonisten trage, hatte wenig mit der Realität zu tun.

Wollten also die Delegierten in Philadelphia den Geruch einer bloßen Meuterei wegen einer im Grunde belanglosen Teesteuer vermeiden, so bedurfte ihr ungeheuerlicher Schritt zumindest einer überzeugenden Begründung. Nicht König und Parlament waren daher die Adressaten ihrer Argumente, sondern eine „unparteiische Welt", die mit den grundlegenden Axiomen der Aufklärung und der politischen Naturrechtslehre wohlvertraut war. Demnach sollte die Rebellion der Kolonisten in Europa nicht als aufrührerischer Ungehorsam wahrgenommen werden, sondern als ein Eintreten für die höchsten und wahren Prinzipien der zivilisierten Menschheit. Der Text der entsprechenden Erklärung, mit dessen Formulierung ein kleines Komitee um John Adams, Benjamin Franklin, Roger Sherman und Thomas Jefferson vom Kongress beauftragt worden war, lag bereits am 28. Juni 1776 vor. Wortführer der Gruppe war der erst 33-jährige Jefferson, ein Advokat und Sklavenhalter aus Virginia, der sich der Angreifbarkeit seiner später berühmt gewordenen Präambel durchaus bewusst war. Dass alle Menschen von ihrem Schöpfer mit gewissen unveräußerlichen Rechten ausgestattet seien, zu denen Leben, Freiheit und das Streben nach Glück gehörten, galt tatsächlich in den Kolonien noch weniger als im Mutterland. Mit der Vorstellung von einem allgemeinen Streben nach Glück versuchten die Verfasser den schnöden Begriff des Eigentums zu vermeiden, der 80 Jahre später in der Debatte um die Abschaffung der Sklaverei eine so große Rolle spielen sollte. Die schließlich am 4. Juli 1776 von den 52 in Philadelphia versammelten Delegierten unterzeichnete Erklärung, auf der vorerst nur die Unterschriften der vier Vertreter New Yorks fehlten, blieb seltsam vage. Eine lange Liste von Beschwerden und Unterstellungen sollte als Rechtfertigung für die feierliche Aufkündigung des fiktiven Vertrags mit der britischen Monarchie dienen. Ob tatsächlich alle Delegierten davon überzeugt waren, dass der König seine amerikanischen Untertanen einer „absoluten Tyrannei" unterwerfen wolle, ist ungewiss. Jedenfalls herrschte im Kongress noch so viel Realitätssinn, dass die Delegierten aus der Liste der Vorwürfe den letzten Passus streichen ließen, in dem Jefferson König Georg III. sogar wegen der Einführung des transatlantischen Sklavenhandels anprangerte.[95]

Zeitungen veröffentlichten den Text der Unabhängigkeitserklärung rasch in allen Kolonien, die jetzt auch erstmals als Vereinigte Staaten bezeichnet wurden. Schon am 5. Juli konnte der in Philadelphia erscheinende deutschsprachige *Pennsylvanische Staatsbote* seinen Lesern eine deutsche Übersetzung des Textes präsentieren, der Großbritannien endgültig den Fehde-

Die Independence Hall in Philadelphia, ursprünglich das Pennsylvania State House (erbaut 1732–1748), in der am 4. Juli 1776 die Unabhängigkeitserklärung proklamiert wurde.

handschuh vor die Füße schleuderte. Als vier Tage später Offiziere der auf der Halbinsel Manhattan stehenden Kontinentalarmee auf Befehl Washingtons ihren in Linie angetretenen Männern den Text der Erklärung vorlasen, dürften die Milizionäre von allen Amerikanern wohl die klarste Vorstellung davon gehabt haben, auf was für ein halsbrecherisches Abenteuer die Gründungsväter in Philadelphia sich eingelassen hatten. Unter ihren Augen hatte sich inzwischen vor der Spitze von Sandy Hook die größte Kriegsflotte versammelt, die jemals über den Atlantik gekommen war. 400 Schiffe mit 1200 Geschützen und 10 000 Seeleuten unter dem Befehl von Admiral Richard Howe, 1. Earl Howe, machten sich bereit, mehr als 20 000 britische Soldaten unter dem Kommando von Howes jüngerem Bruder General William Howe auf Staten Island an Land zu setzen.

Noch fehlten die 8000 in der Landgrafschaft Hessen-Kessel angeworbenen Soldaten und etwa 4000 Iren, die schon im Januar von Halifax nach South Carolina abgesegelt waren, um dort loyale Kolonisten zu unterstützen. Der „halbe Krieg", von dem John Adams so verächtlich gesprochen hatte, war vorbei. Die Weltmacht Großbritannien zeigte den amerikanischen Rebellen ihre Zähne.

Zu George Washingtons herausragenden Befehlshabern zählte damals General Charles Lee. Der gebürtige Brite war eine exzentrische Persönlichkeit, sehr belesen, von außergewöhnlich dürrer Gestalt und menschenscheu, aber mit einer närrischen Vorliebe für Hunde, von denen er stets mehrere mit sich führte. Gleichwohl war Lee ein fähiger und erfahrener Offizier, der zwei Jahrzehnte lang in der Armee des Königs gedient hatte, ehe er nach dem Frieden von Paris 1763 wie viele andere seiner Kameraden auf halben Sold gesetzt worden war. Nach einem Intermezzo in der polnischen Armee hatte Lee schließlich seinen Rang verkauft und 1773 von dem Erlös ein Landgut in West Virginia erworben. Auf Empfehlung Washingtons ernannte der Kongress in Philadelphia den gebürtigen Briten, der inzwischen auf die Seite der Rebellen gewechselt war, zum Major General und beauftragte ihn mit der Verteidigung New Yorks. Weder Washington noch Lee zweifelten daran, dass die Behauptung der Stadt an der Südspitze der Halbinsel Manhattan von entscheidender Bedeutung für die Zukunft der neuen Nation war. Gelänge es den von General Howe befehligten Truppen, sich an der Mündung des Hudson festzusetzen und sich möglicherweise sogar mit den aus Kanada nach Süden vorstoßenden Briten zu vereinigen, würden sämtliche Neuenglandstaaten vom Rest der Union abgeschnitten, und der Krieg wäre praktisch verloren. Zum Glück für die Amerikaner entschied Howe sich allerdings, die Ankunft der hessischen Truppen unter Generalleutnant Philipp von Heister abzuwarten. Der 60-jährige Offizier hatte schon während des Siebenjährigen Krieges unter dem Prinzen Ferdinand von Braunschweig für die Briten gekämpft. Als Heister vom Landgrafen Friedrich II. mit dem neuen Kommando betraut worden war, hatte er zunächst um Begleichung seiner Schulden gebeten. Nachdem ihm dies ebenso wie eine Pension für seine Frau und Kinder für den Fall seines Todes gewährt worden war, soll der General ausgerufen haben: „Jetzt werden Eure Durchlaucht sehen, wozu dieser alte Schädel und diese Knochen noch fähig sind.“[96]

Die unter Heisters Kommando stehenden Truppen waren zwar bereits Ende März in Lehe an der Wesermündung eingeschifft worden, aber erst nach einer albtraumhaften Überfahrt von fast fünf Monaten vor New York eingetroffen.[97] Wie Vieh habe Landgraf Friedrich seine Untertanen zum Abschlachten an die Engländer verkauft, klagte der König von Preußen in einem Brief vom 18. Juni 1776 an Voltaire und verwahrte sich entschieden gegen dessen Vermutung, dieser noch zu allem Übel zum Katholizismus konvertierte Herrscher sei aus seiner preußischen Schule hervorgegangen. „Die Leidenschaft eines schmutzigen Interesses ist der einzige Grund dieses unwürdigen Vertrags. Mir tun die armen Hessen leid, die ebenso unglücklich wie nutzlos ihr Leben in Amerika beenden werden.“[98]

Selbst dem Sohn seiner geliebten Schwester, dem Markgrafen Alexander von Brandenburg-Ansbach und Bayreuth, verweigerte der preußische Monarch ein Jahr später den Durchmarsch zweier für Amerika bestimmten Bataillone über sein Territorium. Er fühle sich, so ließ er seinen Neffen wissen, durch dessen Ersuchen schmerzlich an die alte deutsche Unsitte erinnert, die eigenen Truppen fremden Interessen zu opfern. Zudem gebe es doch, so fügte Friedrich beschwichtigend hinzu, kürzere Wege zur Küste als die über preußisches Gebiet.[99] Dem König musste die Bereitwilligkeit deutscher Fürsten, dem britischen König Soldaten zu schicken, umso zweckloser erscheinen, da er längst von einem Sieg der Amerikaner überzeugt war, sofern diese nur zusammenstehen würden. Auch von den britischen Generalen hielt Friedrich wenig. Sofern König Georg III. den Krieg mit denselben Generalen fortzusetzen gedenke, könnten selbst vier weitere Feldzüge diesen Kampf nicht zu einem glücklichen Ende bringen.[100]

William Howes wochenlanges Zögern vor New York schien dem Potsdamer Roi Connétable Recht zu geben. Statt die Amerikaner sofort anzugreifen, wartete der britischen General auf das Eintreffen der deutschen Kontingente und auf die Rückkehr der irischen Regimenter unter General Sir Henry Clinton aus South Carolina. Dessen Expedition hatte sich als Fehlschlag erwiesen, nachdem die Loyalisten in der Kolonie zu früh losschlugen und bereits vor Clintons Eintreffen in einem Gefecht bei Moore's Creek Bridge in der Nähe von Wilmington von den Rebellen völlig aufgerieben worden waren. Auch der britische Versuch, wenigstens Sullivan's Island vor der Hafeneinfahrt von Charleston zu besetzen, blieb erfolglos und veranlasste Clinton, seine Mission abzubrechen und die Truppen wieder einschiffen zu lassen.[101]

General Howe hatte somit immerhin Zeit, seinen ursprünglichen Plan einer Landung nördlich von Manhattan zu überdenken, mit der er Washingtons gesamte Armee auf der Halbinsel abzuschneiden hoffte. Die Erfahrung von Bunker Hill steckte dem Briten immer noch tief in den Knochen und er befürchtete, dass er die Verluste in einer größeren Schlacht vorerst kaum ersetzen könnte. Die Armee unter seinem Kommando schien zwar beeindruckend, sie war zugleich aber auch Großbritanniens vorerst letztes Aufgebot.[102]

Indessen beging Washington zu Howes Überraschung einen tödlichen Anfängerfehler. Mit einem überlegenen Gegner konfrontiert, teilte er seine Armee und ließ etwa 7000 Mann seiner besten Truppen unter dem Befehl von Major General John Sullivan, einem 36-jährigen Rechtsanwalt aus Durham in New Hampshire, über den East River auf das benachbarte

Long Island bringen. Jetzt endlich entschloss sich Howe zur Tat und ging am 22. August mit 15 000 seiner Soldaten, jeder versehen mit Verpflegung für drei Tage, in der malerischen Gravesend Bay im Westteil der Insel an Land. Möglicherweise hätte die Verteidigung der von den Amerikanern rasch ausgebauten Position auf den Brooklyn Heights für die Briten zu einem zweiten Bunker Hill geführt. Washington beging aber noch einen weiteren Fehler, als er es dem unerfahrenen Sullivan gestattete, eine günstiger erscheinende Stellung entlang den südlicheren Heights of Guan zu beziehen. Die neue Position war jedoch stark exponiert, und die Amerikaner mussten bald erkennen, dass sie nicht in ihrer gesamten Länge besetzt werden konnte. Howe erkannte sofort seine Chance, und in der Nacht zum 27. August befahl er den Generalen Clinton und Cornwallis einen Umgehungsmarsch. Beide Befehlshaber hatten bereits zusammen vor Charleston gekämpft und sollten nach Howes Abgang den Krieg in Amerika bis zu dessen für Großbritannien unglücklichem Ende prägen. Jetzt aber gelang ihnen gemeinsam ein großer Erfolg. Der britische Angriff über die nur schwach besetzte Jamaica Road überraschte die Rebellen vollkommen. „Wir hatten einen heißen Kampf, in dem die schottischen Regimenter größte Tapferkeit bewiesen und den Tag entschieden, obwohl die Rebellen sich anfangs nach Kräften wehrten", schrieb ein schottischer Offizier des 71. Infanterieregiments (*Fraser's Highlanders*) an einen Freund. „Die Hessen und unsere tapferen Hochländer gaben kein Pardon, und es war ein erhebender Anblick zu sehen, mit welch großem Eifer unsere Männer den Rebellen mit dem Bajonett zu Leibe rückten, nachdem wir sie zuvor eingekreist hatten." Die Generale John Sullivan und William Alexander gerieten zusammen mit mehr als Tausend ihrer Männer in britische Gefangenschaft und hatten dabei noch Glück. Dutzende anderer Rebellen waren zuvor in den umliegenden Sümpfen umgekommen.[103]

Die Schlacht um Long Island oder Brooklyn 1776. Kolorierter Stich von Alonzo Chappel.

Die Schlacht um die Heights of Guan hätte sogar zur Vernichtung sämtlicher amerikanischer Truppen auf Long Island führen können, aber Clintons und Cornwallis' Männer büßten bald ihren anfänglichen Elan ein und setzten dem in Auflösung fliehenden Gegner nur noch zögernd nach. So konnte Major General Putnam, einer der Vertreter Washingtons, seine von der berserkerhaften Wut der Hessen und der Highlander schockierten Männer noch einmal auf den Brooklyn Heights sammeln und dort in den halbwegs fertiggestellten Feldbefestigungen eine gesicherte Position beziehen.

Erneut war es die Sorge vor untragbaren Verlusten, die Howe von einem sofortigen Sturm auf diese letzte Stellung der Amerikaner abhielt. Allerdings glaubte der Brite jetzt auch, alle Zeit der Welt zu haben. Putnams Truppen hatten den etwa 500 Meter breiten East River im Rücken, den die britische Flotte unangefochten kontrollierte. Der Gegner schien somit auch durch eine reguläre Belagerung der Höhen ohne große Verluste zur Aufgabe gezwungen werden zu können.

Washington mochte den drohenden Verlust seiner halben Armee auf Long Island allerdings nicht tatenlos hinnehmen. Wenigstens wollte er den Versuch wagen, Putnams Armee mit Booten nach Manhattan zurückzubringen. Selbst wenn es der britischen Flotte gelingen sollte, etliche der Fahrzeuge zu versenken, so erschien es ihm immer noch besser, einen vielleicht größeren Teil der Soldaten zu retten, als die gesamte Streitmacht durch eine Kapitulation zu verlieren. Das Wetter kam den Amerikanern bei ihrem Vorhaben zu Hilfe. In der Nacht zum 29. August 1776 zog ein Sturm auf, und im Lager der Briten rechnete unter diesen Umständen niemand mit einer Evakuierung, die tatsächlich sorgfältig geplant und mit überaus großem Geschick in aller Stille ausgeführt wurde.[104] Umso düpierter zeigten sich Howe und seine Generale, als man ihnen am nächsten Morgen meldete, dass die gegnerischen Stellungen verlassen waren.

Besondere Euphorie über das geglückte Entkommen wollte auf amerikanischer Seite jedoch nicht aufkommen. Washington und seinen Generalen war klar, dass auch Manhattan mit New York zu einer tödlichen Falle werden würde, falls sich die Briten, die mit ihrer Flotte sämtliche Gewässer um New York kontrollierten, zu einer Landung im Norden der Halbinsel entschließen sollten. Einzig durch einen sofortigen Rückzug nach Norden, wo sich mit der Armee auf den Harlem Heights eine neue Position beziehen ließe, könne man der Gefahr begegnen, schrieb General Nathanael Greene an Washington. Nach Ansicht des aus Rhode Island stammenden Quäkers sollte New York, das immer noch eine Hochburg der Loyalisten war, zuvor niedergebrannt werden, um den Briten keine bequemen Winterquartiere zu überlassen.[105]

Wider Erwarten ließen sich die beiden Howe-Brüder reichlich Zeit mit einer erneuten Landung. In der Überzeugung, dass der Zusammenbruch seiner Armee bei Brooklyn den Kongress geneigter für Verhandlungen gemacht habe, schickten sie am 1. September 1776 den gefangenen General Sullivan auf Ehrenwort nach Philadelphia, um ein Gesprächsangebot zu übermitteln. Man wolle an einem beliebigen Ort mit Vertretern der Versammlung über die Möglichkeit einer Beilegung des Krieges reden. John Adams war über das vergiftete Angebot der Briten entsetzt, da er eine Spaltung der „Patrioten" befürchtete. Er wusste jedoch auch, dass man Gespräche über einen möglichen Frieden kaum würde ausschlagen können. Zusammen mit Benjamin Franklin und John Rutledge traf er sich daher eine Woche später mit General William Howe in einem Haus auf Staten Island. Es zeigte sich allerdings rasch, dass Briten und Amerikaner unvereinbare Positionen vertraten. Howe bot Amnestie gegen Unterwerfung an, aber für die Vertreter des Kongresses kam eine Rücknahme der Erklärung vom 4. Juli nicht infrage.[106] Howe ließ die drei Amerikaner unbehelligt nach Philadelphia zurückkehren, obwohl König Georg III. zuvor Adams und Franklin ausdrücklich von seinem Amnestieangebot ausgeschlossen hatte.

Inzwischen hatten die Briten ihre Vorbereitungen zu einer Landung auf dem Ostufer von Manhattan bei Kip's Bay abgeschlossen, und am 15. September landeten nach einer verheerenden Kanonade von fünf britischen Linienschiffen rund 4000 Soldaten unter dem Kommando der Generale Clinton und Cornwallis. Die wenigen Rebellen, die hier die Küste überwachen sollten, mochten freilich nicht abwarten, bis die mit Rotröcken gefüllten Landungsboote den Strand erreichten. Erschüttert von dem vorangegangenen Geschosshagel, verließen sie beim Anblick der in der Sonne blitzenden britischen Bajonette zusammen mit ihren Offizieren fluchtartig ihre Stellungen. Alarmiert vom Geschützdonner, war Washington an der Spitze seiner Stabsoffiziere zur Landungszone galoppiert, konnte aber an dem Desaster nichts mehr ändern.

Wütend versuchten er und seine Adjutanten, den Fliehenden den Weg zu verstellen, hieben sogar fluchend mit der flachen Klinge auf die Männer ein, von denen viele längst ihre Waffen weggeworfen hatten und alle Befehle ignorierten. Erst das Eintreffen von Colonel John Glovers Neuengland-Regiment vermochte die Ordnung unter den Amerikanern wieder halbwegs herzustellen.[107] Allerdings hätten auch Glovers Männer einen Durchstoß des Gegners zu dem nur acht Kilometer entfernten Ufer des Hudson kaum verhindern können, wenn die Briten nicht wieder einmal von einer rätselhaften Lähmung befallen worden wären. Mangels konkreter Befehle verharrten die Mannschaften am Strand und begannen sogar, Tee zu kochen, während man auf die Anlandung der Artillerie wartete. Etliche britische Offiziere kümmerten sich erst einmal um die bequemen Quartiere, die ihnen von den zahlreichen Loyalisten angeboten wurden. So gelang es Putnam bis zum Abend, auf der letzten freien Straße nach Norden seine Truppen einschließlich der Kranken und der Verwundeten in den Schutz der Harlem Heights zu retten.[108] Ohne auf Widerstand zu treffen, konnten die Briten New York besetzen, das später die letzte britische Stadt in den Kolonien sein würde. Erst am 25. November 1783 sollten hier die letzten britischen Truppen nach dem Pariser Friedensschluss an Bord ihrer Schiffe gehen, während begeisterte „Patrioten" den noch über dem alten Fort George wehenden Union Jack niederholten. Doch die Armee, durch deren Vernichtung Howe an diesem Nachmittag dies alles hätte verhindern können, hatte inzwischen eine befestigte Position auf den Harlem Heights zwischen Hudson River und Harlem Creek bezogen. Washington mochte in seinem verwegenen Entschluss, mit nur noch 10 000 Mann den immerhin dreifach überlegenen Briten erneut eine Schlacht anzubieten, durch den günstigen Verlauf eines Vorpostengefechts bestärkt worden sein. Strategisch war seine Wahl jedoch erneut ein schwerer Fehler, der das Ende seiner Armee und möglicherweise auch das Ende des Traums von der amerikanischen Freiheit hätte besiegeln können. Allerdings kämpfte sein Widersacher Howe wieder einmal mit einem ganzen Bündel von Gründen und Bedenken, die ihn am Ende davon abhielten, die ihm gebotene Chance sofort zu nutzen. Alle hatten sie ihr Gewicht, wie etwa Howes Wunsch, noch auf das offenbar kurz bevorstehende Eintreffen weiterer hessischer Regimenter zu warten, doch alles Kalkulieren konnte nicht mehr kaschieren, dass Howe in Wahrheit nur ein durchschnittlicher Stratege war, der gewöhnlich den letzten Einsatz scheute. Anstatt den weit unterlegenen Gegner im Gefecht zu stellen, erlag der General erneut der Versuchung, den vermeintlich einfacheren Erfolg mit einer Landung im Rücken der Amerikaner zu suchen. Erneut verstrich wertvolle Zeit, ehe es Howe gelang, am 12. Oktober ein britisches Korps bei Kings' Bridge, etwa 20 Kilometer nördlich der Harlem Heights, an Land zu setzen. Nach anfänglichem Zögern entschloss sich Washington, bestärkt von dem mit seinen 4000 Männern aus North Carolina zurückgekehrten Charles Lee, seine Stellungen aufzugeben und weiter nach Norden in die New Yorker Highlands auszuweichen. Weil er um seine Verbindungen nach New Jersey fürchtete, ließ er in dem später nach ihm benannten Fort oberhalb des Hudson, das bisher seine rechte Flanke gedeckt hatte, eine Besatzung von 3000 Mann zurück. Mit dem Rest seiner Truppen wollte er etwa 30 Kilometer weiter nördlich bei White Plains eine neue Stellung beziehen. Der verlängerte Rückzug war für die Rebellen in ihren längst verschlissenen Sommermonturen eine Herausforderung. Es fehlte Washingtons Truppen inzwischen am Nötigsten, und auch die Verpflegung wurde bald knapp. Bei Kälte und Regen mussten die Soldaten seiner Kontinentalarmee auf der blanken Erde schlafen und ihre Geschütze selbst durch den Schlamm ziehen, da es der Armee an Pferden mangelte. Howe folgte ihnen mit einem Tag Abstand nach White Plains und schien inzwischen wieder voller Angriffsgeist. Nach heftiger

Artillerievorbereitung ließ er am 28. Oktober seine hessischen Regimenter den Chatterton's Hill, einen steilen, stark bewaldeten Höhenzug in der rechten Flanke der Amerikaner, stürmen. Kurzzeitig geriet Washingtons gesamte Position in Gefahr, und Howe hätte vielleicht mehr erreichen können, wenn er die Schlacht bis zum Abend fortgesetzt hätte. Da er jedoch die Stärke von Washingtons Stellungen nicht einzuschätzen vermochte, verschob der Brite den entscheidenden Angriff auf den nächsten Tag und sodann nochmals um 24 Stunden, weil er hoffte, noch sechs frisch eingetroffene hessische Regimenter unter Generalleutnant Wilhelm zu Innhausen und Knyphausen einsetzen zu können. Am Morgen des 1. November waren die amerikanischen Stellungen jedoch wieder einmal geräumt. Washington hatte sich im Schutz der Nacht wenige Kilometer in nordöstlicher Richtung auf North Castle an der Grenze zu Connecticut zurückgezogen, und einmal mehr mussten Howes Kolonnen nachrücken. Doch nach drei Tagen ließ der Brite die Verfolgung plötzlich abbrechen und befahl den Rückmarsch. Von der Atempause überrascht, teilte Washington seine Armee erneut auf. Mit 7000 Mann sollte General Charles Lee den Zugang nach Connecticut und Rhode Island decken, während General William Heath den Auftrag erhielt, mit 4000 Mann bei Peekskill am Hudson eine eventuelle britische Offensive auf Albany aufzuhalten. Washington selbst überquerte mit nur 2000 Mann den Fluss und bezog eine Position nördlich von Fort Lee. Dort sollte ihn General Charles Lee sofort unterstützen, falls die Briten nicht nach Connecticut, sondern durch New Jersey auf Philadelphia vorrücken würden.[109]

Obwohl Howes militärische Bilanz in den 75 Tagen seit seiner Landung in der Gravesand Bay sich als eine beeindruckende Kette verpasster Gelegenheiten darstellte, sah der General ein, dass eine weitere Verfolgung der Amerikaner bis an die Grenzen des benachbarten Connecticut ihn dem entscheidenden Erfolg, den er bereits so oft versäumt hatte, kaum näherbringen würde. Seine Truppen litten ebenso wie der Gegner unter der zunehmenden Kälte, und in den guten Quartieren auf Manhattan mochte seine Armee immerhin den Winter besser überstehen als die Amerikaner in der Wildnis New Yorks. Eine Aufgabe blieb allerdings noch zu erledigen: Fort Washington am Hudson und das gegenüberliegende Fort Lee mussten eingenommen werden, ehe die Operationen witterungsbedingt vorerst zum Stillstand kämen. Sollte es tatsächlich gelingen, beide Befestigungen mit ihren Besatzungen noch vor Einbruch des Winters zur Aufgabe zu zwingen, wäre die Kapitulation von mehr als 3000 Amerikanern mehr als nur ein versöhnlicher Ausklang des bis dahin so enttäuschend verlaufenen Feldzugs. Der Verlust von zahlreichen Geschützen, Munition und großen Mengen sonstigen Materials musste überdies die Amerikaner weiter schwächen. Washington beurteilte die Lage ähnlich wie sein britischer Widersacher und erwog auch bereits die Räumung beider Forts, die ihren ursprünglichen Zweck der Sperrung des Hudson für britische Schiffe nicht erfüllt hatten. Noch längst nicht der gefestigte Kommandeur der letzten Kriegsjahre ließ er sich jedoch von Nathanael Greene und Colonel Robert Magaw, dem Kommandanten von Fort Washington, umstimmen. Der ehemalige Rechtsanwalt aus Philadelphia überzeugte seinen Oberbefehlshaber, dass er die Befestigung, die auf dem höchsten Punkt der Halbinsel Manhattan in Form eines Pentagons errichtet worden war, bis zum Frühjahr halten könne. General Charles Lee, der es aufgrund seiner Erfahrungen in der britischen Armee besser wusste, konnte sich mit seinem Widerspruch im Kriegsrat nicht durchsetzen. So fiel Fort Washington, das tatsächlich nur aus Erdwerken bestand und einige wenige zusätzliche Gräben im Vorfeld aufwies, schon am 16. November 1776. Howes Aufforderung zur Kapitulation hatte Magaw noch tags zuvor selbstbewusst abgelehnt. Er stehe für die ruhmreichste Sache in der Geschichte der Menschheit und werde bis zum Äußersten kämpfen.[110] Doch nachdem seine

Männer den Sturm der britischen und hessischen Regimenter, die aus drei Richtungen angriffen, zweimal hatten abwehren können, sahen sie sich schließlich in der Hauptbefestigung zusammengedrängt. Unklar war, ob den Überlebenden bei einem Schlussangriff noch Schonung gewährt würde. Colonel Magaw zog daher die Übergabe dem drohenden Massaker vor und ließ seine Besatzung noch am selben Nachmittag die Waffen strecken. Von seinen Männern waren 155 in den Kämpfen gefallen oder verwundet worden, 2848 Amerikaner gingen in Gefangenschaft und mussten später in New York durch ein Spalier wütender Loyalisten ziehen, die sie mit den übelsten Parolen beschimpften. Viele von ihnen fielen danach den unmenschlichen Bedingungen auf den berüchtigten Gefangenenschiffen vor Manhattan zum Opfer. Auf britischer Seite war der Erfolg mit 458 Toten, Verwundeten oder Vermissten nicht gerade billig erkauft worden.[111]

Nur zwei Tage später musste General Nathanael Greene das auf der gegenüberliegenden Seite des Hudson liegende Fort Lee fluchtartig räumen, um dem gleichen Schicksal zu entgehen. Außer den noch dampfenden Kochkesseln blieben über 100 Geschütze und fast 3000 Musketen zurück. Verfolgt von 4000 Briten unter Lord Cornwallis, zog sich die Besatzung nach Süden entlang des Hackensack River auf Newark zurück, wo sie sich mit Washingtons schwachem Kontingent vereinigte. Gemeinsam wich die bescheidene Armee der Rebellen, die jetzt kaum noch 5000 kampftüchtige Männer aufwies, am 27. November weiter auf New Brunswick aus. Dort erlitten die Amerikaner erneut einen empfindlichen Aderlass. Fast 2000 Soldaten aus New Jersey und Maryland, deren Dienstzeit abgelaufen war, mussten am 30. November nach Hause entlassen werden. Washington beklagte gegenüber John Hancock, dem Präsidenten des Kongresses, dass alle diese Männer nicht eine Stunde länger in der Armee hatten bleiben wollen.[112] Inzwischen hatten Cornwallis' Truppen die Verfolgung aufgenommen, und der Zusammenbruch der Armee Washingtons mochte jetzt nur noch eine Frage von Tagen sein. Davon zeugte die mit weggeworfenen Ausrüstungsgegenständen und verendeten Pferden übersäte Rückzugsroute. Auch die Bewohner New Jerseys schienen jetzt mehrheitlich der „großen Sache" den Rücken zu kehren. Kaum ein örtlicher Milizionär mochte sich noch den wie eine Räuberhorde daherziehenden Rebellen anschließen. Die meisten Bewohner der passierten Ortschaften hatten zudem vorsichtshalber eilig ihre Vorräte und Wertsachen versteckt. Nachzügler, die den Briten in die Hände fielen, waren oft nur noch in Decken gehüllt und erregten in ihrem jämmerlichen Zustand sogar das Mitleid ihrer Verfolger.[113] Einzig die Zerstörung der Brücke über den Raritan River bei New Brunswick vermochte den Gegner eine Weile auf Abstand zu halten. Howe nutzte die Verzögerung und schloss mit seinen Truppen zu Cornwallis auf. Gleich mehrmals bot sich den vereinigten Briten bei Kingston und Princeton noch die Chance, den Gegner abzufangen und damit die gesamte Rebellion auf einen Schlag zu beenden. Aber Washington glückte es immer wieder, seinen Verfolgern zu entkommen, und er schaffte es in der Nacht zum 8. Dezember sogar, mit schätzungsweise noch 3500 Mann den Delaware bei Trenton unbehelligt zu überqueren.[114] Zuvor hatten die Amerikaner sämtliche verfügbaren Boote auf dem linken Ufer mitgenommen oder unbrauchbar gemacht und waren dabei wohl recht gründlich gewesen. Als die Briten nur wenigen Stunden später am Ufer eintrafen, erwies sich der mehr als 200 Meter breite Fluss als vorerst unüberwindbare Barriere. Selbst nach einer Woche hatten Howe und Cornwallis keine ausreichende Zahl an Booten oder Fähren auftreiben können, schienen es aber inzwischen auch nicht mehr als dringlich anzusehen, neue Fahrzeuge bauen zu lassen. Jedenfalls verkündete Howe am 14. Dezember in einem Tagesbefehl das Ende der Operationen und ließ einen Teil seiner Truppen angesichts der bereits stark gefallenen Temperaturen überall im Land feste Quartiere beziehen.[115] Er selbst kehrte mit dem Großteil der Streitmacht nach New York zurück. Die wenig attraktive Aufgabe, die exponierte Stellung am Delaware zu besetzen, fiel drei hessischen Regimentern unter Führung von Johann Gottlieb Rall zu. Der 51-jährige Oberst war ein Veteran des Siebenjährigen Krieges und hatte im vierten russisch-türkischen Krieg für die Zarin gekämpft. Von den Rebellen hielt er nichts und glaubte, dass von ihnen keine echte Gefahr mehr ausginge.

Von Washingtons stolzer Armee schienen nach vier Monaten voller Niederlagen und Rückzüge nur noch eine verzweifelte Horde hungernder, zerlumpter und erschöpfter Gestalten übrig geblieben zu sein, die man nach Ralls Ansicht im nächsten Frühjahr, sofern sie sich nicht schon vorher zerstreut hatte, leicht zu Paaren treiben könne.

„Washington crossing the Delaware." Gemälde des deutsch-amerikanischen Malers Emanuel Leutze von 1851.

Nicht Epilog, sondern Wendepunkt – Die Gefechte von Trenton und Princeton

> *„Um meinen Offizieren und Soldaten gerecht zu werden, muss ich hinzufügen, dass ihr Betragen bei diesem Unternehmen ihnen zur höchsten Ehre gereicht. Die Schwierigkeiten bei der Flussüberquerung in dieser wüsten Nacht und ihr anschließender Marsch durch einen zerstörerischen Sturm aus Schnee und Hagel vermochten nicht im Geringsten ihren Angriffsgeist zu erschüttern."*
>
> Brief Washingtons vom 27. Dezember 1776 an John Hancock[116]

Die amerikanische Unabhängigkeitsbewegung blickte in diesen bitterkalten letzten Dezembertagen des Jahres 1776 in einen Abgrund. Nach einer beispiellosen Kette von Rückschlägen hatte sich das, was von ihrer Kontinentalarmee noch übrig geblieben war, in äußerster Not an die Ufer Pennsylvanias gerettet. Die Briten standen keine 50 Kilometer von Philadelphia entfernt, und der Delaware würde sie nicht für immer aufhalten. Im Norden war Rhode Island in einem Handstreich von General Clinton besetzt worden, und zu allem Unglück hatte sich Henry Lee, der mit seinem Kontingent zu Washington stoßen sollte, am 13. Dezember bei einem nächtlichen Liebesabenteuer von einer britischen Patrouille gefangen nehmen lassen.[117]

Die stolze Erklärung des 4. Juli war damit zu einer bombastischen Aufschneiderei geschrumpft, die meisten ihrer Unterzeichner waren bereits nach Baltimore geflohen, und die oftmals beschworene Hoffnung auf eine Allianz mit Frankreich war längst zu einem Hirngespinst mutiert. Auch in den Augen Washingtons war die „Sache" der Amerikaner beinahe schon verloren, und genau daraus leitete er nun die Rechtfertigung ab, mit einem letzten Wagnis den Untergang möglicherweise doch noch abzuwenden. Vielleicht würde ein Erfolg wenigstens seinen Ruf retten, denn die Kämpfe um New York und der Rückzug über den Delaware schienen nicht nur die Niederlage der Amerikaner besiegelt, sondern auch sein Versagen als Feldherr offenbart zu haben. Könnte da die nochmalige Überquerung des Flusses nicht wieder alles auf den Kopf stellen? Inzwischen hatte Washington die zwei Monate zuvor bei White Plains beschlossene Aufteilung der Armee wieder rückgängig gemacht. Mit dem Zugang der beiden damals detachierten Kontingente war die Zahl seiner Truppen noch einmal auf mehr als 6000 Mann angewachsen, während der Gegner seine Kräfte inzwischen entlang des Delaware zersplittert hatte.

Washington stand mit seinem Entschluss zu einem Gegenschlag durchaus nicht allein. Ein Brief seines Generaladjutanten und Freundes Joseph Reed vom 22. Dezember dürfte ihn in seinen mutigen Absichten bestärkt haben. „Würde es uns gelingen, einen nennenswerten Teil von New Jersey wieder zu besetzen", so der ehemalige Rechtsanwalt aus Philadelphia, „wäre der Effekt größer, als wenn wir es nie verloren hätten."[118] Washingtons verwegener Plan sah vor, in der Nacht zum 26. Dezember den inzwischen von treibenden Eisschollen bedeckten Delaware River etwa 15 Kilometer oberhalb von Trenton in drei Flottillen mit insgesamt 2400 Mann erneut zu überqueren und anschließend die entlang des Nordufers auf drei Stützpunkte verteilten hessischen Regimenter zu überrennen.

Entgegen der britischen Legende von den nachlässigen Deutschen, die noch müde und betrunken von der vorangegangenen Weihnachtsfeier gewesen seien, hatte Rall auch in dieser stürmischen Nacht seine üblichen Sicherungsmaßnahmen zunächst aufrechterhalten. Mögen sie nur kommen, hatte der Oberst voller Verachtung für die Rebellen noch wenige Tage zuvor an einen befreundeten Offizier geschrieben. „Wir werden über sie herfallen und sie alle auslöschen."[119] Als jedoch der Sturm in dieser Nacht immer heftiger wurde, hatte Rall in dem Glauben, dass unter diesen Umständen kein Feind und am wenigsten diese Amerikaner etwas unternehmen würden, alle Vorposten und Streifen zurückgenommen. Die Entscheidung des Deutschen erwies sich als ein Glücksfall für Washingtons bescheidene Streitmacht, die nach einem langen und strapaziösen Anmarsch eine Stunde nach Sonnenaufgang, allerdings viel später als von ihrem Befehlshaber geplant, in zwei getrennten Kolonnen vor Trenton eintraf. Aus zwei Richtungen zugleich angegriffen, wurden Ralls Hessen vollkommen überrascht. Plötzlich sprach alles nur noch für die Amerikaner. Die Verzögerungen während ihres Marsches und sogar die Umkehr von zwei ihrer drei Flottillen auf dem Delaware zählten plötzlich nicht mehr. Das Feuer aus 18 Geschützen, die von den Angreifern mühsam den langen Weg bis nach Trenton gezogen worden waren, verursachte Panik unter den Hessen, und den wenigen, die sich zum Widerstand formieren konnten, blies der anhaltende Sturm Hagel und Schnee in die Gesichter. Dass Rall vielleicht aus Arroganz oder einfach nur aus Bequemlichkeit keine Verschanzungen hatte anlegen lassen, erwies sich jetzt als fatales Versäumnis. Vergeblich versuchte der Oberst, seine Leute in den Straßen der Stadt zu formieren. In weniger als einer Stunde war der Kampf zugunsten der Amerikaner entschieden, war Rall durch einen Kopfschuss getötet und seine Brigade zerschlagen. Etwa 500 Hessen hatten noch über den Assunpink, einen Nebenarm des Delaware, fliehen können, 150 Mann aber waren tot oder verwundet, fast 900 Hessen in Gefangenschaft geraten. Um den Preis von kaum mehr als 20 Toten hatte Washington in dieser Nacht die Revolution gerettet. Die Vorsehung habe lächelnd über das ganze Unternehmen gewacht, schrieb John Knox zwei Tage später an seine Frau.[120] Der Effekt des amerikanischen Sieges ging weit über das Militärische hinaus. Er beflügelte die „Patrioten" und riss die Briten aus ihren Siegesträumen. „Nach Trenton befiel eine solche Furcht die gesamte Armee", vermerkte der hessische Hauptmann Johann Ewald in seinem Tagebuch, „dass Washington, hätte er es gewollt, uns alle auf die Schiffe getrieben hätte, um ihm ganz Amerika zu überlassen."[121] Auf Befehl Howes musste Lord Cornwallis seine Reisepläne nach England aufgeben und mit eilig zusammengerafften Verstärkungen versuchen, die Lage am Delaware wiederherzustellen. Anfang Januar fasste der General die Amerikaner, die jetzt ein zweites Mal mit 6000 Mann über den Fluss gekommen waren, nördlich von Trenton, doch Washington konnte den wieder zu zögerlich agierenden Briten einmal mehr entkommen. Mit seiner ganzen Armee umging er in der Nacht zum 3. Januar 1777 Cornwallis' linke Flanke, um sodann auf das 30 Kilometer entfernte New Brunswick vorzurücken, wo er die britischen Magazine in seine Hand zu bringen hoffte. Etwa auf halbem Weg stießen Washingtons Truppen bei Tagesanbruch vor den Toren Princetons auf zwei britische Regimenter, die Cornwallis' Armee verstärken sollten. Nach hartem Kampf mussten die Rotröcke der amerikanischen Übermacht weichen. Gut ein Viertel der Briten war am Ende des Tages entweder tot, verwundet oder in Gefangenschaft geraten. Mit dieser Wende mitten im Winter hatten selbst die kühnsten Optimisten im Lager der Amerikaner nicht gerechnet. Noch zwei Wochen zuvor hatten die Briten unangefochten ganz New Jersey beherrscht und sich dabei sogar auf den Beistand der Mehrheit der Kolonisten stützen können. Jetzt mussten sie hinnehmen, dass Washington mit seiner Armee mitten im Land bei Morristown Winterquartiere bezog, während zahllose Milizionäre aus der ganzen Kolonie in sein Lager strömten. Der Pflanzer aus Mount Vernon war über Nacht zur Ikone geworden. „Lebten wir noch im Zeitalter des Götzendienstes, so würde man ihn jetzt als Gott verehren", schrieb der begeisterte Herausgeber des *Pennsylvania Journal* über Washington.[122] Ernüchtert notierte dagegen in New York Ambrose Serle, der Sekretär von Admiral Howe und Verfasser einer Streitschrift, in der er den Amerikanern vorwarf, sich gegen eine freiheitliche und gerechte Regierung erhoben zu haben, in sein Tagebuch: „Dieser Krieg, von dem wir alle glaubten, dass er fast vorbei sei, wird jetzt vielleicht noch sehr lange dauern.“[123]

Der Weg nach Saratoga – Die Kriegswende an den Ufern des Hudson

> *„Dieser März ist allein schon wegen der Verleihung des Bath-Ordens an General Howe höchst erinnerungswürdig. Es war die Belohnung für die Räumung Bostons, für seine zweimonatige Untätigkeit auf Staten Island, für das Entkommenlassen der gesamten Rebellenarmee zunächst von Long Island und später von White Plaines, für sein völliges Versagen, die Rebellion nicht schon 1776 niedergeworfen zu haben, obwohl er die Macht dazu hatte, für die unüberlegte Verteilung seiner Truppen in New Jersey und schließlich für das Einsperren von 10 000 der besten Truppen unter erfahrenen Generalen in Brunswick und Amboy.“*
>
> Richter Thomas Jones, *History of New York during the Revolutionary War*[124]

Anfang Januar 1777 traf in London, das noch von den Siegen des Vorjahres hochgestimmt war, ein Schreiben General Howes ein. Darin präsentierte der britische Oberbefehlshaber in den nordamerikanischen Kolonien dem zuständigen Staatssekretär, Lord George Germain, seine Pläne, wie die Rebellion der Amerikaner spätestens im kommenden Jahr beendet werden könne. Unter Zurücklassung von insgesamt 15 000 Mann in New Jersey, Manhattan und Rhode Island beabsichtigte Howe, im Zusammenwirken mit den Truppen aus Kanada eine Zangenoperation entlang des Hudson durchzuführen. Der alte Kerngedanke der britischen Kriegführung gegen die rebellierenden Kolonisten sollte jetzt endlich umgesetzt werden. Jeweils 10 000 Mann sollten zur gleichen Zeit vom Lake Champlain und von New York auf Albany vorrücken. In einem zweiten Schlag wollte Howe von Rhode Island die Stadt Boston zurückerobern, während die britische Hauptmacht unter seinem Kommando den Delaware überqueren würde, um Pennsylvania und Virginia zu besetzen. In einem sich anschließenden Winterfeldzug sollten zuletzt auch die beiden Carolinas und Georgia wieder unter britische Kontrolle gebracht werden. Da der General damit rechnete, dass der Kongress in Philadelphia noch einmal 50 000 Mann aufbieten könnte, forderte er von Germain, auch die britische Truppenstärke in den Kolonien um weitere 15 000 Mann zu erhöhen.[125]

In dieser Form hätte Howes Plan die amerikanischen Rebellen vermutlich trotz Washingtons jüngstem Gegenschlag bei Trenton und Princeton noch in Bedrängnis bringen können. Doch schon in seinem nächsten Schreiben vom 20. Januar 1777 wich der General von seiner ursprünglichen Absicht ab. Als ob er sich durch die überraschenden Erfolge der Rebellen am Delaware herausgefordert fühlte, erhielt für ihn plötzlich die Einnahme von Philadelphia oberste Priorität. Die Kontrolle der Hudsonlinie sollte dagegen erst in Angriff genommen werden, wenn die Hauptstadt der Rebellion gefallen wäre. Wieder einmal setzte Howe auf das fragwürdige Narrativ von der Unterstützung durch die angeblich zahlreichen Loyalisten in Pennsylvania und Maryland, das ihnen der gefangene General Charles Lee aufgetischt hatte.[126] Howes Schreiben, mit dem er seine neuen Absichten kundtat, traf etwa vier Wochen später in London ein, beinahe gleichzeitig mit den ernüchternden Nachrichten über die Gefechte von Trenton und Princeton. Auch wenn sich in der Hauptstadt sogleich wieder Stimmen erhoben, die, wie etwa der Abgeordnete Edmund Burke, bezweifelten, dass der Krieg in Amerika noch gewonnen werden könne, blieb Lord Germain bei seiner alten Linie einer militärischen Lösung. Die rasche Einnahme von Philadelphia würde die Rebellion möglicherweise nicht sofort beenden, wohl aber die Schockwirkung von Trenton und Princeton wettmachen, die verbliebenen Loyalisten beeindrucken, vor allem aber helfen, das von den Amerikanern umworbene Frankreich aus dem Krieg in Übersee herauszuhalten.

In Germains Antwortschreiben an Howe vom 3. März 1777 war dann auch von einem Zangenangriff entlang des Hudson überhaupt nicht mehr die Rede. Da der Staatssekretär jetzt nur von einer Operation in Pennsylvania und von etwaigen Ablenkungsangriffen an den Küsten der Neuenglandkolonien sprach, glaubte der Oberbefehlshaber sich der vollen Unterstützung Londons für seinen neuen Plan gegen Philadelphia sicher zu sein.[127]

Angesichts der bisherigen Verluste und Londons Unwillen, Howes Forderung nach nennenswerten Verstärkungen in vollem Umfang zu entsprechen, sah sich der britische Befehlshaber in Amerika zu einer strikten Schwerpunktbildung genötigt. Eine zweite große Operation entlang des Hudson schien damit praktisch ausgeschlossen und wurde von Howe auch nicht mehr in Betracht gezogen. Erst im Juni 1777 sollte Howe zu seiner Bestürzung erfahren, dass Germain, allen neuen Erwägungen zum Trotz, den alten Hudsonplan insgeheim weiterverfolgt hatte. Der Staatssekretär hatte darüber sogar hinter Howes Rücken wochenlang mit dem eigens von Quebec nach England gereisten General John Burgoyne verhandelt. Während er Howe im Glauben ließ, dass Philadelphia in dem bevorstehenden Feldzug das Hauptziel der britischen Kriegführung sei, hatte Germain seinem Besucher aus Kanada bereits sämtliche Vollmachten für einen Marsch auf Albany erteilt.

Dass der 54-jährige Burgoyne als schillernde Figur in der britischen Armee bekannt war, schien Germain nicht zu stören. Als militärischer Führer besaß Burgoyne durchaus Qualitäten, aber er war auch ein notorischer Spieler und Lebemann und obendrein noch Autor erfolgreicher Theaterstücke. Nach dem Zeugnis von Friederike Riedesel, die ihren Gatten, den braunschweig-wolffenbüttelschen General Friedrich Adolf Riedesel, nach Saratoga begleitete, zeigte sich Burgoyne selbst noch in den letzten verzweifelten Tagen vor der Kapitulation der Briten „gerne lustig" und mochte auch nicht darauf verzichten, seinen hohen Offizieren jeden Abend ein Souper zu geben.[128] Es passte auch ins Bild, dass er als junger Mann mit seiner Frau vor seinen Gläubigern nach Frankreich hatte fliehen müssen und erst nach der Begleichung sämtlicher Schulden durch Lord Derby, seinen Schwiegervater, nach England zurückgekehrt war. Mehr noch als seine Extravaganzen musste allerdings Burgoynes Versuch irritieren, sich das Kommando über diese vielleicht kriegsentscheidende Operation hinter dem Rücken seines Vorgesetzten in Kanada, General Carleton, zu erschleichen. Burgoyne hatte jedoch leichtes Spiel bei Lord Germain, da der Verteidiger Quebecs im Winter 1775/76 inzwischen in London in Ungnade gefallen war. Selbst der König wollte, nachdem Carleton im vorigen Herbst daran gescheitert war, den wichtigen Stützpunkt Ticonderoga zurückzuerobern, unbedingt eine tatkräftigere Persönlichkeit an der Spitze der kanadischen Truppen sehen.

Allen Kritiken und Zweifeln zum Trotz sollte sich General Burgoyne bei seinem Marsch nach Saratoga zunächst als entschlossener und umsichtiger Befehlshaber erweisen, der bei einer entschiedenen Unterstützung aus dem Süden gewiss mehr Erfolg gehabt hätte. Dass Howe jedoch auch jetzt noch, in voller Kenntnis dieser Pläne, darauf bestand, nach Pennsylvania zu marschieren, wo er am Ende nur ein paar wertlose Siege über Washingtons Kontinentalarmee errang, machte ihn ebenso wie Staatssekretär Germain zum Mitschuldigen an dem bis dahin größten Desaster der britischen Kriegführung in Amerika, das die bitteren Rückschläge von Trenton und Princeton noch weit in den Schatten stellen sollte.

Während Howe am 12. Juni 1777 mit etwa 11 000 Mann zunächst den Raritan bei New Brunswick überschritt, um einen Marsch zum Delaware vorzutäuschen und Washington aus dessen Stellung bei Middlebrook herauszulocken, hatte Burgoyne bereits seine Streitmacht aus 7200 Mann, darunter 3800 Soldaten aus Braunschweig-Wolfenbüttel, bei Cumberland Point im Norden des Lake Champlain versammelt. Allerdings waren seine anfänglichen Hoffnungen auf rege Unterstützung seitens der Frankokanadier und befreundeter Indianerstämme unerfüllt geblieben. Anstelle der benötigten 2000 erfahrenen Waldläufer fanden sich schließlich nur 650 Kanadier und Loyalisten ein.

Dennoch entwickelte sich die britische Offensive zunächst recht günstig. Am 6. Juli mussten die Amerikaner Fort Ticonderoga am Lake Champlain räumen, das dessen Besatzung im Vorjahr noch problemlos gegen Carletons halbherzige Angriffsversuche halten konnte. Vier Tage später war Burgoyne mit seiner gesamten Streitmacht bereits am südlichen Ende des Sees bei Skenesborough eingetroffen. Für die folgenden 30 Kilometer bis Fort Edward am Hudson benötigte seine Armee allerdings beinahe 20 Tage. Der Abschnitt war waldreich, für Zugtiere kaum passierbar und von den ausweichenden Amerikanern durch unzählige Baumsperren blockiert worden.[129] Der Gegner hatte inzwischen die Verzögerung genutzt, um aus ganz Neuengland zusätzliche Milizionäre heranzuziehen. Die Briten merkten rasch, dass sie in ein Hornissennest voller „Patrioten" marschierten. Dagegen war von der erhofften Unterstützung seitens der Loyalisten im nördlichen New York kaum etwas zu bemerken.

Ungeachtet aller Stimmen, die warnten, dass Burgoyne sein ambitioniertes Ziel vielleicht nicht auf sich allein gestellt würde erreichen können, hatte Howe beschlossen, mit dem Großteil seiner Armee einen Feldzug in Pennsylvania zu führen. Dabei sollte die Flotte seines Bruders die Soldaten auf dem

Seeweg direkt vor die Tore Philadelphias bringen. Zum Schutz New Yorks ließ er lediglich 5000 Mann unter seinem Stellvertreter, General Henry Clinton, zurück. Anstatt die wenigen verfügbaren Kräfte an einem strategisch wichtigen Punkt zu konzentrieren, manövrierte sich der britische Oberbefehlshaber mit dem Großteil seiner Armee vom Ort der tatsächlichen Entscheidung weg. Widrige Winde sorgten außerdem dafür, dass die 267 Schiffe mit Howes Truppen erst am 23. Juli 1777 die Bucht von Amboy verlassen konnten. Während sich in New Jersey Washington über Howes Absichten den Kopf zerbrach, zeigte sich John Adams in Philadelphia über das Verhalten des Briten eher amüsiert. Er könne sich auch vorstellen, dass Admiral Howes Flotte um Kap Hoorn in die Südsee segeln werde, um vielleicht in Kalifornien zu landen, schrieb er scherzhaft an seine Frau.[130]

Als die britischen Transporter erst einen ganzen Monat später ihr Ziel in der Chesapeake Bay erreichten und am 21. August vor dem Head of Elk südlich von Wilmington vor Anker gingen, hatten Howes Soldaten nicht nur sieben strapaziöse Wochen auf See hinter sich, sondern der Brite hatte mit seiner eigenwilligen Entscheidung auch seinem Widersacher Washington jegliche erdenkliche Handlungsfreiheit verschafft. Zufrieden schrieb der Oberbefehlshaber der Amerikaner an General Putnam in Peekskill am Hudson: „Nun möge ganz Neuengland ausziehen und Burgoyne vernichten."[131]

Tatsächlich hatte sich die Lage am Hudson für John Burgoynes Truppen im Verlauf des August bereits durch zwei empfindliche Rückschläge deutlich verschlechtert. Zunächst musste eine kleinere, weiter westlich auf Ford Stanwix am Oneida Lake vorrückende britische Kolonne aus 600 Regulären und 300 Loyalisten unter Führung von Colonel Barry St. Leger wieder umkehren. Die mitgeführten Geschütze hatten sich als wirkungslos gegen die Befestigung des Forts erwiesen. Schließlich war auch noch die Mehrheit der verbündeten Mohawk-Indianer aus Angst vor den heranrückenden Amerikanern oder aus Enttäuschung über schwindende Beuteaussichten desertiert.

Ein zweites britisches Unternehmen gegen ein Proviantmagazin der Amerikaner, das man bei Benningten, etwa 30 Kilometer östlich der Marschstraße, vermutete, scheiterte am 16. August. Das aus 500 Braunschweigern bestehende Detachement wurde von rund 2000 Milizionären aus New Hampshire, Massachusetts und Vermont eingekreist und konnte auch von einer zweiten, gleichfalls aus Deutschen bestehenden Abteilung nicht mehr freigekämpft werden. Beide Abteilungen konnten nacheinander überwältigt werden, nachdem ihnen die Munition ausgegangen war. Die *London Gazette* tröstete nach Bekanntwerden des Rückschlags ihre Leser unter Anspielung auf das Verhalten der Hessen bei Trenton immerhin damit, dass britische Soldaten in einer solchen Lage wohl mehr Kampfgeist gezeigt hätten.[132] Horace Walpole, der Sohn des langjährigen Premierministers Robert Walpole, mochte sich mit solchen einfachen Erklärungen jedoch nicht zufriedengeben. An Horace Mann schrieb er in jenen Tagen voller Ungewissheit, dass die Lage wohl sehr kritisch sei. „Noch elf Monate zuvor dachte ich, dass Amerika unterworfen sei, aber erst vor zwei Wochen war es weniger besiegt als jemals zuvor. Doch sämtliche Nachrichten aus Amerika stimmen darin überein, dass die Entfremdung dieses Landes inzwischen unglaublich und allgemein ist.“[133]

Spätestens seit dem Eingang der Meldung von Colonel St. Legers Rückzug konnte Burgoyne nicht mehr verkennen, dass seine Lage äußerst kritisch geworden war. An seinen Flanken traten mit jedem Tag neue Milizverbände in Erscheinung, und aus Kanada traf kaum noch Nachschub ein. Da außerdem die mehrheitlich mit den Rebellen sympathisierenden Bewohner des Hudsontals ihr Vieh fortgetrieben und ihre sämtlichen Vorräte vernichtet hatten, wurden die Versorgungsprobleme seiner Armee mit jedem Tag größer. Vor den Briten stand inzwischen eine 10 000 Mann starke Armee unter dem Befehl von General

Horatio Gates, einem ehemaligen britischen Offizier und, wie Washington und Gage, Überlebenden von General Braddocks legendärer Niederlage am Monongahela River. Erst acht Jahre zuvor hatte Gates wegen der geringen Karriereaussichten seinen Majorsrang zu Geld gemacht und war mit seiner Familie nach Virginia ausgewandert. Bei Kriegsausbruch stellte er sich sogleich dem Kongress zur Verfügung und wurde aufgrund seiner Erfahrung als Offizier und wegen seines Organisationstalents zum Generaladjutanten der Armee ernannt. Zeitweise galt er sogar als Konkurrent Washingtons um den Posten des Oberbefehlshabers der Kontinentalarmee.

Aufseiten der Briten waren im Kriegsrat inzwischen die Mahnungen lauter geworden, sich nach Norden zurückzuziehen, solange dies noch möglich sei. Aus Sorge, ein solcher Schritt könnte ihm als Niederlage angelastet werden, lehnte Burgoyne indes jeden Gedanken an Rückzug vorerst ab. Stattdessen überschritt er am 13. September mit seiner durch Verluste und Abstellungen bereits stark geschwächten Armee den Hudson unterhalb der Ortschaft Saratoga (heute Schuylerville). Damit hatte er sich zwar bis auf 25 Kilometer an Albany herangekämpft, allerdings war er immer noch ohne jede Kenntnis, ob Howe etwas zu seiner Unterstützung unternehmen würde. Der britische Oberbefehlshaber hatte inzwischen mit der Hauptarmee am Brandywine Creek, etwa 30 Kilometer vor den Toren Philadelphias, einen zwar eindeutigen, aber bedeutungslosen Sieg über Washington errungen. Zumindest hatte Howe damit jedoch verhindert, dass die bedrängten Amerikaner Verstärkungen an den Hudson schicken konnten.

Gates hatte derweil oberhalb des Zusammenflusses von Mohawk und Hudson die Bemis Heights befestigen lassen und hoffte, in dieser Stellung mit überlegenen Kräften den Weitermarsch der Briten blockieren zu können. Ein erster Versuch Burgoynes, die gegnerische Position an ihrer unbefestigten westlichen Flanke zu attackieren, führte am 19. September zur Schlacht von

Freeman's Farm. Zwar konnten die Briten die ihnen unter Führung des energischen Benedict Arnold entgegenmarschierenden Amerikaner zurückschlagen, doch insgesamt war ihr Flankenangriff gescheitert. Jetzt war auch Burgoyne endlich zum Rückzug bereit, doch in der folgenden Nacht flößte ihm eine bereits acht Tage alte Meldung von General Henry Clinton aus New York neue Hoffnung ein. Clinton hatte am 11. September von Burgoynes Rückschlag bei Bennington erfahren und stellte ihm in seiner Nachricht in Aussicht, bis zum 22. September mit etwa 2000 Mann in die sogenannten Highlands, die Hochebene nördlich von Peekskill, vorzustoßen.[134] Erleichtert ließ Burgoyne daraufhin ebenfalls Schanzen anlegen und wartete erst einmal ab. Doch die folgenden zwei Wochen verstrichen, ohne dass von Clintons Truppen etwas zu bemerken war. Auch trafen keine neuen Nachrichten mehr ein. Tatsächlich verließ Clinton erst am 3. Oktober New York, nachdem 1700 aus dem Mutterland eingetroffene Rekruten seine Garnison verstärkt hatten. Zu diesem Zeitpunkt hatte Burgoyne bereits die Rationen für seine Truppen auf ein Drittel kürzen müssen. Als Clinton drei Tage später Fort Montgomery am Hudson, nur wenige Kilometer unterhalb der späteren Kadettenanstalt West Point, einnehmen konnte, erreichte ihn aus Saratoga ein dringender Hilferuf Burgoynes, der Clinton seine Lage ungeschminkt schilderte. Seine Armee stehe inzwischen einer dreifachen Übermacht der Amerikaner gegenüber und er erwarte daher Clintons Befehle, ob er einen Durchbruch erzwingen oder sich nach Kanada zurückziehen solle. In seiner Antwort, die Burgoyne allerdings nie erreichen sollte, da alle drei Melder unterwegs abgefangen wurden, gab sich Clinton sehr distanziert. Ohne neue Anweisungen von Howe habe er keine Befehle für ihn. Gleichwohl wolle er alles unternehmen, um möglichst viele Truppen der Amerikaner in den Highlands zu binden. Mehr hatte er in der Tat auch nie versprochen. Clinton hatte natürlich sofort erkannt, dass der um seinen militärischen Ruf besorgte Burgoyne ihn in die drohende Niederlage hineinziehen wollte.[135]

Mit seinen gerade mal 3000 Mann sah Clinton allerdings keine Chance, gegen mindestens gleichstarke Kräfte des Gegners einen Marsch nach Albany zu erzwingen. Dazu hätte er sich über mehr als 150 Kilometer durch ein feindseliges Land schlagen müssen. Auch Howe im fernen Pennsylvania schien kaum in der Lage, das drohende Desaster am Hudson noch abzuwenden. Zwar hatte er am 26. September 1777 die Stadt Philadelphia besetzen können und drei Tage später bei Germantown einen massiven amerikanischen Gegenangriff abgewehrt, aber Washingtons Armee war ungeachtet herber Verluste intakt geblieben. Die Rebellion war auch nach dem Verlust ihrer Hauptstadt nicht zusammengebrochen, und John Adams sah sich veranlasst, seiner besorgten Frau zu versichern, dass Philadelphia, wie er es immer gesagt habe, keinen Verlust darstelle.[136]

Die Schlacht um Germantown 1777. Zeitgenössischer Stich.

Burgoyne ahnte somit nichts vom Ausmaß seiner Isolierung, als er am 6. Oktober beschloss, einen zweiten Angriff auf Gates' Stellungen auf den Bemis Heights zu versuchen. Wieder zielte der britische Vorstoß auf den linken Flügel der Amerikaner, die sich allerdings als bestens vorbereitet erwiesen. Das Ergebnis war ein noch größerer Rückschlag als drei Wochen zuvor. Burgoyne verlor nicht nur 600 Mann, darunter zwei seiner Generale, sondern auch zehn Geschütze. Da die Amerikaner außerdem noch eine wichtige Schanze einnehmen konnten, war die Position der Briten bei Freemann's Farm endgültig unhaltbar geworden. Unter Zurücklassung von 500 Verwundeten zogen sich die Reste von Burgoynes Armee, die jetzt nur noch 3500 kampffähige Soldaten zählte, nach Saratoga zurück. Die Hoffnungen der Briten, wenigstens diese Truppen unter Zurücklassung aller Geschütze und des Trains nach Fort Edward retten zu können, zerschlugen sich nur allzu rasch. Bereits am 13. Oktober sah sich Burgoyne vollkommen eingeschlossen, und die Geschütze der Amerikaner nahmen sein Lager aus allen Richtungen unter Feuer. Der Beschuss setzte sich sogar bei Nacht und strömendem Regen fort, und bald häuften sich überall die Toten und Verwundeten, vermischt mit den Kadavern zahlloser Pferde.[137] Auch ein Durchbruch in kleineren Gruppen schien inzwischen aussichtlos. Noch am Abend desselben Tages berief Burgoyne einen Kriegsrat ein. Nachdem er aufs Feierlichste die volle Verantwortung für die Lage der Armee übernommen hatte, fragte er seine Generale und Regimentskommandeure, ob sich in der Kriegsgeschichte Beispiele fänden, dass eine Armee unter vergleichbaren Umständen kapituliert habe und ob in einer solchen Lage eine Kapitulation entehrend sei. Die versammelten Offiziere stimmten darin überein, dass weder die Umstände der sächsischen Armee bei Pirna im Jahr 1756 noch die des Generals Friedrich August von Finck bei Maxen (1759) so schlimm gewesen seien wie ihre eigene momentane Lage und es daher besser wäre, durch eine ehrenvolle Kapitulation dem König die Truppen zu retten. Nach diesem einmütigen Votum begann Burgoyne mit dem Entwurf eines Übergabeangebots, das ein Parlamentär mit weißer Flagge am nächsten Morgen den Amerikanern überbrachte. Noch am selben Tag sollten demnach Kapitulationsverhandlungen beginnen.[138] Gates ging zunächst gar nicht auf die britischen Vorschläge ein und verlangte die volle Kapitulation. Doch schon am nächsten Tag schien er es sich anders überlegt zu haben und stimmte nun einem sofortigen Waffenstillstand zu Burgoynes Bedingungen zu. Möglicherweise waren Nachrichten über einen neuerlichen Entsatzversuch Clintons für den Meinungsumschwung des amerikanischen Generals verantwortlich. Jedenfalls drängte Gates plötzlich ultimativ auf eine Einigung. Diese kam schließlich am 17. Oktober um neun Uhr morgens zustande und wurde nur eine Stunde später vollzogen. Auf beiden Seiten von mehr als 10 000 Amerikanern flankiert, marschierten bei milden Herbstwetter 5900 Briten und Braunschweiger unter Trommelschlägen eine verschlammte Straße hinab zu einem festgelegten Punkt, wo sie ihre Waffen niederlegten und alle mitgeführten Geschütze abstellten. Einem Beobachter fiel auf, dass die amerikanischen Soldaten völlige Ruhe bewahrten, während etliche britische Offiziere den Tränen nahe waren. Nach dem Ende der vierstündigen Zeremonie lud Gates die britischen Generale und Obersten zu einem reichhaltigen Essen ein. Burgoyne trug zu diesem Anlass seine beste Uniform mit goldenen Epauletten und begrüßte Gates mit den unschuldigen Worten: „General, die Laune der Kriegsgöttin hat mich zu ihrem Gefangenen gemacht."

Der ehemalige Offizier im Dienst König Georgs III. dürfte jedoch den ersten großen Sieg der Amerikaner mehr seiner eigenen Rolle als der Launenhaftigkeit des Schicksals zugeschrieben haben. Jedenfalls sah Gates seinen Erfolg auch als die große Chance, seinen weit weniger erfolgreichen Oberbefehlshaber George Washington vielleicht bald ersetzen zu können. Obwohl der General den Briten gegen das Versprechen, nicht mehr an diesem Krieg teilzunehmen, das Recht zugesichert hatte, ins Mutterland heimzukehren, kassierte der Kongress dieses leichtfertige Zugeständnis sogleich.[139] Die meisten der in Gefangenschaft geratenen Soldaten mussten schließlich bis zum Ende des Krieges in einem unwirtlichen Lager in Virginia ausharren. Nur General John Burgoyne durfte schon bald nach Großbritannien zurückkehren und dort seine Sicht der Niederlage dartun.[140]

Die sensationelle Nachricht von der Demütigung der Briten verbreitete sich in Windeseile in allen Kolonien. Schon einen Tag später feierten amerikanische Truppen an der Mündung des Delaware Burgoynes Niederlage mit einem ausgiebigen Salut aus allen Geschützen. Für die ihnen gegenüberstehenden Briten, die einen Angriff auf Mud Island vorbereiteten, konnte über den Anlass der Freude im gegnerischen Lager kein Zweifel mehr bestehen. Als Howe am 21. Oktober die Einnahme der Insel, die bis dahin die Zufahrt nach Philadelphia blockiert hatte, als „sehr wichtigen und brillanten Erfolg" nach London meldete, wusste er es besser. Es war ein nutzloser Sieg, und der Untergang von General Burgoynes Armee am Hudson war auch seine eigene Niederlage.

„Weniger als Fremde oder Hunde" – Die britische Armee im amerikanischen Krieg

> *„Während dieser zwei Jahre haben die Amerikaner viele ausgezeichnete Offiziere herangebildet, die oft genug unsere erfahrenen Offiziere überragen und beschämen, für die es eine Sünde zu sein scheint, ein Buch zu lesen oder irgendetwas Neues in diesem Krieg zu lernen."*
>
> Hauptmann Johann Ewald, *Diary of the American War*[141]

„In diesen ruhmreichen Zeiten ist man schon gezwungen, die Gefängnisse und Galgen zu leeren, um Großbritannien vor den Beleidigungen unserer Feinde zu verteidigen", notierte Captain

George Napier, Adjutant im Stab von General Henry Clinton, am 11. Mai 1779 in seinem Tagebuch.[142] Doch Napiers Klage über die fragwürdige Qualität der einfachen Soldaten war gewiss übertrieben, denn tatsächlich befanden sich unter den rund 100 000 Männern, die während des Krieges gegen die amerikanischen Rebellen von der britischen Armee angeworben werden konnten, kaum mehr als 500 ehemalige Sträflinge, mehrheitlich Kleinkriminelle, wie etwa Lebensmittel- oder Viehdiebe, Wilderer, allerdings auch Straßenräuber und sogar Mörder.

Wie in jeder Armee des Ancien Régime dienten auch in den britischen Infanterieregimentern, die gegen die amerikanischen Kolonisten kämpften, hauptsächlich die wirtschaftlich entbehrlichen Teile der Nation. Diesen Männern machte es auch wenig aus, dass sie als Soldaten offenbar am unteren Ende der britischen Gesellschaft rangierten. Seit den Tagen Oliver Cromwells hatte der länger dienende Soldat als der natürliche Feind der britischen Freiheiten gegolten und war – ganz im Gegensatz zu den Angehörigen der Milizen – Zielscheibe von Spott und Verachtung gewesen. Nach einer in der Marine gängigen Redewendung standen Feldsoldaten in der Rangordnung sogar noch unter Fremden und Hunden.[143]

Die Anwerbung von Rekruten war wohl auch deswegen ein doppelt mühsames Geschäft. Obwohl zu Beginn des amerikanischen Krieges allein in Irland 17 Rekrutierungskommandos verschiedener Regimenter eingesetzt waren, meldeten sich im Verlauf einer ganzen Woche oft nicht mehr als 20 Kandidaten. In England fiel der Zulauf von Rekruten wiederum so dürftig aus, dass der Generaladjutant der Armee, Edward Harvey, im Dezember 1775 das ernüchternde Fazit zog, dass die Rekrutierung ein enttäuschendes Geschäft sei.[144] Die Lage besserte sich auch nach Beginn des Krieges in Amerika nicht entscheidend, und die Werbekommandos sahen sich vermehrt gezwungen, auch Ausländer und vor allem Deutsche zu verpflichten. Viele Nichtbriten hatten bereits seit dem French and Indian War im

Regiment *Royal Americans* gedient, das mit seinen vier Infanteriebataillonen zu je 480 Mann den numerisch stärksten Verband in der britischen Armee stellte. Schweizer Protestanten, wie etwa die beiden aus Genf stammenden Brüder Augustine und Jacques Marcus Prévost oder Frederick Haldimand aus dem Kanton Waadt, waren ebenfalls schon vor Jahrzehnten in die Armee des Königs eingetreten und sollten in Amerika zu hohen Rängen aufsteigen. In den Kolonien dienten sogar Amerikaner als Soldaten und nicht selten auch als Offiziere in den beiden regulären britischen Regimentern *Royal Highland Emigrants* und *Volonteers of Ireland*. Später füllten auch vermehrt Deserteure aus Washingtons Kontinentalarmee die Lücken in deren Rängen.[145]

Nach der Kapitulation von Saratoga sah sich das Parlament gezwungen, die Anwerbepraxis zu forcieren und am 18. Mai 1778 den umstrittenen *Press Act* zu verabschieden. Das neue Gesetz verpflichtete alle Friedensrichter und die lokalen Kommissare dazu, in ihren Bezirken sämtliche müßigen und körperlich tauglichen Männer, die nachweislich keiner ordentlichen Geschäftstätigkeit nachgingen oder nicht in einem dauerhaften Anstellungsverhältnis standen, sogleich den zuständigen Rekrutierungsoffizieren zu übergeben.[146]

Auch persönliche Notlagen, wie sie etwa durch die in allen Schichten der britischen Gesellschaft verbreitete Spielleidenschaft entstehen konnten, trieben etliche verschuldete Kandidaten in die Rekrutierungsbüros. So meldete sich etwa der 17-jährige Roger Lamb aus Dublin im August 1773 als Rekrut beim damals in Waterford stationierten 9. Infanterieregiment, weil er nach dem Verlust seiner Barschaft am Kartentisch seinem Vater nicht mehr unter die Augen treten wollte.[147]

Die Grundformation der britischen Armee bildeten jeweils die 73 Infanterie- und 28 Kavallerieregimenter, sie waren zugleich die höchste Kommandobehörde unterhalb des Kriegsministeriums. Nur bei Bedarf wurden sie temporär zu Brigaden oder Korps zusammengefasst. Das Infanterieregament bestand gewöhnlich aus zehn Kompanien und wurde von einem Colonel geführt. Die meisten Infanterieregimenter wiesen nur eine Stärke von 477 Mann auf, eine Ausnahme bildeten die drei Garderegimenter (*Household Infantry*) mit der doppelten Truppenzahl. Die Kavallerieregimenter verfügten über jeweils 231 Reiter.[148]

Alle Rekruten durchliefen in den Regimentern, von denen sie angeworben wurden, eine harte Grundausbildung. Zunächst mussten sie drei Wochen lang jeden Tag vier Stunden exerzieren, um, wie der Rekrut Lamb es im Rückblick ausdrückte, die hervorstechendsten Ausprägungen der eigenen Ungeschicklichkeit zu korrigieren. Erst danach folgte abseits der Unterkünfte die Ausbildung an der Muskete, zu der jeder Soldat zuvor neben anderer Ausrüstung auch einen Feuerstein ausgehändigt erhielt. Die britische Infanterie kämpfte damals bereits seit einem halben Jahrhundert mit der *Long Land Pattern Musket*, einem gut anderthalb Meter langen und knapp fünf Kilogramm schweren Vorderlader, der von den Soldaten liebevoll „Brown Bess" genannt wurde. Zwölf verschiedene Handgriffe waren erforderlich, um die Waffe schussbereit in Anschlag zu bringen. Geschickte Soldaten schafften es, ihre Muskete viermal in der Minute abzufeuern. Der Durchschnitt lag bei zwei Schüssen, die Treffsicherheit nahm jedoch bereits jenseits der Marke von 100 Metern rapide ab.[149] Später wurden Lamb und andere Korporale seines Regimentes auch in der aufgelockerten Kampfweise der leichten Infanterie ausgebildet, die von General William Howe kurz vor Ausbruch des amerikanischen Krieges in die Armee eingeführt worden war und bei einem Manöver in Salisbury im Sommer 1774 die ausdrückliche Billigung des Königs gefunden hatte.[150] Außer seiner bisherigen Grenadierkompanie hatte jedes britische Infanterieregiment seither auch eine Kompanie leichter Infanterie zu formieren.

Obwohl Lamb und seine Kameraden von ihrem Unteroffizier regelmäßig um einen Teil ihres Wochensolds von etwa acht Shilling geprellt wurden, wagten sie es nicht, dagegen aufzubegehren. Im Rückblick bedauerte es der junge Ire, dass sie ihrem Offizier deswegen keine Meldung gemacht hatten, hätte dieser doch bestimmt für einen Ausgleich gesorgt.[151] Überhaupt standen Offiziere bei Lamb in hohem Ansehen. Über seinen Regimentskommandeur, Lieutenant General Edward Ligonier, 1. Earl Ligonier, bemerkte er, dieser sei wegen seiner Großzügigkeit, Humanität und Freundlichkeit bei allen seinen Soldaten sehr beliebt gewesen.[152]

Gleichwohl waren harte Bestrafungen für Soldaten, wie etwa Auspeitschungen, nicht selten und wurden oft schon für einen Kameradendiebstahl verhängt. Da die Spielsucht viele Soldaten dazu trieb, ihre Ausrüstung zu versetzen, waren sie, wenn etwa eine Inspektion bevorstand, gezwungen, sich Hemden, Schuhe und Strümpfe entweder bei Kameraden zu leihen oder diese zu bestehlen.[153] Besonders bei jungen Soldaten hinterließen Auspeitschungen vor angetretenem Bataillon einen nachhaltigen Eindruck. Als Roger Lamb erstmals einer solchen brutalen Bestrafung beiwohnen musste, brach der junge Ire in Tränen aus.

Obwohl in Tagebüchern von Offizieren oft von Auspeitschungen die Rede ist, war die Handhabung dieser entwürdigenden Strafe je nach Regiment verschieden. Insgesamt schien sie eher sparsam oder auch nur zum Teil vollstreckt worden zu sein. Einem Soldaten des 9. Regiments, der wegen Desertion zu 1000 Hieben mit der „neunschwänzigen Katze" verurteilt worden war, erließ der befehlshabende Offizier nach 25 Hieben den Rest der Strafe gegen das feierliche Versprechen zukünftiger guter Führung, was Lamb zu einem lobenden Kommentar über seinen Vorgesetzten veranlasste. Auch einer Gruppe von Soldaten des 42. Regiments, die im März 1778 auf Long Island geplündert hatten, wurde die ursprünglich verhängte Strafe von 1000 Hieben erlassen. Wenige Wochen später wurde die Auspeitschung jedoch für das gleiche Vergehen vollstreckt, und der schottische Kompaniechef, Captain John Peeples, notierte voller Abscheu in seinem Tagebuch, dass man diese Schurken doch besser erschossen hätte.[154] Im Fall zweier anderer zum Tode verurteilter Soldaten ließ der Regimentskommandeur, Colonel Thomas Stirling, das Los entscheiden, welchem der beiden Delinquenten der Gang zum Galgen erspart bleiben sollte.[155] Obwohl die Soldaten seines Regiments in dieser Phase des Krieges kaum an Kampfhandlungen teilnahmen und meist nur öden Routinedienst leisten mussten, scheint ihre Disziplin insgesamt hoch gewesen zu sein. Immerhin schickten die Einwohner des benachbarten Newton am 2. Mai 1778 eine Dankadresse an den Colonel für das einwandfreie Betragen seiner Truppe während ihres Winterlagers auf Long Island.[156]

Nach Ansicht des Londoner Militärhistorikers Stephen Conway waren anstelle von drastischen Bestrafungen im täglichen Dienst eher Ermahnungen, Erklärungen oder Belohnungen die Regel.[157] Dass sich manche Offiziere auch für die finanziellen Belange ihrer Soldaten einsetzten, belegt etwa eine Flugschrift aus der Feder eines Kompaniechefs, die 1775 in Umlauf kam. Darin wurde durchaus kritisch beklagt, dass der einfache Soldat angesichts steigender Preise und einer wachsenden Anzahl von Abzügen von den ihm täglich noch ausbezahlten acht Pence kaum angemessen leben könne.[158] Eine ausgeprägte Fürsorge zeigten viele Offiziere besonders gegenüber ihren älteren Sergeanten und Korporalen, ähnlich der, die ein Gutsherr für Bedienstete aufbrachte, die seiner Familie ein Leben lang gedient hatten.[159] Roger Lamb hob etwa seinen ehemaligen Kompaniechef George Rawdon hervor, der mit ihm zusammen bei Saratoga in Gefangenschaft geraten war und ihn bei seiner Rückkehr nach Dublin besonders großherzig empfangen hatte.[160] Die meisten Offiziere wussten, dass sie auf die Ergebenheit ihrer Männer im Gefecht angewiesen waren, und waren auch bestrebt, die Verluste möglichst niedrig zu halten. Niemand zeigte sich jedoch über das Massaker von Bunker Hill stärker erschüttert als General William Howe. Für in Not geratene Angehörige wurden gelegentlich auch besondere Fürsorgemaßnahmen ergriffen. So organisierten etwa im Winterlager von Philadelphia Anfang 1778 die Offiziere des 42. Regiments wöchentliche Theateraufführungen, deren Erlös den Witwen und Waisen gefallener Soldaten zukommen sollte.[161]

Der auf dem Marsch zur Einschiffung nach Amerika erkrankte Roger Lamb berichtet, dass er bei der Rückkehr zu seinem Regiment, das bereits in Cork an Bord der Schiffe nach Kanada gegangen war, von den überraschten Offizieren überaus freundlich behandelt und ihm sogar manche Vergünstigung gewährt worden sei.[162] Der damals zum Corporal beförderte Lamb zeichnet allerdings wohl ein zu günstiges Bild der Armee, die er an einer Stelle seiner Memoiren sogar als eine große Erziehungsanstalt für unstete junge Leute würdigt.[163] Lamb verschweigt allerdings auch nicht, dass es während der vierwöchigen Überfahrt seines Regiments nach Kanada zu mehreren Suizidfällen an Bord kam. So habe sich einmal ein Soldat ins Meer gestürzt, weil er fürchtete, wegen eines gestohlenen Hemdes bestraft zu werden, ein anderes Mal sei ein Sergeant nach einem Streit mit seiner Ehefrau über Bord gesprungen.[164]

Dass Soldatenfrauen ihre Männer ins Feld begleiteten und oft auch ihr Schicksal teilten, war nicht ungewöhnlich. Das prominenteste Beispiel ist wohl Friederike Riedesel zu Eisenbach, die 1777 ihren Ehemann, Friedrich Adolf Riedesel zu Eisenbach, sogar gemeinsam mit ihren beiden Kindern nach Saratoga begleitet hatte, wo sie zusammen mit dem General in amerikanische Gefangenschaft geriet. Hart traf es auch die Ehefrau des bei Concord gefallenen Lieutenant Sunderland, die bei der Nachricht vom Tod ihres Mannes bewusstlos zusammenbrach.[165] Auch wenn die Anwesenheit von Ehefrauen in den Regimentern die Desertionsgefahr verringerte, bemühten sich die Vorgesetzten, ihre Zahl zu begrenzen, sofern es die Mannschaften betraf. So verweigerte etwa Lambs Regimentskommandeur vor dem Abmarsch nach Amerika etlichen seiner Soldaten die Heiratserlaubnis, um Raum auf den Schiffen zu sparen. General Howe ließ während der Feldzüge von 1776 und 1777 immerhin sechs Frauen je Kompanie als Begleitung zu, General Burgoyne aber nur drei.[166] Sie unterlagen ebenfalls der militärischen Disziplin und konnten sogar körperlich bestraft werden, wie etwa jene Ehefrau, die im Winter 1775/76 im belagerten Boston ihren Mann, einen Soldaten des 43. Regiments, bei seinen Hehlergeschäften unterstützt hatte.[167]

Großbritanniens ebenso demütigende wie unerwartete Niederlage im amerikanischen Krieg hat seither immer wieder die Frage nach der Qualität des britischen Offizierskorps aufgeworfen. Neben der von klugen Beobachtern wie dem hessischen Hauptmann Johann Ewald beklagten angeblichen Bildungsresistenz der Offiziere Seiner Majestät schien auch die Praxis des Kaufs von Dienstgraden dazu beigetragen zu haben, dass häufig solvente, aber eher ungeeignete Kandidaten an die Spitze der Kompanien und Regimenter gelangten. Obwohl diese umstrittene Praxis bereits 1711 von der Krone offiziell untersagt worden war, hielt sie sich noch bis in die Zeit der Napoleonischen Kriege. Der geringe Umfang der Armee machte Offiziersstellen gerade für die jüngeren Söhne adliger Familien, die aufgrund des besonderen britischen Rechts, wonach nur der älteste Erbe Titel und Vermögen erhielt, als Versorgungsposten oder als Kapitalanlage besonders attraktiv. Für eine Kommission als Kompaniechef ließ sich bei Ausscheiden aus dem Dienst immerhin ein Betrag von 2000 Pfund erzielen, für die Stelle eines Oberstleutnants konnte man sogar mit dem doppelten Betrag rechnen.

Stephen Conway hat darauf hingewiesen, dass die Mehrheit der Offiziere, auch wenn sie ihren Aufstieg Protektion und Geldmitteln verdankten, gleichwohl ausreichende militärische

Expertise aufweisen konnten. So stammten viele Vorgesetzte aus Familien, in denen der Militärdienst eine lange Tradition besaß. Überdies gehörte es zum Bildungskanon junger Angehöriger adliger Kreise, ihren militärischen Wissensstand durch ausgedehnte Reisen und Besichtigungen in Europa zu erweitern.[168] Dass sich britische Offiziere – entgegen der Kritik Ewalds – auch während ihres Dienstes weiterbildeten, zeigt sich nicht zuletzt daran, dass etliche Offiziere in ihren Briefen ihre Lektüre besonders der antiken militärischen Klassiker herausstellen wollten, indem sie etwa mit Namen wie Cincinnatus, Valerius oder Postumius unterzeichneten.[169] Dass man im britischen Offizierskorps sogar viel Sinn für antikisierende Spektakel aufbrachte, zeigte sich bei der Verabschiedung von General William Howe im Mai 1778. Die aufwendige Feier in Philadelphia, die bald unter der Bezeichnung „Mischianza“ bekannt werden sollte, bestand aus einem Ritterspiel mit anschließender großer Flottenparade auf dem Delaware, Feuerwerk und festlichem Dinner.[170] Als Siegesfeier wäre sie wohl zu rechtfertigen gewesen. Doch Großbritannien hatte in diesen Tagen keine Siege zu feiern. Erst wenige Monate zuvor war in Saratoga eine ganze britische Armee in Gefangenschaft geraten, und Howes Feldzug in Pennsylvania hatte sich längst als Fehlschlag erwiesen. Auch war die Räumung Philadelphias bereits beschlossen, um der französischen Flotte zu entgehen. Dass sich die Mehrzahl der britischen Offiziere von den düsteren Aussichten nicht die Stimmung verderben lassen wollte und man in dieser kritischen Lage überhaupt auf die Idee zu einer derart prächtigen Feier kommen konnte, verrät am Ende mehr über die tieferen Ursachen der britischen Niederlage in Amerika als jedes Kriegsgeschehen.

3. Der Aufstand der Kolonisten eskaliert zum Weltkrieg

Frankreich erneuert den Kampf gegen Großbritannien

„England ist der erklärte Feind Eures Throns und Eures Staates und wird es immer sein. Seine Raffgier im Handel, sein arroganter Ton in den Staatsgeschäften, sein Neid auf Eure Macht und mehr noch seine ständigen Kabalen geben allen Anlass zu der Erkenntnis, dass noch Jahrhunderte verstreichen werden, ehe mit diesem Staat, der unermüdlich danach strebt, die Herrschaft auf sämtlichen vier Erdteilen zu erringen, ein dauerhafter Frieden möglich sein wird."

Memorandum des Kriegs- und Marineministers Étienne-François de Choiseul an König Ludwig XV.[171]

Frankreichs Niederlage im Siebenjährigen Krieg schien total gewesen. In einer bis dahin beispiellosen Kette von Rückschlägen hatte der Bourbonenstaat nicht nur seine Kolonien in Nordamerika, in der Karibik und in Indien verloren, sondern in der Bucht von Quiberon auch den Großteil seiner Flotte. Am schmerzlichsten jedoch war die Kränkung seines Stolzes bei Roßbach und Minden gewesen. Allein der Großmütigkeit des jungen Monarchen Georg III. und der Sehnsucht vieler Briten nach einem Ende des langen und kostspieligen Krieges hatte Frankreich es zu verdanken, dass ihm im Frieden von Paris 1763 seine wertvollen Zuckerrohrinseln St. Lucia, Martinique, Guadeloupe und Haiti zurückgegeben worden waren. Gegen dieses Zugeständnis hatte sich niemand länger und heftiger gewehrt als William Pitt (der Ältere), der „Riese des Parlaments" (*Great Commoner*) und Vater der großen Siege von 1759. Nur zu genau wusste der später zum Earl Chatham erhobene Politiker, dass Konzilianz Englands ewigen kontinentalen Rivalen niemals milde stimmen würde. Noch immer dominierte Pitts großer Gegenspieler Étienne-François de Choiseul die Politik des Versailler Hofes. Wohl in keinem französischen Staatsmann war der Wunsch nach Revanche gegen das scheinbar übermächtige Inselkönigreich ausdauernder und intensiver. Für Choiseul war der Pariser Vertrag von 1763 nicht mehr als ein Nikiasfrieden, doch musste er bei aller Vergeltungssucht einsehen, dass eine Revision der für Frankreich so drückenden Verhältnisse nur an der Seite Spaniens und nur im Falle einer Erhebung der britischen Neuenglandkolonien Aussicht auf Erfolg haben konnte. Allerdings hatten sämtliche französischen Agenten, die in den 1760er-Jahren nach Amerika geschickt worden waren, nach Versailles gemeldet, dass eine Rebellion der Kolonien zwar wahrscheinlich sei, aber keineswegs unmittelbar bevorstehe. Choiseul hatte diesen Befund ohne Weiteres akzeptiert,[172] sich in Geduld geübt und die Zeit genutzt, um in seinem neuen Amt als Kriegs- und Marineminister aus den Trümmern der französischen Militärmacht eine neue Kriegsflotte und ein wieder feldtüchtiges Heer aufzubauen. Auch Choiseuls Abgang aus der großen Politik und der Tod König Ludwigs XV., der im Mai 1774 einer Pockeninfektion erlag, hatten nichts an der antibritischen Ausrichtung der französischen Politik geändert. Seit Beginn des Aufstands der amerikanischen Kolonien gegen das Mutterland hatten sich die öffentliche Meinung und selbst der französische Adel für die republikanischen Ideale der Rebellen begeistert und damit auch die Politik des Hofes immer mehr beeinflusst. Junge Aristokraten aus ganz Frankreich reisten als Freiwillige in so großer Zahl nach Amerika, dass Washington sich bereits genötigt sah, Benjamin Franklin, den Vertreter des Kongresses in Versailles, um Abhilfe zu bitten. Weder habe er für diese unerfahrenen Enthusiasten geeignete Verwendungen in seiner Armee noch die Zeit, sich überhaupt mit ihnen zu befassen. Den 21-jährigen und früh verwaisten Marie-Joseph Motier, Marquis de La Fayette, nahm der amerikanische Oberbefehlshaber, der keine leiblichen Kinder besaß, allerdings auf wie einen Sohn.[173]

Hochwillkommen waren jenseits des Atlantiks dagegen die noch inoffiziellen französischen Hilfslieferungen an Waffen und Ausrüstung oder die im Hafen von Lorient instand gesetzten ehemaligen Schiffe der Französischen Ostindienkompanie (*Compagnie des Indes Orientales*), mit denen amerikanische Kapitäne, wie etwa John Paul Jones, den Kaperkrieg gegen den britischen Seehandel führen konnten.[174] Ohne Frankreichs Kredite wiederum hätte der Kongress, der selbst nur Papiergeld ausgeben konnte, den Aufstand kaum fortsetzen können. Als am 2. Mai 1776 König Ludwig XVI. persönlich die Auszahlung von einer Million Livres an die Amerikaner genehmigte, was immerhin den Kosten für den Bau eines großen Linienschiffs mit 80 Geschützen entsprach, blieb seinem Finanzminister, Anne Robert Jacques Turgot, keine andere Wahl als der Rücktritt.[175] Der scheidende Minister war einer der begabtesten Ökonomen seiner Zeit und hatte versucht, Frankreichs Staatsfinanzen durch Steuerreformen zu sanieren. Vor allem aber war er ein entschiedener Gegner eines französischen Engagements in Übersee, das England nicht wirklich schwächen würde. Angesichts der notorisch angespannten Finanzlage einen Haufen rebellischer Kolonisten zu unterstützen, die sich aus nichtig erscheinenden Gründen gegen ihren legitimen Monarchen erhoben hatten, verursachte jedoch nicht nur dem sparsamen

Turgot Unbehagen. Selbst der König äußerte deswegen gelegentlich Bedenken, doch der Chance, Großbritanniens Übermacht zu brechen, um selbst wieder seine alte Rolle als Vormacht Europas einzunehmen, vermochte Frankreich kaum zu widerstehen.

Allerdings hielt auch der neue leitende Minister in Versailles, Charles Gravier, comte de Vergennes, die Zeit für eine Wiederaufnahme des Kampfes gegen Großbritannien für noch nicht gekommen. Wie Choiseul brannte zwar auch Vergennes, der 1768 als Gesandter in Konstantinopel die verbündeten Osmanen in einen desaströs verlaufenden Krieg gegen Russland gedrängt hatte, auf eine Revanche gegen das „hochmütige Albion", doch fürchtete er, dass sich bei einem vorzeitigen Eingreifen Mutterland und Kolonien am Ende möglicherweise zu Lasten Frankreichs einigten. In diesem Fall wäre sogar der Verlust der für die Versailler Staatsfinanzen unverzichtbaren Karibikinseln zu befürchten gewesen. Für den 70-jährigen Benjamin Franklin, der im Auftrag des Kongresses schon beinahe ein Jahr in Frankreich verbracht hatte, um ein Bündnis mit dem Bourbonenstaat zustande zu bringen, war dies eine Zeit voller Enttäuschungen. Erst der Triumph der Amerikaner bei Saratoga wischte die Bedenken der Franzosen hinweg. Nach der Kapitulation einer ganzen britischen Armee vor den Kolonisten stand deren Unabhängigkeit fortan außer Frage, und ein begeisterter Vergennes forderte die amerikanische Delegation um Franklin sofort auf, ihm einen Entwurf für eine Allianz vorzulegen. Auch London begann sich jetzt wieder um eine Einigung mit den Kolonisten zu bemühen. Nur zwei Tage nach dem Eingang der Hiobsbotschaft vom Hudson schickte Lord North einen inoffiziellen Unterhändler zu den Vertretern des Kongresses nach Paris. Franklin weigerte sich jedoch, mit den Briten über andere Lösungen als über die volle Souveränität der Kolonien zu sprechen. Um die Entscheidung der Franzosen zu beschleunigen, ließ er jedoch Informationen über Londons

Annäherungsversuche regelmäßig auch an Vergennes durchsickern.[176]

So sehr die Amerikaner trotz Saratoga auf die Unterstützung fremder Mächte angewiesen blieben, hatte es Franklin, der schon im Dezember 1776 in Paris eingetroffen war, viel Überwindung gekostet, ausgerechnet mit dem katholischen Frankreich eine Allianz gegen das ihm so vertraute Großbritannien anzubahnen. Das Multitalent aus Philadelphia kannte die meisten der britischen Politiker, die nun mit allen Mitteln gegen die Kolonien Krieg führten, sogar persönlich und verachtete sie jetzt umso mehr, da sie ihn und viele andere Amerikaner zwangen, von ihrer geliebten *Britishness* Abschied zu nehmen.[177] Selbst nach den ersten Schüssen von Lexington und Concord hatte Franklin noch an der Idee eines autonomen Amerika unter dem Dach eines gemeinsamen Empire festgehalten und sich erst anders besonnen, nachdem König Georg III. deutsche Söldner zur Bekämpfung der Kolonisten nach Amerika geschickt hatte, amerikanische Schiffe auf allen Weltmeeren jagen ließ und auch nicht davor zurückschreckte, Indianer auf amerikanische Siedler zu hetzen. Indem Franklin nun tat, was getan werden musste, profitierte er auch von seiner ungeheuren Beliebtheit selbst in höchsten Versailler Kreisen. Man bewunderte den scheinbaren Hinterwäldler aus der amerikanischen Wildnis, der sich so erstaunlich gewandt auf dem diplomatischen Parkett bewegte und zugleich ein gefragter Wissenschaftler, Literat und gewinnender Charmeur war. Doch erst nach Bekanntwerden der Kapitulation von Saratoga trug sein langer Pariser Aufenthalt endlich diplomatische Früchte. Auch wenn es Spanien vorerst noch entschieden ablehnte, zusammen mit Frankreich in eine antibritische Allianz einzutreten, war Vergennes nun bereit, sich offen auf die Seite der amerikanischen Rebellen zu stellen. Nach nur zweiwöchigen Verhandlungen unterzeichneten beide Parteien am 6. Februar 1778 im französischen Außenministerium einen Handels- und Bündnisvertrag, in dem beide Mächte sich verpflichteten, keinen Separatfrieden mit Großbritannien zu schließen und die Waffen erst dann niederzulegen, wenn der Gegner die volle Unabhängigkeit der Kolonien akzeptiert hatte. Sämtliche zukünftig eroberten Gebiete in Nordamerika sollten an die Vereinigten Staaten fallen, Frankreich verzichtete sogar für immer auf den Wiedererwerb seiner ehemaligen kanadischen Kolonien.[178] Erst volle fünf Wochen später setzte der französische Botschafter in London die britische Regierung offiziell vom Abschluss des Handelsvertrags mit den Amerikanern in Kenntnis. Auch wenn die Militärallianz dabei noch unerwähnt blieb, war den Briten längst klar, dass Frankreich mit der diplomatischen Anerkennung der rebellierenden Kolonien in einer Weise in die Angelegenheiten des Empire eingegriffen hatte, die nur als Kriegserklärung gewertet werden konnte. Noch in der Nacht zum 14. März verließ eine Depesche London, die Englands Botschafter aus Versailles abberief.[179]

***

Frankreichs Kriegseintritt an der Seite der amerikanischen Kolonisten war fraglos das Resultat aller bisher erfolglosen britischen Anstrengungen, die Rebellion militärisch zu unterdrücken. Zwei Jahre waren sinnlos vertan und inzwischen sogar eine ganze Armee vernichtet worden. Die Ablösung von General Howe durch Henry Clinton konnte da nicht mehr als ein symbolischer Akt sein. Gage, Burgoyne und Howe hatten die an sie gerichteten Erwartungen nicht erfüllt, und Lord North soll in diesen trüben Januartagen, da ihm erstmals die Kontrolle im Parlament zu entgleiten drohte, erklärt haben, dass er zwar nicht sicher sei, ob die britischen Generale den Feind beeindruckten, ihm aber würden sie gewiss große Furcht einflößen, wann immer er nur an sie denken müsse. Kriegsminister Lord Barrington ging sogar so weit, dem König die erneute

Berufung des Prinzen Ferdinand von Braunschweig, des Siegers von Krefeld und Minden, zu empfehlen. Zur allgemeinen Erleichterung erklärte sich schließlich General Jeffrey Amherst, der Eroberer Kanadas, bereit, den Posten des Oberbefehlshabers der britischen Armee zu übernehmen.[180]

Großbritannien vollzog den ihm auferlegten Strategiewechsel nicht einmal ungern. Der in ganz England verhasste Bourbonenstaat war nun wieder der Hauptgegner, und während noch im Dezember nach Einschätzung des Historikers Edward Gibbon kaum 20 Abgeordnete für eine Fortsetzung des Krieges gegen die amerikanischen Kolonien gestimmt hätten, musste nun ein konsternierter französischer Beobachter aus London an Minister Vergennes berichten, dass man hier geradezu schamlos besessen von einem Krieg gegen Frankreich sei.[181]

Hatte die britische Flotte im Kampf gegen die Rebellen bisher nur eine Nebenrolle gespielt, so rückte sie jetzt ins Zentrum aller Erwägungen. Schon die Abwehr eines nunmehr denkbaren französischen Landungsversuchs an der britischen Küste erforderte eine sofortige Forcierung der so lange vernachlässigten Flottenrüstung. Darüber hinaus war eine rasche Verstärkung der westindischen Geschwader unabdingbar, um die französischen Antilleninseln zu besetzen. Selbst Georg III., einer der Hauptverantwortlichen für deren Rückgabe im Pariser Frieden von 1763, unterstützte jetzt vehement die neue Strategie, die Frankreich zum Hauptgegner machte.[182] Ohne den Besitz von St. Lucia, Martinique und Guadeloupe wäre Frankreich kaum in der Lage, den Kolonisten effektive militärische Hilfe zu leisten. Eine vor den Küsten Nordamerikas operierende französische Flotte besäße keine Rückzugsbasen mehr, und jeder Konvoi mit Truppen und Nachschub bliebe ausschließlich auf die wenigen noch offenen Häfen der Rebellen angewiesen.

So lag es für London aus emotionalen Gründen wie aus strategischen Erwägungen auf der Hand, alle Kriegsanstrengungen auf den neuen, vertrauten Feind zu richten und gegenüber den amerikanischen Rebellen vorerst eine defensive Haltung einzunehmen. Auch General Amherst befürwortete daher die Räumung Philadelphias und den Rückzug nach New York, um möglichst starke Kräfte für einen Einsatz in der Karibik zu gewinnen. Könnte man durch die Eroberung seiner kostbaren Antilleninseln Frankreich zu einem raschen Frieden zwingen, würde auch eine wesentliche Hoffnung der Rebellen in sich zusammenfallen und ihre Führer kompromissgeneigter machen. Sollten jedoch die Amerikaner ihre Unabhängigkeit behaupten können, wären die Eroberungen in der Karibik eine willkommene Kompensation dieses Verlustes. Für die britische Wirtschaft war ohnehin jede dieser französischen Inseln mehr wert als sämtliche 13 rebellierenden Kolonien zusammen.[183]

Die ersten beiden Ziele sollten St. Lucia, die südliche Nachbarinsel von Martinique, und Môle-Saint-Nicolas auf Haiti sein, das man nach den Vorstellungen von Marinestaatssekretär John Montagu, 4. Earl of Sandwich, zu einem „Gibraltar der Karibik" würde ausbauen können. Zusammen mit dem Hafen von Pensacola in Florida wäre Großbritannien damit Herrin der Karibik von den Bahamas bis zum mexikanischen Festland. Schon am 21. März 1778 wurde die Order für Admiral Richard Howe unterzeichnet, acht seiner Linienschiffe und vier Fregatten zu den Inseln unter dem Winde (*Leeward Islands*) zu entsenden. Zugleich erhielt General Clinton den Befehl, Philadelphia zu räumen und 5000 Mann für den direkten Transport in die Karibik bereitzustellen. Außer Manhattan mit Long Island sollten nur noch Rhode Island, Florida und Nova Scotia gehalten werden. Etwa zur selben Zeit verließ eine von Frederick Howard, 5. Earl of Carlisle, geführte dreiköpfige Kommission Großbritannien, um dem Kongress ein letztes und großzügig erscheinendes Angebot zur Rettung der Union mit dem Mutterland zu machen. Die alten Chartas der Kolonien und selbst die Legitimität des Kontinentalkongresses sollten darin bestätigt werden, alle britische Truppen in Friedenszeiten das Land verlassen, während das Parlament zukünftig auf sein Recht zur Besteuerung der Kolonien verzichten wollte. Würde der Kongress jedoch auf seiner völligen Unabhängigkeit bestehen, sollte Carlisle versuchen, wenigstens einen Waffenstillstand mit den Amerikanern zu vereinbaren. Das britische Angebot, das vielleicht nach Concord und Lexington noch eine Chance auf Annahme gehabt hätte, war allerdings nur scheinbar an den Kongress gerichtet. Tatsächlich diente es lediglich der Beschwichtigung der parlamentarischen Opposition. Nicht nur Horace Walpole wunderte sich über die Wahl des jungen Carlisle, der nach seinem Urteil ein modischer Geck und notorischer Spieler war, zwar ambitioniert, aber ohne jede Erfahrung im politischen Geschäft.[184] North und Germain hatten es auch nicht für nötig befunden, die Kommission über die geplante Räumung Philadelphias zu informieren. Als Carlisle Ende Mai 1778 in New York eintraf, hatte der Kongress bereits den Vertrag mit Frankreich ratifiziert und weigerte sich, das britische Angebot überhaupt noch zu erörtern. Aus dem Kolonialkrieg war ein neuer weltumspannender Konflikt geworden, auf den Großbritannien denkbar schlecht vorbereitet war.

Vielen Briten musste es in diesem entsetzlichen Frühjahr wie ein schlimmes Omen erscheinen, dass der Vater der großen Siege von 1759, William Pitt, am 11. Mai 1778 auf seinem Herrensitz in der Grafschaft Kent im Alter von beinahe 80 Jahren verstarb. Noch in seiner letzten Rede im Parlament nur wenige Wochen zuvor hatte der an schwerer Gicht leidende Pitt, ehe ihn eine Ohnmacht wie tot von seinem Stuhl sinken ließ, noch einmal einen Ausgleich mit den amerikanischen Kolonisten gefordert, zugleich aber auch die Regierung ermahnt, den bevorstehenden Krieg gegen den französischen Erzrivalen mit aller Macht zu führen.[185] Bei all seinen Fehlern werde Lord Chatham wohl eine große historische Figur bleiben, schrieb Horace Walpole schon am 9. Mai an Horace Mann. Frankreich habe seine

Krücke bis auf diesen Augenblick gefürchtet und werde auch jetzt nicht glauben, dass nicht wenigstens ein Splitter davon übrig geblieben sei.[186]

Mit Rücksicht auf die noch schwankende Haltung Spaniens und der Generalstaaten waren jedoch weder North noch Vergennes bereit, die Feindseligkeiten als Erste wiederaufleben zu lassen. Der König und seine Minister hegten zwar weitreichende Pläne für die Karibik, doch Augustus Keppel, 1. Viscount Keppel, der Oberbefehlshaber der britischen Kanalflotte, musste sie daran erinnern, dass der Schutz der eigenen Küsten keineswegs sichergestellt wäre, wenn die französische Mittelmeerflotte unter dem Grafen Charles Henri Hector d'Estaing sich mit dem starken Atlantikgeschwader im Hafen von Brest vereinigen sollte. Selbst als am 23. April 1778 die alarmierende Nachricht in London eintraf, dass die französische Mittelmeerflotte unter Admiral d'Estaing tatsächlich zwölf Tage zuvor in Toulon Segel gesetzt hatte, um mit ihren etwa 20 Linienschiffen die Meerenge von Gibraltar anzusteuern, verharrte die britische Admiralität zunächst in ängstlichem Abwarten. Erst als sich zeigte, dass die Franzosen nicht Kurs auf Brest hielten, sondern den offenen Atlantik ansteuerten, musste das Londoner Kabinett einsehen, dass nicht nur seine ambitionierten Pläne in der Karibik ernsthaft bedroht waren. Vielmehr fürchtete Lord Germain auch um Halifax und Rhode Island und setzte durch, dass Admiral Howes amerikanisches Geschwader sofort durch Teile der Heimatflotte verstärkt wurde. Doch der Beschluss des Kabinetts, das Risiko einer Schwächung der Heimatverteidigung in Kauf zu nehmen, kam wieder einmal zu spät. Durch einen einzigen simplen Schachzug der Franzosen waren die Briten in die Defensive gedrängt, zumal das Unterstützungsgeschwader für Amerika aus immerhin 13 Linienschiffen unter dem Kommando von Vizeadmiral John Byron erst am 7. Juni in Plymouth, wo es von König Georg III. persönlich verabschiedet wurde, in See stechen konnte.[187]

Inzwischen war General Henry Clinton in Philadelphia eingetroffen und hatte von seinem Vorgänger Howe den Oberbefehl über die britische Hauptarmee übernommen. Kaum einen Tag in der neuen Position, erreichten Clinton am 8. Mai neue Befehle aus London. Staatssekretär Germain wies ihn an, die Stadt sofort zu räumen, sich nach New York einzuschiffen, einen Teil seiner Truppen jedoch auf Admiral Howes Schiffen direkt nach St. Lucia zu verlegen. Angesichts der beschränkten Transportmittel sah Clinton sich jedoch gezwungen, von den Instruktionen aus London erheblich abzuweichen. Um den Großteil seines Materials, vor allem aber seine etwa 5000 Pferde, zu retten, entschied sich der General für den riskanten Landweg durch das inzwischen von rebellischen Milizen kontrollierte New Jersey. Begleitet von rund 3000 Loyalisten, verließ seine 14 000 Mann starke Armee am 18. Juni 1778 nach nur neunmonatiger Besatzung die Stadt Philadelphia, deren Eroberung den Briten, wie es von John Adams prophezeit worden war, keinen Vorteil gebracht hatte. Als sie an diesem Sommertag aus der entvölkerten Stadt abzogen, nahmen sie nicht nur unwiderruflich Abschied von dem Ort rauschender Feste und abendlicher Lustbarkeiten, sondern auch von ihrem ursprünglichen Kriegsziel, alle amerikanischen Kolonien irgendwann wieder unter ihre Kontrolle zu bringen.

Immerhin hatte Clinton mit seiner Entscheidung für den Landmarsch in doppelter Hinsicht Glück. Von Washingtons Truppen nur einmal, am 28. Juni bei Monmouth Courthouse, ernsthaft angegriffen, erreichte seine Armee nach einem 150-Kilometer-Marsch Anfang Juli ohne nennenswerte Verluste die Bucht von Amboy. Von Sandy Hook aus ließ Clinton seine Truppen nach Manhattan übersetzen, wo inzwischen auch Admiral Howes Schiffe eingetroffen waren. Die Räumung der Delaware-Mündung war nicht einen Tag zu früh erfolgt, wie Howe einer ihm kurz zuvor aus London zugegangenen Warnung vor den Franzosen entnehmen konnte. Wäre d'Estaing schon am 7.

Juli mit seinem Geschwader am Delaware erschienen, hätte er dort noch die voll beladene britische Transportflotte angetroffen. Für Admiral Howes Flotte hätte dies fraglos katastrophale Folgen haben können. Als d'Estaings Schiffe dann zehn Tage später vor Sandy Hook auftauchten, hatte Howe sich bereits mit seinen wenigen Linienschiffen vor Manhattan zu einer Verteidigung in Linie eingerichtet. Der Hafen von New York wurde vollständig von der französischen Flotte blockiert, was, wie der darüber verwunderte Captain John Peebles in seinem Tagebuch vermerkte, noch niemals einem britischen Admiral widerfahren sei.[188] Die folgenden Tage verstrichen indes ohne ernsthafte Kraftprobe, denn erst am 22. Juli sollte ein günstiger Wind den Franzosen das Einlaufen in die Hudsonmündung gestatten. D'Estaing schreckte jedoch plötzlich vor einem Angriff zurück, wobei er sich auf seine Lotsen berief, die ihn vor den gefährlichen Untiefen vor Manhattan gewarnt hätten.[189]

New York blieb somit von einem Angriff verschont, doch setzten die Verbündeten nun auf einen kombinierten Angriff auf den Hafen von Newport in Rhode Island, der Erfolg versprechender zu sein schien. Die Stadt lag auf einer Insel in der Bucht von Narragansett und wurde von einem etwa 6500 Mann starken britischen Kontingent unter General Sir Robert Pigot gehalten. Ende Juli hatte Admiral d'Estaing seine Schiffe vor der Bucht von Narragansett versammelt. 4000 französische Marinesoldaten sollten im Zusammenwirken mit einer über Connecticut heranmarschierenden amerikanischen Streitmacht unter General John Sullivan an zwei verschiedenen Punkten auf der Insel landen und Newport einschließen, während d'Estaings Flotte die Operation von der Seeseite deckte. Sullivans Vorgehen verursachte jedoch Unmut unter den Franzosen, da er bereits am 8. August, einen Tag vor dem verabredeten Termin, mit der Landung seiner Truppen begann. Damit war das Überraschungsmoment vertan und dem französischen Landungskorps drohten große Verluste durch den vorzeitig

Der Hafen von New York.

alarmierten Feind. Das ganze Unternehmen schien sich für die Verbündeten sogar zu einem schlimmen Rückschlag zu entwickeln, als am 9. August die britische Flotte vor Rhode Island auftauchte. Admiral Howes Flotte war inzwischen durch einige soeben eingetroffene Schiffe aus Lord Byrons Geschwader verstärkt worden, sodass er d'Estaing ein annähernd gleich starkes Kontingent entgegenstellen konnte. Zugleich beunruhigte es Sullivan, dass General Clinton Verstärkungen aus New York in Marsch gesetzt hatte, die seine Truppen auf der Insel abzuschneiden drohten.

Draußen vor der Bucht versuchten beide Admiräle in den folgenden Tagen, ihre Geschwader in eine günstige Gefechtsposition zu bringen, doch am 11. August unterbrach ein heftiger Sturm ihre zeitraubenden Manöver. Als sich die See wieder beruhigt hatte, waren die Schiffe beider Parteien hoffnungslos zerstreut. Mit drei stark beschädigten Seglern hielt es Howe für geraten, nach Sandy Hook zurückzukehren, während d'Estaing, der inzwischen Nachrichten über die Ankunft von Byrons Geschwader empfangen hatte, es für besser hielt, nach Boston abzudrehen. Die Amerikaner waren entsetzt und versuchten, den Franzosen von seiner Entscheidung abzubringen. Sullivan musste schließlich einsehen, dass mit dem Absegeln der Franzosen und dem Näherrücken von Clintons Entsatzkorps die Belagerung von Newport aussichtslos geworden war. Seiner bereits durch Desertion geschwächten Armee drohte sogar die Vernichtung. Im Schutz der Dunkelheit zog er daher seine Truppen in der Nacht zum 28. August von der Insel ab. Der Auftakt der amerikanisch-französischen Zusammenarbeit war alles andere als verheißungsvoll verlaufen, aber auch die Briten hatten ihre Chance versäumt, mit der Einschließung von Sullivans Armee die Scharte von Saratoga auszuwetzen.[190]

In der Wildnis von Valley Forge – Amerikas Armee trotzt ihrer Auflösung

„Am 19. Dezember erreichte die Armee eine bewaldete Wildnis. Mit seiner dünnen Erdkruste ist sie gewiss die ärmlichste Gegend in ganz Pennsylvania, kaum bewohnt oder bewirtschaftet, ohne Futter und Verpflegung. Ausgerechnet hier sollten wir Winterquartiere beziehen, Generale und Gemeine in armseligen Buden, um uns, wie es heißt, von den Verlusten zu erholen, neue Männer zu rekrutieren, verlorene Ausrüstung zu ergänzen und das Umland gegen britische Streifzüge zu sichern."

Brief von Major General Jean de Kalb an Victor Francois, duc de Broglie[191]

Im Dezember 1777 hatte George Washington mit den Resten seiner Armee vor den Augen der Briten, kaum 40 Kilometer von Philadelphia entfernt, bei Valley Forge auf dem rechten Ufer des Schuylkill River ein Feldlager bezogen. Der Fluss versprach mit seinen wenigen Furten zusammen mit dem tief eingeschnittenen Valley Creek einen guten Schutz vor Überraschungsangriffen. Von den bewaldeten Höhen hatten Feldposten zudem einen ausgezeichneten Blick auf die sich bis nach Philadelphia ausbreitende Ebene. Allerdings erwies sich die fast unbewohnte und wüste Gegend, die ihren Namen einer längst aufgegebenen Schmiede verdankte, kaum als geeigneter Ort, um Washingtons mitgenommene und auf kaum 8000 Dienstfähige reduzierte Armee wieder in einen respektablen Zustand zu versetzen.[192] Primitive Holzhütten sollten die Soldaten vor der Witterung schützen, sie mussten jedoch erst gebaut werden. Nicht einmal Zelte und Decken standen in ausreichender Menge zur Verfügung.

Bis zum Ende des Winters verlor Washington hier mehr als 2500 Soldaten, ein Sechstel seiner Truppe, durch Entbehrungen und Krankheiten, weitere mehr als 1000 Männer begingen Fahnenflucht und versuchten, den Winter in Philadelphia zu überstehen.[193] Von Valley Forge sandte Washington einen dringlichen Brief nach dem anderen an den Kontinentalkongress, der inzwischen nach York ins westliche Pennsylvania geflohen war. „Ich kann den ehrenwerten Herren versichern“, beschwerte er sich am 23. Dezember 1777 bei Kongresspräsident John Jay über die von den Vertretern Pennsylvanias nicht eingehaltenen Zusagen, „dass es unendlich leichter und weniger peinlich ist, neben einem Feuer in einem behaglichen Zimmer Vorwürfe zu formulieren, als auf einem kalten, kahlen Hügel ohne Decke oder sogar ohne Kleidung zu nächtigen. Sie mögen offenbar nur wenig Sympathie für diese unglückseligen Kämpfer hegen, ich fühle jedoch zutiefst mit ihnen und bedauere aus tiefster Seele ihr Leiden, das zu lindern oder zu verhindern jedoch nicht in meiner Macht steht.“[194]

Blockhütten im Winterlager von Valley Forge.

Nach wie vor zeigte sich der Kongress nicht in der Lage, Washingtons Armee, die in ihren zugigen Unterkünften dahinsiechte, mit Decken, Schuhen und vor allem mit Verpflegung oder Fourage zu versorgen. Es fehlte vor allem an soliden Zahlungsmitteln, das von den Delegierten in Philadelphia ausgegebene Papiergeld fand ebenso wenig Abnehmer wie die von den Amerikanern ausgegebenen Anleihen. Gelegentliche Besuche von Kommissionen zur Begutachtung der Missstände brachten daher auch keine Besserung der trostlosen Verhältnisse in Valley Forge. Die Mitglieder der Delegationen konnten nur voller Entsetzen sämtliche Anzeichen einer sich in Auflösung befindlichen Armee registrieren. General Knox' unersetzliche Artilleriepferde gingen vor Hunger und Kälte ein, und der Gestank ihrer Kadaver zog durch das ganze Lager, wenn tagsüber der Frost zurückging. Immer wieder wurden Versorgungsoffiziere wegen Diebstahls aus der Armee ausgestoßen, wobei die Überführten, wie etwa ein gewisser Dunham Ford, Kommissar in der Division von General Nathanael Greene am 5. Januar 1778, mit gefesselten Händen und nach außen gewendetem Uniformrock auf einem sattellosen Pferd sitzend, unter Trommelwirbel das Lager verlassen mussten.[195] Derartige Schauspiele mochten die Stimmung im Augenblick verbessern, nicht aber die verzweifelte Lage der Armee. Schließlich sah Washington keinen anderen Ausweg, als den von ihm hoch geschätzten General Greene mit der weiträumigen Requirierung von Vieh und Getreide zu beauftragen. Der aus einer Quäkerfamilie in Rhode Island stammende Offizier erfüllte seine delikate Aufgabe, welche die Loyalität der betroffenen Farmer auf eine ernste Probe stellte, wohl aber die Armee rettete, hart und kompromisslos.[196]

Dass der schreckliche Winter 1779/80 dennoch einen Wendepunkt zum Besseren in der Geschichte der Kontinentalarmee markierte, ist vor allem dem Wirken eines ehemaligen preußischen Offiziers zu verdanken. Entgegen einer verbreiteten Behauptung war Friedrich Wilhelm von Steuben kein preußischer General, und auch sein Adelstitel war nicht gesichert, doch hatte er tatsächlich bis zum Ende des Siebenjährigen Krieges in der Armee Friedrichs des Großen gekämpft und war 1759 bei Kunersdorf verwundet worden. Nachdem der 1763 aus preußischem Dienst entlassene Hauptmann jahrelang auf dem Posten eines Kammerherrn am Hof des Fürsten Josef Friedrich Wilhelm von Hohenzollern-Hechingen ausgeharrt hatte, reiste Steuben, der sich inzwischen Baron nannte, im Herbst 1777 auf eigene Kosten von Marseille nach Amerika. In seinem Gepäck hatte er ein Empfehlungsschreiben Franklins, das ihn als Generalleutnant ausgab. Der Kongress und auch Washington wussten trotz der Übertreibung die militärische Erfahrung des 47-jährigen Deutschen zu schätzen.[197] Als Steuben jedoch am 23. Februar 1778, einen Tag nach Washingtons 46. Geburtstag, in Valley Forge eintraf, erschütterten ihn seine ersten Eindrücke zutiefst. „Meine Entschlossenheit muss wohl sehr groß gewesen sein“, bemerkte von Steuben halb ironisch und halb verzweifelt in einem Memorandum, „dass ich nicht schon beim ersten Anblick dieser Truppen meine Pläne geändert habe.“[198] Steuben verstand sich vor allem auf die Disziplinierung und das Abrichten von Truppen, eine unter amerikanischen Offizieren bis dahin seltene Fähigkeit, die ihn in den Augen Washingtons zu seiner wohl wertvollsten Akquisition machte. Jede europäische Armee verfügte über ausgeklügelte Routinen, sich auch unter feindlichem Feuer in kürzester Zeit aus einer Marschkolonne zur Schützenlinie oder zur Sturmkolonne zu formieren. Für die Amerikaner war dies alles zwar nicht neu, aber sie beherrschten die Technik auch mangels theoretischer Kenntnisse noch lange nicht.

Steuben wurde vorläufig mit dem Amt des Generalinspektors betraut, ehe der Kongress ihm im Mai den dauerhaften Rang eines Major General verlieh. Es gab keinen Bereich innerhalb der Armee, der nicht dringenden Handlungsbedarf aufwies. So wunderte sich der Ankömmling, dass bisher jedes Regiment beim Manövrieren noch seine eigenen Vorstellungen von Taktik praktizierte, und beschloss, ein ganzes Korps von Instrukteuren aufzubauen, um seine Anweisungen einheitlich in sämtlichen Verbänden umzusetzen. Eine neue Felddienstvorschrift, die erste der amerikanischen Armee, konnte er jedoch erst im folgenden Winter verfassen. Im Verlauf des Frühjahrs machte sich der Deutsche auch um die Verbesserung der Versorgung der Truppen verdient. Zu diesem Zweck drängte er vor allem auf eine an den Realitäten orientierte Führung der Mannschaftsrollen, da diese Listen die einzige Grundlage für die Zuweisung von Versorgungsgütern waren. Wegen der hohen Fluktuation der meist nur sechs oder neun Monate dienenden Soldaten waren genaue Angaben über die jeweilige Stärke jedoch schwierig. Vielfach setzten die Einheitsführer auch Soldaten auf ihre Listen, die tatsächlich auf Wochen in entfernte Regionen abkommandiert waren oder ihren Offizieren als Burschen dienten. Waffen wiederum gingen in großem Umfang verloren, weil die nur selten im Lager anwesenden Offiziere die Abgänger nicht daran hinderten, ihre Gewehre mit nach Hause zu nehmen. Was sich noch in den Depots fand, war oft durch Rost unbrauchbar geworden und wies auch keine Bajonette mehr auf.[199]

Steuben fand aber auch jeden Tag Anlass, über das fehlende Verantwortungsgefühl der meisten Offiziere für ihre Truppen zu klagen. Amerikanische Kompanieführer kannten weder die Namen ihrer Soldaten, noch waren sie mit den Verhältnissen in ihren Einheiten näher vertraut. Die höheren Ränge der Armee verbrachten den Winter auch gar nicht im Lager von Valley Forge, sodass nicht selten ein ganzes Regiment nur von einem Leutnant geführt wurde. Überhaupt schienen sich nach dem Urteil Steubens die Vorstellungen der amerikanischen Offiziere von ihrer Pflicht als Vorgesetzte darauf zu beschränken, Wachen aufzustellen und sich im Gefecht an die Spitze ihrer Kompanie zu stellen.[200]

George Washington im Winterlager von Valley Forge 1777/78. Nach einem Gemälde von Edward Percy Moran.

Es hatte schon kein günstiges Licht auf die britische Armee und ihre Generalität geworfen, dass sie Washingtons desolate Truppen nicht im Herbst überrannt hatten. Nur wenige Kilometer von Valley Forge entfernt konnte bei Howe und seinen Generalen keinerlei Zweifel über die miserablen Zustände aufseiten der Amerikaner bestehen. Es mangelte nicht an entsprechenden Nachrichten. Für realistische Berichte aus Washingtons Lager sorgte vor allem ein Netz von Informanten, das der Loyalist Joseph Galloway im Auftrag der Briten organisiert hatte. Drei Jahre zuvor hatte der Rechtsanwalt aus Pennsylvania noch dem ersten Kontinentalkongress angehört, war dann aber auf die Seite der Briten gewechselt. Von Howe zum Polizeichef von Philadelphia ernannt, wanderte Galloway später nach England aus.

Zum wachsenden Verdruss der Loyalisten schreckte der britische Oberbefehlshaber, der in diesen Kreisen bald nur noch verächtlich „Sir Billy“ genannt wurde, einmal mehr vor dem letzten Einsatz zurück und rief stattdessen nach neuen Truppen. Spottlieder über ihn gingen in der Stadt um: „Awake, arouse Sir Billy and leave your little Filly!" Mit seiner zweifach überlegenen Armee aus 17 000 Regulären hätte General Howe an jedem Tag dieses Winters dem amerikanischen Spuk ein Ende bereiten können. Dass der Brite lieber seine Konkubine aus New York nach Philadelphia kommen ließ und mit seinen Offizieren die Nächte an den Spieltischen der Stadt oder bei Theateraufführungen verbrachte, war jedoch nur die Hälfte der Wahrheit. Howe hatte nach zwei ergebnislosen Feldzügen resigniert und bereits im Oktober 1777 um seinen Abschied gebeten, der von Lord Germain auch ohne Gegenrede akzeptiert wurde. Der Brite verließ im darauffolgenden Mai die Armee allerdings nicht wie ein Gescheiterter, sondern wurde mit bizarrem Aufwand wie ein römischer Triumphator aus Philadelphia verabschiedet. Zu Ehren des erfolglosen Generals gab es nicht nur ein prächtiges Feuerwerk mit vielen Hurras, sondern auch ein feierliches Diner mit einer Auswahl der besten Weine, und draußen auf dem Delaware hatten sich viele geschmückte Schiffe und Boote zur Musik etlicher Militärkapellen zu einer großen Regatta versammelt.[201]

Dabei hätte der scheidende General mit einem großen Sieg im Gepäck nach London reisen können, aber er hatte schon lange nicht mehr die Chancen, sondern nur noch die Risiken gesehen. Für William Howe war das halb volle Glas stets halb leer. Der schreckliche Tag von Bunker Hill hatte den Helden von Quebec, Montreal und Belle-Île gebrochen.[202]

Englands Hoffnung auf einen Teilerfolg – Der Krieg in den südlichen Kolonien

> *„Die Einnahme eines weiteren Hafens im Süden wäre ein wirklicher Schlag gegen die Rebellen, von dem sie sich kaum erholen würden und der sie wohl weitaus mehr zur Raison brächte als alles, was wir noch im Norden bewirken könnten."*
>
> Major General Augustine Prévost an General Amherst[203]

Frankreichs Kriegseintritt an der Seite der amerikanischen Kolonisten hatte das britische Kabinett zu einer wesentlichen Modifizierung seiner Ziele veranlasst. An eine vollständige Rückeroberung der nördlichen Kolonien war inzwischen nicht mehr zu denken, und auch die Annahme, dass sich die mittleren Kolonien wie New Jersey und Pennsylvania aufgrund ihres hohen Anteils an Loyalisten für die Krone würden behaupten lassen, hatte sich als zu optimistisch erwiesen. Ohne eine dauerhafte Präsenz regulärer Truppen, wie sie die britische Weltmacht jedoch nicht mehr besaß, standen auch die dem König noch ergebenen Kolonisten überall auf verlorenem Posten.

Lord North und Staatssekretär Germain tendierten daher immer mehr zu der Strategie, dass Großbritannien sich darauf beschränken solle, auf dem Festland allein die südlichen Kolonien zu behaupten. Mit ihrer Plantagenwirtschaft und ihrer prekären demografischen Struktur, bestehend aus einer kleinen weißen Pflanzerschicht und einer numerisch mehrfach überlegenen schwarzen Sklavenbevölkerung, entsprachen die beiden Carolinas und Georgia, zum Teil auch Virginia, den Zuständen auf den britischen Karibikinseln.

Auch auf den wichtigen Zuckerrohrbesitzungen wie Jamaica, Grenada oder Barbados hatten sich die Plantagenbesitzer vor allem deshalb loyal um die Krone geschart, weil sie auf den

Schutz der britischen Truppen nicht verzichten mochten. Eine ähnliche Interessenlage setzte London auch bei den Pflanzern in den vier südlichen Kolonien voraus. Gelänge es, diese Kolonien zu besetzen und deren weiße Bewohner in ihrer Treue zur Krone zu bestärken, könnte Großbritannien sich für den Verlust der mittleren und der nördlichen Kolonien durch die Eroberung der französischen Antilleninseln schadlos halten. Die Unabhängigkeit der neun verbleibenden Kolonien würde somit, da sie zukünftig von einem Kranz britischer Besitzungen umgeben wären, kaum eine Gefahr für das Empire darstellen.

Tatsächlich entwickelte sich der Auftakt zu der neuen Strategie mehr als verheißungsvoll. Von seiner Basis in Pensacola in Florida aus war noch im Dezember 1778 ein britisches Kontingent unter Führung von Colonel Sir Archibald Campbell zur Mündung des Savannah River aufgebrochen, um das den Hafen der gleichnamigen Stadt schützende Fort einzunehmen. Nach kurzer Erkundung ließ Campbell seine insgesamt acht Bataillone die amerikanischen Verteidiger im Rücken angreifen und schlug sie binnen einer Stunde in die Flucht. Nachdem auch Augusta und Sunbury erobert worden waren, verkündete Campbell einen „Königsfrieden“ in ganz Georgia und ließ Hunderte von Loyalisten, die jetzt mit Pferd und Bewaffnung in seinem Lager erschienen, den Treueid auf Georg III. leisten.

Etwa zur selben Zeit konnten die Briten auf der Antilleninsel St. Lucia einen zweiten bedeutenden Erfolg verbuchen. Kurz nachdem ein britisches Geschwader etwa 2000 Mann an Land gesetzt hatte, erschien die weit überlegene französische Flotte unter Vizeadmiral d'Estaing und drohte, die britischen Schiffe zu vernichten. Die Lage war anfangs prekär, doch den Briten glückte es, sich in der Bucht Grand Cul-de-Sac im Westteil der Insel zu verschanzen, wo ihre Schiffe für d'Estaing unangreifbar blieben. Als die Franzosen am 18. Dezember 1778 ebenfalls ein Expeditionskorps auf der Insel landeten, um die Stellungen der britischen Landungstruppen nördlich der Bucht anzugreifen, erlebten sie ihr eigenes Bunker Hill. Dreimal griffen die französischen Marinetruppen unerschrocken an und wurden jedes Mal zurückgeschlagen. Am Abend musste d'Estaing den Rest seines Korps wieder einschiffen und mit der Flotte nach Martinique zurückkehren. 400 französische Marinesoldaten waren tot und 1200 verwundet worden.[204]

Die britische Bilanz für das vierte Kriegsjahr war mit der raschen Einnahme von St. Lucia weitaus günstiger ausgefallen, als anfangs in London befürchtet. General Clinton hatte die Hauptarmee ohne Verluste nach New York zurückbringen können, und Lord Byrons Schiffe waren trotz etlicher Atlantikstürme noch rechtzeitig in Amerika eingetroffen, um greifbare Erfolge des französischen Geschwaders zu vereiteln. So konnte der Versuch der Verbündeten, Newport in Rhode Island einzunehmen, abgewehrt werden, und mit der raschen Besetzung Georgias schien immerhin der Anfang der geplanten Eroberung des Südens gemacht zu sein.[205]

Für wachsende Unruhe in London sorgte allerdings die Haltung Spaniens. Hatten sich König Karl III. und sein Außenminister José Moñino y Redondo, Graf von Floridablanca, bisher sehr zurückhaltend gegenüber den Bündnis-Avancen von Amerikanern und Franzosen gezeigt – wofür es eine Reihe guter Gründe gab –, so schienen Vergennes Überzeugungsversuche im Frühjahr 1779 in Madrid mehr und mehr zu verfangen. Zu groß war inzwischen die Versuchung, Großbritanniens unübersehbare maritime Probleme zur Rückgewinnung der 1714 an die Briten abgetretenen Festung Gibraltar zu nutzen.

Am 3. April sandte der Madrider Hof je eine diplomatische Note nach London und nach Paris. Unter wortreicher Beteuerung seiner Friedensliebe lud der spanische Monarch beide Mächte zu Friedensverhandlungen ein. Als Voraussetzungen seiner Mediation nannte Karl III. die Einstellung aller Kampfhandlungen in Amerika und die – für London jedoch inakzeptable – Behandlung seiner rebellierenden Kolonien als

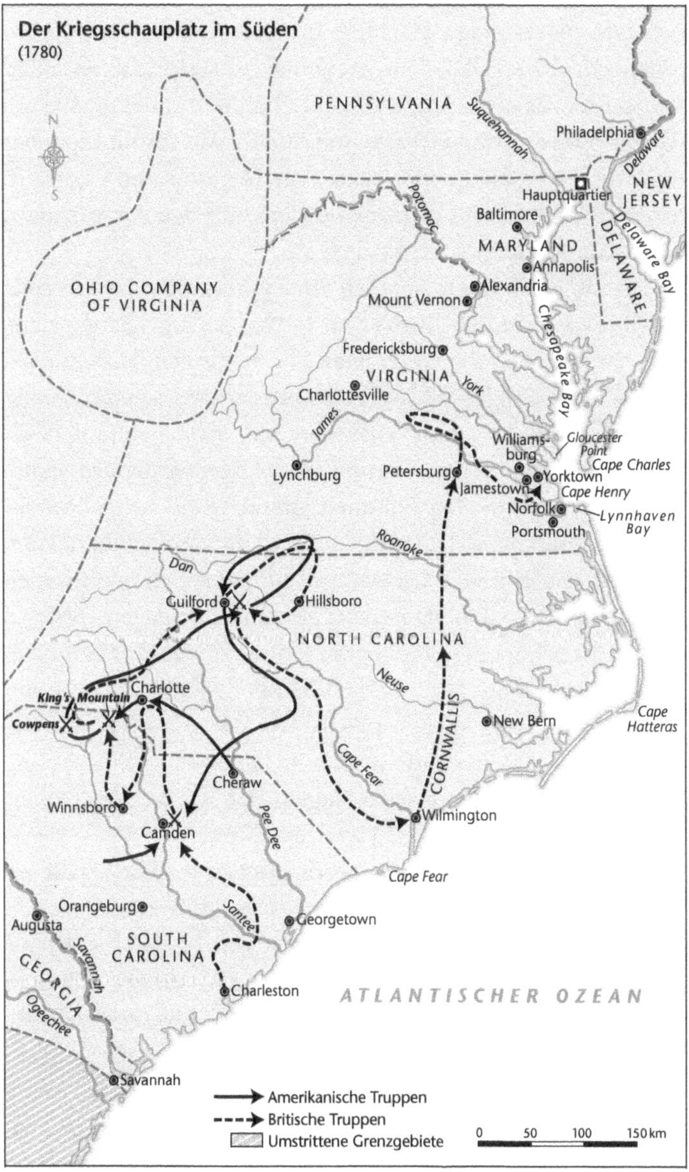

Der Kriegsschauplatz im Süden.

faktisch unabhängige Macht.[206] Das Angebot war eine leicht durchschaubare Farce, denn Vergennes und Floridablanca hatten sich zuvor abgesprochen. Beide Politiker unterzeichneten daher schon am 12. April 1779 die Allianz von Aranjuez, in der die Franzosen den Spaniern Gibraltar, Menorca und Florida in Aussicht stellten. Ein direktes Bündnis mit den Amerikanern wollte Madrid jedoch vermeiden.

Inzwischen hatten Spanien und Frankreich auch bereits mit ihren maritimen Rüstungen begonnen. Der gemeinsame Plan sah vor, dass die vereinigten bourbonischen Flotten nach der zu erwartenden Absage Großbritanniens sogleich einen Vorstoß in den Kanal unternahmen und Truppen an Englands Küsten an Land setzten. Coruña an der Nordwestspitze Spaniens war der verabredete Sammelpunkt der beiden Geschwader aus Cádiz und Brest. Floridablanca und Vergennes wollten den Stier bei den Hörnern packen und mit zweifach überlegenen Seestreitkräften die britische Kanalflotte schlagen. Sodann sollten im Schutz der vereinigten Flotten die beiden bereits in Le Havre und Saint-Malo versammelten Expeditionskorps von zusammen 30 000 Mann zunächst auf der Isle of Wight, die den Zugang zu Portsmouth deckte, an Land gehen. War dies geglückt, konnte die Stadt selbst angegriffen werden, die damals Großbritanniens wichtigste Flottenbasis war.

Die Unabhängigkeit der amerikanischen Rebellen sollte somit im britischen Mutterland selbst besiegelt werden. Seit den Tagen der spanischen Armada schien sich England in keiner größeren Gefahr mehr befunden zu haben. Als die gegnerischen Geschwader tatsächlich am 16. August in Sichtweite der Küste von Cornwall bei Plymouth auftauchten, flohen viele Einwohner der Stadt in Panik.[207] Ganz England befand sich im Alarmzustand. In aller Eile versetzten die örtlichen Militärbehörden die Umgebung des Hafens in Verteidigungszustand, um Plymouth bis zum Eintreffen der britischen Kanalflotte zu halten. Seeleute, Milizionäre und Freiwillige besetzten die Gräben und bemannten die Geschütze. Für den Notfall war beabsichtigt, die Docks in Brand zu setzen.[208] Als Napoleon nur 25 Jahre später genau denselben Plan verfolgte, sollte der Korse mit all seiner Tatkraft nicht ansatzweise einer Landung in England so nahekommen wie in diesen letzten Augusttagen des Jahres 1779 die verbündeten bourbonischen Flotten durch pures Glück. Doch die fortgeschrittene Jahreszeit, die zur Neige gehenden Vorräte, die Zunahme von Krankheiten und die üblichen Dissonanzen unter Verbündeten, nicht zuletzt aber das Erscheinen der britischen Flotte, die bislang weit westlich von Cornwall im Bereich der Scilly-Inseln operiert hatte, dämpften den Tatendrang der Franzosen und der Spanier. Ernüchtert fassten die Befehlshaber der beiden vereinigten bourbonischen Flotten, die sich inzwischen seit zwei Monaten auf See befanden, Anfang September den Entschluss, die Entscheidung auf das folgende Jahr zu vertagen und vorerst nach Brest zurückzukehren. Zu denen, die nicht daran glaubten, dass sich den Verbündeten die große Chance einer Landung in England noch einmal bieten würde, zählte der inzwischen nach Frankreich gereiste Marquis de La Fayette. Der junge Adlige erwies seinem Ersatzvater Washington den wohl größten Dienst, als er Minister Vergennes überzeugte, einen Teil der ursprünglich für die Landung in England vorgesehenen Truppen nach Amerika zu schicken. Im Februar 1780 trafen die Minister des Königs die denkwürdige Entscheidung, zunächst zwölf Bataillone Infanterie, insgesamt 6000 Mann, in Brest zu versammeln. Verstärkt durch Kavallerie und Artillerie, sollten die Expeditionstruppen unter dem Befehl des zum Generalleutnant beförderten Jean-Baptiste-Donatien de Vimeur, comte de Rochambeau, stehen, einem Adligen aus der Loireregion, der in Deutschland bereits gegen die Truppen des Prinzen von Braunschweig gekämpft hatte. Der Franzose sollte zwar Washington unterstellt sein, durfte seine Truppen jedoch unter keinen Umständen aufteilen. Anfang Mai 1780 verließen die Transportschiffe mit Rochambeaus kleinem Korps, begleitet von sieben Linienschiffen und zwei Fregatten, den französischen Kriegshafen in Richtung Amerika.[209]

Sir Henry Clinton war der letzte in Amerika verbliebene General des militärischen Dreigestirns, das im Mai 1775 an Bord der *Cerberus* in Boston eingetroffen war. Die militärische Bilanz des Generals in den Kolonien wies während der zurückliegenden drei Jahre durchaus Glanzpunkte auf. Zwar hatte Clinton zunächst im Frühjahr 1776 eine Operation zur Unterstützung der Loyalisten in South Carolina abbrechen müssen, doch in der Schlacht auf Long Island war seiner Kolonne die entscheidende Umgehung der Kolonisten geglückt. Ohne größere Schwierigkeiten hatte er im Herbst desselben Jahres auch die Stadt Newport in Rhode Island besetzen können. Den Untergang von Burgoynes Armee bei Saratoga konnte der General allerdings mit den begrenzten Mitteln, die ihm Howe nach dessen Abmarsch in New York zurückgelassen hatte, nicht verhindern.

Obwohl Clinton im Juni 1778 als nunmehrigem Oberbefehlshaber die Räumung Philadelphias und der Rückmarsch durch New Jersey ohne Verluste gelungen war, haderte er von Anfang an mit seiner neuen Position. Von einer entscheidenden Schlacht gegen die Kolonisten, wie sie sein Vorgänger Howe noch jederzeit hätte schlagen können, war er weit entfernt, nachdem ihm Lord Germain bedeutende Abstellungen für die Karibik und Florida befohlen hatte. Vor allem der Abgang von 5000 seiner besten Soldaten zur Eroberung von St. Lucia schmerzte den 48-jährigen General, da er sich ohne diese Truppen auf die undankbare Rolle der Bewachung von New York und Rhode Island beschränkt sah. Clinton glaubte auch längst nicht mehr an einen vollständigen britischen Sieg über die Amerikaner und fürchtete, dass man in England nicht Howe, sondern ihn am Ende zum Sündenbock für den Verlust der Kolonien machen würde. Clinton war jedoch auch kein mitreißender Führer. Bei seinen Untergebenen galt er sogar als Eigenbrötler, der sich regelmäßig stundenlang in seiner Kammer einschloss. Das Verhältnis zu seinen Offizieren wurde auch durch sein oft barsches Auftreten belastet, gegen Kritik zeigte er sich empfindlich, und Ratschläge seiner Befehlshaber akzeptierte er nur widerwillig. Anders als die Generale Howe, Burgoyne und Cornwallis genoss er bei den ihm unterstellten Truppen kaum Zuneigung.[210]

In den beinahe vier Jahren, in denen Clinton die Verantwortung als Oberbefehlshaber in Amerika tragen sollte, kam er so häufig wie kein anderer britischer General in London um den Abschied von seinem „erniedrigenden Kommando“ nach und musste von North, Germain und sogar vom König persönlich immer wieder zum Ausharren ermahnt werden.[211] Es stärke nicht gerade die Position der Regierung im Parlament, wenn ihre Generale am siegreichen Ausgang des Krieges zweifelten, ließ ein solcher Gesuche überdrüssiger Monarch seinen Oberbefehlshaber schließlich wissen. Allein das Versprechen von Staatssekretär Germain, ihm im kommenden Frühjahr 6000 Mann als Verstärkung zu schicken, vermochte Clinton noch einmal umzustimmen.

Unübersehbar hatte das britische Heer in diesem erneuerten Weltkrieg ein massives Führungsproblem. Von den verfügbaren Generalen waren die meisten entweder zu alt, zu risikoscheu oder, wie General Jeffrey Amherst, der Eroberer Kanadas, nicht willens, gegen die amerikanischen Kolonisten zu kämpfen. Dass Clinton sich in einem weinerlichen Schreiben an Germain gar als „traurigen Zeugen des Niedergangs der Armee“ bezeichnete, unterstreicht die Misere und den erstaunlichen Mangel an zupackenden Persönlichkeiten, unter dem die angeschlagene Weltmacht litt.[212]

Mit seiner Armee glücklich in New York eingetroffen, konnte Clinton immerhin davon profitieren, dass sich auf der Gegenseite Washington gleichfalls außerstande sah, größere Operationen zu wagen. Anstatt die große Entscheidung vor den Toren New Yorks zu suchen, setzten beide Parteien ihre verfügbaren Kräfte auf Nebenkriegsschauplätzen ein. So führten die Amerikaner einen Schlag gegen die mit den Briten verbündeten Indianer im Mohawktal aus, während Anfang September 1778 Major General Charles Grey mit etwa 4000 Mann, die zunächst aus New York zum Entsatz von Newport aufgebrochen waren, an der Küste von Massachusetts landete, um New Bedford und Fairhaven zu plündern. Auf der Insel Martha's Vineyard requirierten die Briten außerdem 300 Ochsen und mehrere Tausend Schafe, die von den isolierten Truppen in New York als eine willkommene Aufbesserung ihrer dürftigen Verpflegung begrüßt wurden.[213] Dass General Grey ein Jahr zuvor während eines nächtlichen Angriffs auf ein Rebellenlager unweit von Philadelphia bei Paoli seinen Truppen befohlen hatte, die Feuersteine ihrer Musketen zu entfernen, hatte ihm den Spitznamen „No flint Grey“ eingebracht. Mehr als 300 Gegner waren in jener Nacht den britischen Bajonetten zum Opfer gefallen, und da angeblich auch Gefangene getötet worden waren, sprachen die darüber empörten Amerikaner seither auch vom „Paoli Massacre“.[214]

Dieses brutale Gefecht ebenso wie Greys jüngstes Unternehmen machten deutlich, dass in Großbritanniens Krieg gegen die Kolonisten inzwischen eine entscheidende Verschärfung eingetreten war. Amerikaner und Briten waren jetzt endgültig zu Feinden geworden.

Auch als Commodore George Collier im folgenden Frühjahr mit einem Detachement von 1800 Regulären an der Küste Virginias landete, mehrere Städte plünderte und zum Teil niederbrannte, darunter auch Suffolk an der Mündung der Chesapeake Bay, war die massive Schädigung des Gegners ein willkommener Nebeneffekt. Insgesamt fielen der Aktion 137 amerikanische Schiffe unterschiedlicher Größe zum Opfer, und als Collier sich nach zwei Wochen wieder auf den Rückweg nach New York machte, füllte die gesamte Beute 17 seiner

Schiffe.[215] Tatsächlich hatte Clinton jedoch gehofft, mit dem Vorstoß nach Virginia Washington veranlassen zu können, seine Armee zu schwächen, um Kräfte zum Schutz der bedrohten Küsten abzustellen. Das wirkliche Ziel der Briten war zunächst die Einnahme der beiden Forts Stony Point und Verplancks, die beide, auf markanten Höhen angelegt, den Hudsonübergang bei King's Ferry flankierten. Ihr Verlust würde die Schnittstelle der Amerikaner zwischen New Jersey, New York und Connecticut massiv bedrohen und Washington vielleicht zwingen, eine Schlacht um die Kontrolle des New Yorker Hochlands anzunehmen. Es war eine abgeschwächte Version des alten Burgoyne-Planes und schien zunächst auch von Erfolg gekrönt. Die beiden Forts fielen am 1. Juni 1779 nach kurzem Kampf den Briten in die Hände. Obwohl Clinton mit einer Gegenreaktion der Amerikaner rechnen musste, wurden seine Truppen nur einige Wochen später, am 15. Juli 1779, durch einen kühnen und energisch vorgetragenen Nachtangriff von Brigadier General Anthony Wayne völlig überrascht. Innerhalb kürzester Frist sah sich die Besatzung von Stony Point von Waynes Pennsylvaniern überrannt und im Innern des Forts zusammengedrängt. Der amerikanische Sieg kostete Clinton fast 700 Mann und verschaffte Washingtons Truppen, auch wenn sie ihre Eroberung bald wieder räumten, den bitter nötigen psychologischen Auftrieb.

Clinton dagegen stand einmal mehr kurz davor, um seine Ablösung zu ersuchen, zumal er keine Möglichkeit sah, diesen bitteren Verlust zu ersetzen. Die am 25. August schließlich aus dem Mutterland eintreffenden Verstärkungen blieben zahlenmäßig nicht nur um die Hälfte hinter Germains Versprechungen zurück, sondern waren durch die lange Überfahrt größtenteils auch erkrankt und vorerst nicht einsetzbar. Den Tränen nahe, bekannte der General gegenüber dem erst 26-jährigen Colonel Charles Stuart, einem Sohn des früheren Premierministers John Stuart, 3. Earl of Bute, dass er jeden seiner Grenadiere beneide, der durch diese Tür einfach hinausgehen könne.[216]

Im Oktober 1779 erhielt General Clinton die Bestätigung, dass Spanien tatsächlich in den Krieg gegen Großbritannien eingetreten war. Da Germains beunruhigende Nachricht mit dem Auftrag verbunden war, sofort ein Expeditionskorps von 4000 Mann zum Schutz von Jamaica bereitzustellen, traf Clinton eine radikale Entscheidung. Er entschloss sich zur Räumung von Newport, das noch im Vorjahr einem Angriff von Amerikanern und Franzosen standgehalten hatte. Insgesamt hatte der Besitz von Rhode Island die britischen Erwartungen bislang nicht erfüllt. Der Hafen war zwar eisfrei, bot aber Kriegsschiffen gegen die Winterstürme nur wenig Schutz. Die Räumung der kleinen Kolonie setzte zudem 5000 dringend benötigte Soldaten für den geplanten Angriff auf Charleston frei. Im Rückblick sollte diese Entscheidung sich allerdings als einer der größten Fehler der britischen Kriegführung in Amerika erweisen. Keine sieben Monate nach dem Abzug der Briten landete am 11. Juli 1780 das 5000 Mann starke französische Expeditionskorps unter General Rochambeau in Rhode Island, das bis zum Abmarsch nach Yorktown das Hauptquartier der Franzosen in Amerika bleiben sollte.[217]

Bereits im Juli war Admiral d'Estaing auf Grenada gelandet und hatte die gesamte britische Besatzung gefangen genommen. Jetzt war zu befürchten, dass der Franzose zusammen mit den Spaniern auch Jamaika, die größte der britischen Karibikinseln, bedrohen könnte. Allerdings war die spanische Flotte noch nicht bereit, und so schloss sich d'Estaing im September 1779 auf Bitten der Amerikaner dem Versuch zur Rückeroberung Savannahs an. Die Briten unter General Augustine Prévost hielten die Stadt bereits seit neun Monaten besetzt. Die Aufforderung zur Übergabe lehnte der aus Genf stammende Offizier ab, nachdem im letzten Augenblick eine Verstärkung von 1000 Regulären nach Savannah gelangt war.

Als die Verbündeten auf Drängen der Franzosen nach einer nur einwöchigen Beschießung der Stadt am 9. Oktober vorzeitig einen Generalangriff auf die Befestigungen starteten, erlebten sie ein blutiges Desaster. Von 4000 Angreifern wurde ein Fünftel entweder getötet oder verwundet. An der Spitze seines Marinekorps erhielt d'Estaing selbst je einen Treffer in Arm und Bein. Ein weiterer Sturm unterblieb. Die Verbündeten räumten ihre Stellungen, und der französische Admiral, der jetzt jederzeit mit dem Eintreffen eines britischen Geschwaders rechnen musste, entschloss sich, nach zweijährigem Einsatz vor den Küsten Amerikas mit seinen Schiffen nach Europa zurückzukehren. Die in ihn gesetzten Erwartungen hatte d'Estaing nicht erfüllen können.[218] Auf der Gegenseite fasste Clinton, der nach den Rückschlägen des Sommers wieder einmal um seine Ablösung nachgesucht hatte, neue Zuversicht. Der Weg für einen bedeutenden britischen Erfolg im Süden schien jetzt frei.

***

In den ersten sechs Monaten des Jahres 1780 schien Großbritannien auf die Siegerstraße zurückgekehrt zu sein. Dafür hatte auch ein Admiral gesorgt, den die Marine bisher sehr stiefmütterlich behandelt hatte. Der 60-jährige George Rodney, 1. Baron Rodney, konnte bereits auf eine beachtliche Karriere im Kampf gegen Spanier und Franzosen zurückblicken. Mit der Eroberung von Martinique war ihm 1762 sein größter Erfolg geglückt, doch seine Spielsucht und eine gewaltige Schuldenlast trieben den bei Friedensschluss auf halben Sold gesetzten Admiral nach Frankreich. Ausgerechnet der generösen Bürgschaft eines Marschalls von Frankreich, des Herzogs Louis Antoine de Gontaut-Biron, verdankte Rodney seine Rückkehr nach Großbritannien, wo man ihn allerdings erst nach einer Kette von Rückschlägen wieder mit einem großen

Kommando betraute. Der Admiral sollte zunächst einen Verpflegungskonvoi nach Gibraltar begleiten, wo der Garnison inzwischen der Proviant auszugehen drohte, und sodann mit einem Teil seines Geschwaders in die Karibik segeln. Energisch nutzte Rodney die so lange erhoffte Gelegenheit, um am 16. Januar 1780 ein spanisches Geschwader in der Biskaya zu zerschlagen, wobei ihm sechs von elf Linienschiffen als Prisen in die Hände fielen. Ein weiteres 70-Kanonen-Schiff der Spanier war noch im Verlauf des Gefechts in Brand geraten und explodiert.[219] Nicht nur Spanien begann danach am siegreichen Ausgang des Krieges zu zweifeln. Auch Graf Vergennes mahnte im Frühjahr nach der Rückkehr von Admiral d'Estaings Flotte König Ludwig XVI., dass Frankreich wohl bald Frieden brauche, und John Adams, damals Amerikas Botschafter in den Niederlanden, trieb in jenen Wochen die Sorge um, dass der französische Verbündete den Kontinentalkongress zu einem Kompromiss mit den Briten drängen könnte. Zwar hatte die Armee unter Washington die britischen Truppen auf der Halbinsel Manhattan weiträumig umstellt, aber seit Clintons Abzug aus Philadelphia hatte es der amerikanische Oberbefehlshaber nicht gewagt, sich den Briten in einer offenen Schlacht zu stellen. Es fehlte nach wie vor an Truppen, Ausrüstung und Verpflegung, der Kongress war zerstritten, seine Mitglieder größtenteils korrupt und das amerikanische Papiergeld verlor jeden Tag rasant an Wert. Ein Wagen voller Geld würde kaum reichen, um ihn mit Vorräten zu füllen, klagte Washington im April 1779.[220] Hatte ein Pfund Rindfleisch im Jahr von Saratoga noch vier Cents gekostet, so musste man dafür nur drei Jahre später schon 1,69 US-Dollar auf den Tisch legen.

Auch Frankreichs Kriegseintritt hatte bisher nicht die von den Amerikanern erhoffte Wende bringen können. Nur vier Jahre nach der vollmundigen Verkündung der Unabhängigkeit steuerte die große Bewegung unübersehbar auf ihre

Auflösung zu. Kein Ereignis schien dies deutlicher zu unterstreichen als der Verrat Benedict Arnolds, der im August 1780 zu den Briten überlief. Nur die frühzeitige Aufdeckung des Komplotts verhinderte, dass der General, der die Amerikaner fünf Jahre zuvor bis an die Tore Quebecs geführt hatte, die oberhalb des Hudson gelegene Festung West Point dem Feind übergeben konnte. Der Schock und die Wut auf amerikanischer Seite waren auch so groß genug. Selbst eine schwere Niederlage hätte die Sache der „Patrioten" nicht stärker in Gefahr bringen können.[221]

Inzwischen schien Clinton seine Zuversicht zurückgewonnen zu haben. Nachdem das für Jamaica vorgesehene Expeditionskorps nicht mehr benötigt wurde, entschied er sich, den Abwehrerfolg vor Savannah und die Rückkehr d'Estaings nach Frankreich zu nutzen, um Charleston, die Hauptstadt von South Carolina, zu erobern. Es war fraglos ein kühner Plan, der dem gesamten Krieg nochmals eine Wende geben konnte. Ein geharnischtes Schreiben Lord Germains, das im November in New York als verspätete Antwort auf das vorhergegangene Rücktrittsgesuch Clintons eingetroffen war, mochte seinen Teil zum Gesinnungswandel des Generals beigetragen haben. „Es geht einfach nicht an", so hatte der Staatssekretär in ungewohnter Deutlichkeit gemahnt, „dass ein General seinen Dienst quittiert, nur weil die Truppen, die er befehligt, angeblich nicht seinen Wünschen entsprechen oder nicht ausreichen, um mit der erhofften Schnelligkeit die Offensive zu ergreifen. Auf wen sonst soll sich das Land denn in einer gefährlichen und kritischen Lage stützen?"[222]

Zwei Tage nach Weihnachten 1779 verließ Clinton mit einem beachtlichen Konvoi den Hafen von New York. Die Flotte aus zehn Linien- und 90 Transportschiffen unterstand dem Kommando von Admiral Mariot Arbuthnot, dem ehemaligen Vizegouverneur von Nova Scotia. An Bord befanden sich 8700 Mann und 400 Pferde. Fast vier Jahre lag Clintons gescheiteter erster Versuch zurück, in South Carolina Fuß zu fassen und Sullivan Island am Rand der Bucht von Charleston zu besetzen. Auch beim zweiten Anlauf schien zunächst vieles schiefzugehen. Als der britische Konvoi nach 38 Tagen endlich vor seinem Ziel eintraf, fehlte ein Großteil der Pferde und der Artillerie. Etliche Schiffe waren in der stürmischen See verloren gegangen. Doch Clinton ließ sich von den schmerzlichen Einbußen nicht beeindrucken. Kaum war er am 11. Februar 1780 auf Simmons Island, etwa 25 Kilometer südlich der Bucht von Charleston, gelandet, forderte er neue Artillerie an und ließ auch einen Teil der Schiffsgeschütze an Land bringen, ehe er den Marsch auf Charleston begann. In der Stadt lebten damals etwa 10 000 Menschen, die Hälfte davon waren Sklaven, die als *Domestick servants* bezeichnet wurden. Mit ihren schachbrettartig angelegten Straßen, entlang derer sich etwa 1000 meist schmucke Gebäude in größeren Abständen reihten, lag Charleston auf einer in die Bucht hineinragenden Landspitze. Im Westen wurde sie vom Ashley-River, im Osten vom Cooper-River flankiert. Nach dem Urteil des hessischen Hauptmanns Johann Hinrichs, eines Teilnehmers der Belagerung, hielt „Charlestown den Rang für jeder anderen Stadt Americens in Ansehung der Schönheit der Häusser und der Pracht und Geschmake, die in derselben herschet". Der oft sehr schnell und einfach erworbene Reichtum trug aber, so glaubte Hinrichs, „wohl nicht wenig dazu bei, um Pracht, Wollust, Aufwand, Verschwendung in so kurzer Zeit hier in seiner vollen Größe zu zeigen".[223]

Clinton plante, Charleston im Rücken an seiner Landseite anzugreifen, und ließ seine Truppen Ende März den Ashley River an einer Fährstelle nördlich der Stadt überschreiten. Eine Woche später konnte Clinton nach Vollendung der ersten Parallele (Laufgraben bei einer Belagerung) bereits das Bombardement auf die Stadt eröffnen. Obwohl Washington sich außerstande erklärt hatte, einen Entsatzversuch für die unter dem Kommando von Major General Benjamin Lincoln stehende Stadt zu unternehmen, wies der Amerikaner Clintons Übergabeaufforderung selbstbewusst zurück. Seine Ehre und die Befehle des Kongresses verpflichteten ihn zu äußerstem Widerstand, ließ er seinem Gegner ausrichten.[224] Lincoln kannte die Stärken der Stadt sehr genau, und er vertraute vor allem darauf, dass die britische Flotte nicht in der Lage sein würde, gegen das Sperrfeuer von Fort Moultrie anzukommen, das, an der Westspitze von Sullivan Island errichtet, den Eingang zur Bucht von Charleston beherrschte. Doch genau dies glückte den Briten am 8. April mit einer eindrucksvollen Aktion. Ohne zunächst nur einen einzigen Schuss abzugeben, glitten Admiral Arbuthnots Schiffe, mit der *Roebuck* an der Spitze, in majestätischer Prozession an dem in Rauch und Mündungsblitzen gehüllten Fort vorbei. Das Feuer seiner 43 schweren Geschütze verdichtete sich schließlich zu einem einzigen Orkan, vermochte aber keine bedeutende Wirkung zu erzielen. Am Ende der Passage ließ ein launiger Arbuthnot jedes seiner Schiffe einzeln wenden und noch eine Breitseite auf das Fort abfeuern, ehe sie weiter zu dem befohlenen Ankerplatz vor der Mündung des Cooper River segelten.[225]

Der Durchbruch der Flotte machte den Kampf für die Amerikaner aussichtlos, und die von Washington entsandte Verstärkung von 1400 Virginiern traf nach einem Marsch von beinahe drei Monaten gerade noch rechtzeitig in Charleston ein, um zusammen mit General Lincolns 4300 Soldaten, darunter auch 200 Franzosen, die Waffen zu strecken.

Als britische und hessische Regimenter am 12. Mai 1780 zu den feierlichen Klängen von „God save the King" und unter einem Salut aus 20 Geschützen in die stark mitgenommene Stadt einrückten, hatte Clinton die demütigende Scharte von Saratoga ausgewetzt. Zu den Tausenden amerikanischer Gefangener zählten neben sieben Generalen auch zwei Unterzeichner der

Unabhängigkeitserklärung. Außerdem fielen 400 Geschütze und drei amerikanische Fregatten in die Hände der Sieger.[226] Es war der größte britische Sieg in diesem Krieg, und London feierte das Ereignis mit Ehrensalut und großem Feuerwerk im Hyde Park. Clinton und Admiral Arbuthnot wurden in beiden Häusern des Parlaments gewürdigt. Von Clintons Demission war vorerst keine Rede mehr.[227]

Als sich Clinton im Juni 1780 mit der Hälfte seiner Truppen wieder nach New York einschiffte, ließ er seinen langjährigen Mitstreiter Charles Cornwallis mit 8000 Mann in Charleston zurück, um die Reste der Kontinentalarmee in South Carolina zu zerschlagen und die britische Herrschaft in der gesamten Kolonie wiederherzustellen.[228]

* * *

Der 5. Earl Cornwallis war der jüngste aller britischen Generale in den amerikanischen Kolonien. Mit Ausnahme der Kämpfe um Bunker Hill und Boston hatte der ehemalige Eton-Schüler seit 1776 an sämtlichen Feldzügen in Amerika als Befehlshaber teilgenommen. So war er auch unter Clinton am ersten Feldzug der Briten nach South Carolina beteiligt gewesen. Während des Siebenjährigen Krieges hatte Cornwallis als Regimentskommandeur unter dem Prinzen Ferdinand von Braunschweig-Wolfenbüttel in Westfalen und Hessen gekämpft und war inzwischen mit gerade mal 37 Jahren zum Rang eines Major General aufgestiegen.

Obwohl Cornwallis als Mitglied des Parlaments die Amerikapolitik der Regierung entschieden ablehnte und besonders das Recht des Parlaments zur Besteuerung der Amerikaner bestritt, trat er zur Freude von Lord North bei Ausbruch der Feindseligkeiten freiwillig der für Amerika bestimmten Armee bei. Trotz seiner anfänglichen Sympathien für die Kolonisten erwies Cornwallis sich in der Folge als der wohl fähigste und entschlossenste aller britischen Kommandeure in Amerika. Dazu mag auch sein entschiedener Gesinnungswandel gegenüber den Amerikanern beigetragen haben, in denen er mehr und mehr ein unglückliches Volk sah, das wehrlos unter der tyrannischen Knute seiner bösartigen Führer stehe.[229] Einzig der Rückschlag bei Princeton, als Washington ihn Anfang 1777 durch einen Bauerntrick ausmanövrierte, verdunkelte bis dahin Cornwallis' ausgezeichnete militärische Bilanz gegen die Rebellen. Doch ihm allein durfte es Clinton schließlich verdanken, dass er nicht zum Sündenbock für Großbritanniens endgültige Niederlage gegen die Kolonisten gestempelt wurde.

Es zeigte sich freilich rasch, dass Cornwallis in South Carolina vor einer kaum lösbaren Aufgabe stand. Zwar schienen die meisten Bewohner der Kolonie bereit, den geforderten Treueid auf die Krone zu leisten, und viele Männer traten anfangs auch in die loyalistischen Milizen ein. Etwa die Hälfte der britischen Armee bestand schließlich aus Loyalisten, und vieles deutete darauf hin, dass Londons Pläne, wenigstens seine südlichen Kolonien zu halten, aufgehen könnten. Doch die Rebellen waren längst nicht bereit, South Carolina aufzugeben. Zunächst unternahmen sie den Versuch, mit regulären Kräften einen Teil der Kolonie wieder unter Kontrolle zu bringen. Der Befehlshaber der vom Kongress in Marsch gesetzten Armee war General Horatio Gates, der immer noch als der Vater des größten amerikanischen Erfolgs galt und vielen deshalb als der geeignete Mann erschien, die Krise im Süden zu überwinden. Der gefeierte Sieger von Saratoga beging allerdings den Fehler, von der seit Bunker Hill bewährten Taktik des Kampfes aus befestigten Stellungen abzuweichen, und ließ sich am 16. August 1780 bei Camden in offenem Gelände auf ein Gefecht mit den Briten ein. Die Amerikaner waren Cornwallis' Armee in vieler Hinsicht unterlegen. Gates verfügte kaum über Kavallerie und hatte nur wenige Geschütze zur Verfügung. Seine anfangs 4000 Mann bestanden zu drei Vierteln aus Milizionären aus Virginia und North Carolina und waren schlecht verproviantiert. Um rascher aufbrechen zu können, hatte er das Eintreffen seines Trains nicht abgewartet und darauf vertraut, dass seine Truppen sich aus dem Land ernähren könnten. Doch der Mais auf den Feldern war noch ebenso unreif wie die Pfirsiche, mit denen sich seine Leute zu Dutzenden ihre Mägen ruinierten. Manche verfielen sogar auf die verzweifelte Idee, mit ihrem Haarpuder heißes Wasser zu einer Suppe zu verdicken.[230] Unter diesen Bedingungen erschien es Gates als ein lohnendes Ziel, das britische Versorgungslager anzugreifen, das Cornwallis etwa 60 Kilometer südlich der Grenze bei der Siedlung Camden unweit des Santee River hatte anlegen lassen. Dass es nur von einem schwachen Detachement aus Loyalisten unter dem Befehl von Lieutenant Colonel Francis Rawdon verteidigt wurde, machte es doppelt anziehend. Doch Gates' Vorrücken in South Carolina wurde rasch von der überlegenen britischen Kavallerie aufgeklärt, und während sich die Amerikaner in glühender Hitze durch ein von seinen Bewohnern aufgegebenes Land mühten, war Cornwallis am 10. August mit Verstärkungen aus Charleston zu Rawdons Unterstützung nach Norden aufgebrochen

Erst am Abend des 15. August, als sich seine Armee Camden von Norden her näherte, erkannte Gates aus den eingehenden Meldungen, dass er es mit einem Gegner zu tun hatte, der stärker war als erwartet. Um Verschanzungen anzulegen, war jetzt keine Zeit mehr. Am nächsten Morgen rief er einen Kriegsrat zusammen, der zu dem ernüchternden Befund kam, dass es keine andere Wahl mehr gebe, als an Ort und Stelle zu kämpfen.[231] Auch wenn Gates tatsächlich nur über halb so viele Truppen verfügte, wie er bisher angenommen hatte, waren seine 3050 Mann den rund 2000 Briten und Loyalisten dennoch zahlenmäßig deutlich überlegen.[232]

Beide Armeen trafen schließlich nördlich von Camden an der genau von Nord nach Süd verlaufenden Waxhow Road aufeinander. Auf beiden Seiten begrenzte der Gum Swamp, der bis auf wenige Hundert Meter an die Straße heranreichte, das Schlachtfeld. General Jean de Kalb, ein ehemaliger französischer Offizier, der aus Deutschland stammte und gemeinsam mit La Fayette nach Amerika gekommen war, führte den rechten Flügel. Hier waren die Truppen der Kontinentalarmee versammelt, während die Milizen aus Virginia und North Carolina unter den Generalen Richard Caswell und Edward Stevens auf dem linken Flügel standen. Nachdem der Morgennebel sich gelichtet hatte, fasste Gates den verzweifelten Entschluss, seine Milizen rechts der Straße gegen die Briten vorrücken zu lassen. Auf der Gegenseite zögerte Cornwallis keinen Augenblick, den Fehler seines Gegners auszunutzen und ebenfalls seine beiden regulären Regimenter vorzuschicken. Deren Feuer hielten die Milizen aus Virginia und North Carolina nicht lange stand. In Panik warfen die Männer sogar ihre geladenen Waffen weg und nahmen in Scharen vor der britischen Kavallerie Reißaus. Ihre Flucht mag auch damit zu tun gehabt haben, dass Cornwallis' Reiter von Lieutenant Colonel Banastre Tarleton geführt wurden. Der erst 26-jährige Offizier aus Manchester hatte sich bereits einen legendären Ruf als unerbittlicher Streifkorpsführer gemacht, vor dessen überwiegend aus Loyalisten bestehender Legion kein amerikanischer Verband in South Carolina noch sicher schien. Und selbst im nördlichen Nachbarstaat blieben die Rebellen nicht von ihm verschont. Erst am 29. Mai 1780 hatte Tarleton bei Waxhaw, wenige Kilometer hinter der Grenze, ein kleines Korps der Kontinentalarmee unter Abraham Buford niedergemacht, eine Begegnung, die seither als „Buford-Massaker" bekannt und berüchtigt war.

Gegen Ende der Schlacht bei Camden behaupteten nur noch die Einheiten der Kontinentalarmee unter dem Befehl von Major General Jean de Kalb ihre Stellungen. Als der Deutsche jedoch, von mehreren Geschossen verwundet, von seinem

Pferd stürzte, erlosch auch hier der Widerstand der Amerikaner. Kalb starb drei Tage später in britischer Gefangenschaft und wurde mit militärischen Ehren und nach den Riten der Freimaurer bestattet.

Mehr als 1000 Amerikaner ergaben sich auf dem Schlachtfeld dem siegreichen Gegner, etwa dieselbe Anzahl an Rebellen wurde entweder während des Gefechts oder auf der Flucht von Tarletons Reitern getötet. Noch kilometerweit säumten die Toten und Verwundeten den Weg nach Waxhaw.[233] General Gates hatte anfangs noch auf dem linken Flügel versucht, die Milizionäre zum Stehen zu bringen, war dann aber von den in Scharen Fliehenden mitgerissen worden. Nach einem Parforceritt über 200 Kilometer erreichte er am 19. August Hillsborough in North Carolina. Weniger als 700 Soldaten der Kontinentalarmee fanden sich nach einer weiteren Woche wieder bei ihm ein.[234] Dass er den Kampfplatz verlassen hatte, während Baron de Kalbs Männer noch im Gefecht standen, kostete den Helden von Saratoga sein gesamtes Ansehen.[235] Colonel Alexander Hamilton, einer der brillanten jugendlichen Vertrauten Washingtons, kommentierte die Flucht des Generals mit beißendem Spott. Für einen Mann seines Alters habe Gates ein beachtliches Tempo vorgelegt.[236] Nur zwei Tage nach der Schlacht machte der unermüdliche Tarleton mit seiner Legion den britischen Sieg vollständig, als seine Reiter nach einem Gewaltritt am Fishing Creek, auf halbem Weg nach Charlotte, ein amerikanisches Streifkorps von 500 Mann in seinem Lager überraschten und fast vollständig aufrieben. Dem Korpsführer Thomas Sumter, einem Pflanzer aus Stateburg in den High Hills of Santee, glückte jedoch die Flucht, und der Entkommene sollte in den kommenden Monaten noch reichlich Gelegenheit erhalten, diese Niederlage und auch das Niederbrennen seines Hauses an den verhassten Loyalisten zu rächen. Tarleton nannte ihn respektvoll einen „Kampfhahn“, und Sumter, der hochbetagt im Jahr 1832 starb, sollte noch erleben, dass die amerikanische Regierung das auf einer künstlichen Insel vor der Hafeneinfahrt von Charleston errichtete neue Fort nach ihm benannte.

General Gates hingegen erhielt nie wieder ein Truppenkommando. An seiner Stelle ernannte der Kongress auf Washingtons Empfehlung den 38-jährigen General Nathanael Greene aus Rhode Island zum neuen Oberbefehlshaber im Süden. Der Neue war zunächst bemüht, aus den Resten von Gates' Armee wieder eine schlagkräftige Streitmacht zu formen und zugleich die Briten durch eine Intensivierung des Kleinkriegs zu beschäftigen. Schon bald nach Camden zeigte sich daher, dass Cornwallis' und Tarletons militärische Erfolge die Probleme der Briten in South Carolina nicht wirklich gelöst hatten.

Von Anfang an war es für Cornwallis und seine Befehlshaber schwierig, zwischen Freund und Feind zu unterscheiden. Nicht selten leisteten die Bewohner, meist iro-schottische Einwanderer und Presbyterier, denen die Briten ohnehin nur wenig Respekt entgegenbrachten, den geforderten Treueid auf die Krone, nur um bei der nächsten sich bietenden Gelegenheit auf die Seite der Rebellen zu wechseln. Cornwallis versuchte es mit Härte und befahl, sämtliche Milizionäre, die zum Feind übergelaufen und danach in Gefangenschaft geraten waren, aufzuhängen. Obwohl ihm bekannt war, dass derartige Seitenwechsel von den Rebellen oft durch Terror erzwungen wurden, befahl der General sogar persönlich mehrere Hinrichtungen. Allerdings musste er bald feststellen, dass amerikanische Zeitungen daraus Kapital schlugen und die Briten unter Verschweigen der Hintergründe beschuldigten, Gefangene zu ermorden. Auch fantasievolle Behauptungen, dass die Briten alle jungen Männer und Frauen der Kolonie nach Deutschland deportieren wollten, um sie dem Landgrafen von Hessen als Bezahlung für seine Soldaten anzudienen,[237] trugen dazu bei, dass sich die Stimmung in der Kolonie allmählich drehte. Cornwallis' anfänglich gehegte Hoffnung, auch die feindlich gesinnten Rebellen gewinnen zu können, indem er sie davon zu überzeugen suchte, dass es in ihrem eigenen Interesse liege, Freunde der Briten zu werden,[238] erwies sich bald als illusorisch. Die britische Armee hätte dazu alle größeren Orte dauerhaft besetzen müssen, wozu Cornwallis jedoch die Kräfte fehlten. Und auch der Einsatz von Streifkorps, die sich hauptsächlich aus Loyalisten rekrutierten, konnte eine dauerhafte Präsenz in der Kolonie kaum ersetzen. Im Gegenteil bewirkte gerade das rabiate Vorgehen von Reiterführern wie Tarleton, Nesbitt Balfour, Francis Rawdon oder Patrick Ferguson, dass der Hass auf die Briten überall ständig zunahm. Für Aufsehen und Wut sorgte etwa das Niederbrennen der presbyterianischen Kirche von Indiantown, in der die Briten ein Widerstandszentrum der Rebellen vermutet hatten, oder das in der ganzen Kolonie beklagte Schicksal des Milizoffiziers Isaac Hayne, der im August 1781 in Charleston ohne Gerichtsverfahren als Verräter und Spion gehängt worden war. Zu den Opfern der Briten gehörte auch der junge Andrew Jackson aus Waxhaw, der spätere siebte Präsident der Vereinigten Staaten. Der 14-Jährige war zusammen mit seinem Bruder in britische Gefangenschaft geraten, in der sie beide nicht nur von Offizieren schikaniert wurden, sondern auch noch an Pocken erkrankten. Nur Andrew sollte die Gefangenschaft und den Krieg überleben und entwickelte für den Rest seines Lebens eine ausgeprägte Anglophobie.[239]

Verzweiflungstat oder Geniestreich? – Lord Cornwallis' Marsch nach Virginia

> *„In dieser Lage, ohne Gepäck, Ausrüstung und sogar ohne Verpflegung für Offiziere wie Mannschaften, in dem denkbar unwirtlichsten und ungesündesten Teil Amerikas, einen eingefleischt wilden, verräterischen und grausamen Feind vor sich und nur mit der auf die eigenen Bajonette gegründeten Entschlossenheit, war er (Lord Cornwallis) bereit, General Greene bis ans Ende der Welt zu verfolgen."*
>
> General Charles O'Hara an Augustus Fitzroy, 3. Duke of Grafton[240]

Charles Cornwallis musste einsehen, dass weder Konzilianz noch Härte die mit jedem Monat weiter erodierende Loyalität der Bewohner South Carolinas zur britischen Krone wiederbeleben würden. Selbst anfangs noch neutrale Kolonisten sahen ein, dass die wenigen Truppen des Königs sie kaum zu schützen vermochten, und begannen, ihre Hoffnungen auf die Rebellen zu setzen. Anders als seinen jungen Reiterführern widerstrebte dem General ohnedies die fortgesetzte Guerillakriegführung gegen Banden und Terroristen. Das Verbreiten von Angst und Schrecken, der verdeckte Kampf, besonders aber Zwang und Gewalt gegen Zivilisten widersprachen allen soldatischen Grundsätzen, die Cornwallis von frühester Jugend an geprägt hatten.

Anstatt sich auf einen jahrelangen und verlustreichen Kleinkrieg mit ungewissem Ausgang einzulassen, gelangte der General schlussendlich zu der Überzeugung, dass das Problem durch eine offensive Kriegführung gelöst werden müsse. Wenn die amerikanischen Rebellen bisher den Krieg immer wieder aus North Carolina in die Nachbarkolonie getragen hatten, musste der Gegner dort aufgesucht und bekämpft werden.

Sollte den Amerikanern diese Basis verloren gehen, so würde auch der Widerstand in South Carolina allmählich zum Erliegen kommen.

Cornwallis' erster Versuch einer Invasion scheiterte jedoch im Herbst 1780, da in seinem Feldlager bei Charlotte die Pocken ausgebrochen waren. Mehr noch führte aber am 7. Oktober die vernichtende Niederlage von Major Fergusons Streifkorps bei King's Mountain, hart an der Grenze zu North Carolina, zu dem Entschluss des britischen Oberbefehlshabers, sich zunächst nach Winnsboro in South Carolina zurückzuziehen. Zusammen mit dem 36-jährigen Ferguson waren in der Schlacht mindestens 157 seiner Männer von den Rebellen getötet worden. Mehr als 700 loyale Milizionäre hatten sich, auf der Hochfläche eingekreist, dem Gegner ergeben müssen. Nicht alle wurden verschont, und die Überlebenden mussten eine entwürdigende Behandlung ertragen. Erwartungsgemäß verschaffte der deutliche Sieg den Rebellen in South Carolina gewaltigen Auftrieb. Die von entkommenen Loyalisten verbreiteten Schilderungen der Grausamkeiten der Amerikaner verursachten im Lager der Königstreuen einen tiefen Schock. Milizen begannen sich aufzulösen und ganze Distrikte der Kolonie entzogen sich bald der britischen Kontrolle. So meldete der mit der Rekrutierung von Milizen beauftragte Major James Wemyss aus dem Cheraw Hill County, dass dort selbst die neutralen Bewohner von den Rebellen mit äußerster Grausamkeit verfolgt würden. Inzwischen waren auch die britischen Hauptposten in Augusta, Camden oder Ninety Six nicht mehr sicher und mussten von Cornwallis durch reguläre Truppen verstärkt werden.[241]

Auch Cornwallis' zweiter Versuch einer Invasion der Nachbarkolonie schien unter einem ungünstigen Stern zu stehen. Zunächst verzögerte sich das Eintreffen von General Alexander Leslie, der erst Mitte Dezember 1780 mit seinen 1900 Regulären aus Virginia in Charleston eintraf. Zudem musste er Anfang Januar 1781 den bewährten Tarleton zum Entsatz des von Rebellen bedrohten Ninety Six nach Osten schicken. Das amerikanische Streifkorps unter Führung von Major General Daniel Morgen, einem Veteran des missglückten Braddock-Feldzugs gegen Fort Duquesne, wich Tarleton jedoch zunächst aus und bezog am 16. Januar eine Stellung bei Cowpens unweit des Broad River. Sein Gegner, der ihm mit seinen Leuten dicht auf den Fersen geblieben war, erkannte sofort, dass Morgan eine ungünstige Stellung gewählt hatte, und griff ohne zögern mit seinen Reitern an. Zu günstig erschien Tarleton die Gelegenheit, für Fergusons Demütigung bei King's Mountain jetzt blutige Rache zu nehmen. Doch taktische Fehler des allzu selbstgewissen Streifkorpsführers, unterlassene Aufklärung und mehr noch die Missachtung der Erschöpfung seiner Leute, die 48 Stunden ohne Verpflegung Tag und Nacht marschiert waren, mündeten in einen empfindlichen Rückschlag. Das kurze Gefecht von Cowpens zeigte auf brutale Art, dass Tarleton mit der Führung eines größeren Verbandes überfordert war. Selber im Gefecht verwundet, glückte ihm mit kaum 200 Reitern die Flucht. Fast 500 Mann seiner Legion musste er zurücklassen, verloren ging an diesem Tag auch dieselbe Anzahl an britischen Regulären zusammen mit zwei Feldgeschützen, die in der Schlacht nicht einen einzigen Schuss abgefeuert hatten.[242]

Die Niederlage habe ihm beinahe das Herz gebrochen, schrieb ein wütender Cornwallis, der beim Erhalt der bitteren Nachricht angeblich seinen Degen zerbrach, an Major Rawdon. Trotzdem verteidigte er Tarleton gegen die jetzt überall laut werdende Kritik und beließ ihn in seinem Kommando. Für den bevorstehenden Marsch nach North Carolina konnte Cornwallis auf Offiziere wie seinen soeben gedemütigten Streifkorpsführer einfach nicht verzichten. Man könne bezweifeln, ob die Invasion North Carolinas eine kluge Entscheidung sei, schrieb er an General Clinton in New York, in jedem Fall aber sei sie notwendig. „Denn wenn wir diese Kolonie nicht angreifen, werden wir auch ganz South Carolina und Georgia aufgeben müssen, um uns hinter den Mauern von Charleston und Savannah zu verstecken."

Am 19. Januar 1781 begann Cornwallis endlich seinen großen Marsch nach Norden, der fraglos als eine der außergewöhnlichsten militärischen Leistungen des ganzen Krieges angesehen werden muss. Nach dem Eintreffen von Leslies Truppen verfügte der General über 2400 Reguläre und zudem über Clintons Zusage, mit einem Ablenkungsangriff in Virginia möglichst viele Kräfte der Rebellen zu binden. Zunächst versuchten die Briten, General Morgans ausweichende Armee noch diesseits des Catawba River einzuholen. Zur Erhöhung seiner Marschgeschwindigkeit ließ Cornwallis sogar die meisten seiner Trainfahrzeuge verbrennen. Nur die Wagen für Munition, Salz und die Verwundeten blieben verschont. Jeder Soldat nahm Verpflegung für zwei Tage, eine kleine Ration Rum und ein zweites Paar Sohlen für seine Stiefel mit. Witterung und Wege waren fürchterlich, und als die Briten am 24. Januar den reißenden Catawba überschritten, hatte Morgen immer noch einen Vorsprung von einem Tag.

Vom Catawba aus führte Cornwallis' Marsch weiter nach Osten zum Dan River, ohne dass er jedoch Morgan oder Greene zu fassen bekam. Am Ende mussten die Briten auf Hillsboro zurückgehen, damals die Hauptstadt der Kolonie. Dort gab Cornwallis am 21. Februar unter Fahnenschwenken und Trommelwirbel eine Proklamation an die Bevölkerung heraus. Der erhoffte Zulauf von Loyalisten aus North Carolina blieb allerdings aus. Die Männer erschienen zwar, um ihre Neugier zu befriedigen, kehrten darauf aber meist wieder in ihre Häuser zurück. Auch ohne die Erinnerung an das vorzeitige Losschlagen der Loyalisten im Jahr 1776 und ihre Niederlage bei Moores' Creek Brigde konnten Cornwallis' erschöpfte und abgerissene Soldaten kaum das Vertrauen der Einwohner gewinnen. Sie waren drei Wochen ohne Zelte und bei miserabler Verpflegung marschiert, hatten ein halbes Dutzend Flüsse durchquert, wobei ihnen das Wasser jedes Mal bis zur Brust ging, und am Ende 400 Kilometer zurückgelegt. Die Hoffnungen der Regierung im fernen London, den Krieg gegen die Rebellen mithilfe der Loyalisten gewinnen zu können, mussten nun endgültig begraben werden. Die Armee habe hier niemals mehr als 100 bewaffnete Kolonisten aus North Carolina unter ihren Fahnen gehabt, lautete die bittere Bilanz von General O'Hara in einem Brief an den Duke of Grafton.[243] Weitab von seinen Hilfsquellen und mit einer von Krankheiten dezimierten Armee schien Cornwallis' Lage inzwischen mehr als verzweifelt.

Ausgerechnet Nathanael Greene sollte jedoch seinem Gegner aus der Verlegenheit helfen. Der amerikanische General hatte inzwischen 400 Soldaten der Kontinentalarmee sowie mehrere Milizregimenter aus Virginia und North Carolina als Verstärkung erhalten und sich entschlossen, den Briten mit seiner auf nunmehr 4400 Mann angewachsenen Streitmacht, davon 160 Reiter, eine Schlacht anzubieten. Greene wählte dazu eine Stellung, die nur wenige Kilometer südlich der Grenze zum Nachbarstaat bei Guilford Court House lag. Es handelte sich um ein einzeln stehendes Versammlungshaus für die Bewohner der umliegenden Gehöfte, erbaut an einer Weggabelung, wo die Reedy Fork Street von der Hauptstraße nach Osten abzweigte. Hinter diesem Seitenweg postierte Greene seine Hauptarmee aus 1500 Kontinentalen auf einer Anhöhe, die von Ost nach West verlief und zusätzlich durch einen vorgelagerten parallelen Geländeeinschnitt geschützt war. Im Abstand von etwa 800 Metern besetzte er weiter südlich eine zweite Linie mit kampferfahrenen Milizen aus Virginia, während eine dritte Position, die noch einmal 500 Meter voraus lag und als Auffanglinie gedacht war, von Milizionären aus North Carolina und Virginia gehalten wurde. Es war ein launischer Zufall, dass die Einwohner von Guilford County in ihrer Mehrheit, wie der aus Rhode Island stammende Nathanael Greene, Quäker waren, die hier erst 30 Jahre zuvor eine Zuflucht gefunden hatten. In dem Konflikt der Rebellen mit der britischen Krone wollten sie, wie ihre religiöse Überzeugung es ihnen gebot, neutral bleiben.

Obwohl es Cornwallis nicht gelungen war, die Verstärkungen aus Virginia und North Carolina abzufangen, und ihm auch mangels leichter Reiterei nur wenig über die Verhältnisse aufseiten der Amerikaner bekannt war, entschloss er sich nach Eingang der letzten Meldung über die Amerikaner am 14. März 1781 zum Angriff. Bei Tagesanbruch machte sich der General mit nicht mehr als 1900 Mann sowie drei Feldgeschützen auf den Weg nach Norden und erreichte nach einem Marsch von etwa 20 Kilometern gegen Mittag den Little Horsepen Creek im Vorfeld der gegnerischen Stellungen. Die Anmarschstraße trug den Namen New Garden Road und führte über den Bach nach Norden bis zur Weggabelung bei Guilford Court House. Als Hohlweg teilte sie das gesamte Schlachtfeld in zwei separate Abschnitte. Cornwallis entschied sich für einen Angriff auf den linken Flügel der Amerikaner, den Milizionäre aus North Carolina besetzt hatten. Aus Mangel an Gefechtspraxis würden diese Truppen wohl kaum lange standhalten.

Etwa gegen 13.30 Uhr ließ er, nachdem seine drei mitgeführten Geschütze sich ein wirkungsloses Duell mit Greenes Artillerie geliefert hatten, General Leslie mit dem 71. Highland-Regiment und einem Bataillon der Garde rechts des Hohlweges, wo das Gelände offener war, gegen die erste Linie des Gegners vorrücken.

Während die meisten der Männer aus North Carolina beim furchteinflößenden Anblick der langen, im raschen Schritt vorrückenden roten Linie ihre Rucksäcke und ihre oft noch geladenen Waffen wegwarfen, um in die angrenzenden Waldstücke zu fliehen, hielten die neben ihnen platzierten virginischen Milizen ihre Stellungen immerhin so lange, bis sie, wie Greene es ihnen befohlen hatte, zwei Salven auf den Gegner abgefeuert hatten. Leslie hatte in der Hoffnung, noch vor Abgabe der zweiten Salve an den Gegner heranzukommen, den Schritt beschleunigen lassen. Etwa 30 Meter vor den feindlichen Stellungen musste er jedoch erkennen, dass die Amerikaner schneller als erwartet nachgeladen hatten. Aus kürzester Distanz wirkte diese zweite Salve des Gegners verheerend. Die überlebenden Rotröcke, die, wie alle Briten an diesem Tag, noch keine Verpflegung erhalten hatten und den gesamten Vormittag marschiert waren, konnten ihren ersten Schock jedoch überwinden und griffen weiter an. Schließlich konnten sie die Virginier auf einen Hügel am rechten Rand des Schlachtfeldes zurückdrängen.

In der Zwischenzeit hatte Colonel James Webster mit dem linken britischen Flügel bereits die zweite amerikanische Linie erreicht. Das Gelände war hier schwieriger, Baumgruppen und ganze Waldstücke behinderten ein geschlossenes Vorrücken seiner drei Regimenter, und das Gefecht zerfaserte schnell in viele Einzelaktionen. Obwohl das Gelände der aufgelockerten Kampfweise der Milizionäre sehr entgegenkam, glückte den Briten schließlich der Durchbruch beiderseits der New Garden Road. Vor ihnen lag aber noch mit der dritten amerikanischen Linie am Court House die schwierigste Aufgabe. Aus Sicht General Greenes hatten die Milizen ihren Auftrag weitgehend erfüllt und Cornwallis' Truppen so weit dezimiert, dass der Hauptkampf jetzt unter gleichen Bedingungen stattfinden konnte. Die Briten hatten zwar unter Mühen die beiden ersten Stellungen der Amerikaner überwunden, besaßen danach aber keine Reserven mehr. Colonel Websters erster Angriff mit seinem 33. Regiment an der Spitze, ohne Abstimmung mit den noch folgenden Regimentern vorgetragen, endete dann auch in einem Desaster. Mit einem Bajonettangriff trieben die Kontinentalen aus Maryland die überlebenden Angreifer in den Wald zurück. Webster selbst erhielt in dieser Phase einen Schuss ins Knie.[244]

Das britische Gardebataillon rückte kurz danach auf der rechten Seite der New Garden Street gegen das Versammlungshaus an der Weggabelung vor und drängte das Maryland-Regiment, das den linken Flügel der Amerikaner deckte, weit zurück. In dieser kritischen Lage entschied sich Greene, seine kleine Kavalleriereserve, die unter dem Kommando von William Washington stand, gegen die britische Garde einzusetzen. Völlig überrascht von der Reiterattacke, drohte die Garde auseinanderzubrechen. Cornwallis hatte mit Sorge Washingtons Angriff mitverfolgt und sah jetzt keinen Ausweg mehr, als seine drei Geschütze mit Kartätschen ohne Unterschied auf Freund und Feind schießen zu lassen. Seine brutale Entscheidung hatte Erfolg. Entsetzt wichen die Reiter, jetzt auch von Tarletons Kavallerie verfolgt, auf ihre Ausgangsstellung zurück. Das Gardebataillon, das die Schlacht mit knapp 500 Mann begonnen hatte, zählte inzwischen nur noch die Hälfte seiner Ausgangsstärke, von 19 Offizieren waren am Ende des Tages elf tot oder verwundet. Obwohl Greenes Strategie bisher durchaus aufgegangen war und Cornwallis' Armee nach dem Durchstoßen der ersten beiden amerikanischen Linien bereits ein Viertel ihrer Stärke eingebüßt hatte, fürchtete der Amerikaner um seinen linken Flügel und brach die Schlacht ab. Eine Gefährdung seiner Armee wollte Greene im Einvernehmen mit Washington um jeden Preis vermeiden. Ihr Untergang hätte auch das Ende der Revolution bedeuten können.

Vom erschöpften Gegner kaum behelligt, ließ Greene seine Truppen auf der Reedy Fork Street nach Westen abrücken und vertraute die nicht mehr transportfähigen Verwundeten der Pflege der Quäker von New Garden an.[245] Da sämtliche Zugpferde getötet worden waren, musste er auch seine vier Geschütze den Briten als Beute überlassen.

Cornwallis' Regimenter beherrschten nach zweistündigem Kampf das Schlachtfeld, und der General mochte sich sogar einreden, dass er einen Sieg errungen habe.[246] Die Amerikaner spotteten dagegen, dass noch ein weiterer derartiger Erfolg die Briten vollends ruinieren würde, und waren sich darin sogar mit Charles James Fox einig, einem entschiedenen Kritiker der britischen Amerikapolitik im Parlament.[247] Tatsächlich hatte Cornwallis' Armee bei Guilford Court House mehr als 500 Mann verloren und damit ein Viertel ihrer Ausgangsstärke eingebüßt. Greene hatte dagegen nur halb so hohe Verluste erlitten und konnte außerdem darauf rechnen, dass viele der versprengten Milizionäre sich später wieder bei ihm einfinden würden. „Seine Männer seien in guter Verfassung und vollkommen bereit für eine neue Schlacht", schrieb er selbstbewusst an den Kongress. Hätte jedoch Tarleton noch jene Reiter gehabt, die er bei Cowpens eingebüßt hatte, wäre die Lage der Amerikaner gewiss eine andere gewesen. Vielleicht wäre aus dem britischen Erfolg noch in der Verfolgung ein zweites Camden geworden und Cornwallis hätte den Kampf um die Sympathien der Bewohner der beiden Kolonien mit neuem Schwung führen können. Jetzt aber musste sich der britische General eingestehen, dass der Feldzug nach North Carolina trotz seines Sieges vom 15. März bei Guilford Court House ein Fehlschlag war. Cornwallis beschloss, mit dem Rest seiner Armee zur Küste nach Wilmington zu marschieren, wo er die angeschlagenen Truppen besser versorgen könnte und sie Gelegenheit hätten, sich von den Strapazen der letzten Monate zu erholen. Nachdem Greene den abziehenden Briten noch eine kurze Strecke gefolgt war, besann er sich plötzlich eines anderen und führte seine Armee nach South Carolina. Mochte ihm Cornwallis nur folgen, während er die isolierten britischen Garnisonen in der Kolonie nacheinander angreifen würde. Doch sein Widersacher hatte andere Pläne, als sich ein zweites Mal an die Fersen der Amerikaner zu heften. Am 25. April 1781 verließ Cornwallis Wilmington und marschierte mit seiner Armee nach Norden. Sein neues Ziel war Virginia, die größte und reichste aller 13 rebellierenden Kolonien. Abgesehen von einem kleinen Detachement unter La Fayette, den Washington mit der Jagd nach dem Verräter Benedict Arnold beauftragt hatte, war die Kolonie fast vollkommen wehrlos. Sämtliche virginischen Milizen kämpften mit Greene in South Carolina. Wer Virginia kontrollierte, beherrschte nach Cornwallis' Überzeugung den gesamten Süden. Nur dort konnte der ständige Zustrom an Männern und Nachschub für General Greene unterbrochen werden. Zudem ließ sich in der Chesapeake Bay eine britische Marinebasis aufbauen, sodass New York auf lange Sicht aufgegeben werden konnte. In Virginia musste die Entscheidung des Krieges fallen. Der Marsch nach Yorktown hatte begonnen.

Eine letzte Kampagne oder der Friede – Vergennes setzt alles auf eine Karte

> *„Alles drängt uns dazu, diesen Krieg endlich zu beenden. Die Mittel zu seiner Fortsetzung schwinden mit jedem Tag, und das uns bisher gezeigte Wohlwollen Europas könnte schon bald umschlagen. Um uns vor diesen Unpässlichkeiten zu bewahren, müssen wir jetzt alle unsere Kräfte darauf richten, den Krieg zu einem Ende zu bringen. Dies wird allerdings kaum ohne einen großen Erfolg zu bewirken sein. Sollte er uns glücken, werden wir einen ehrenvollen Frieden haben, andernfalls aber müssten wir es wenigstens nicht als Schande empfinden, alles dazu versucht zu haben, was in unserer Macht lag."*
>
> Brief des Grafen Vergennes vom 14. Februar 1781 an Minister Floridablanca[248]

Bei Anbruch des siebten Kriegsjahres war, ausgelöst durch den Aufstand der amerikanischen Kolonisten gegen das britische Mutterland, der alte Weltkrieg Englands gegen die beiden bourbonischen Mächte Frankreich und Spanien in vollem Umfang wieder aufgelebt. Inzwischen kämpfte man im Ärmelkanal, in der Karibik, in Afrika und sogar auf dem indischen Subkontinent. Großbritannien sah sich nicht nur mit einer überlegenen Koalition aus Spaniern, Franzosen und Kolonisten konfrontiert, der zuletzt auch noch die Generalstaaten beigetreten waren. Nicht weniger Sorge bereitete London auch die wachsende Feindseligkeit der nordeuropäischen Staaten. Russland, Schweden und Dänemark hatten sich inzwischen zu einer bewaffneten Neutralität zusammengeschlossen und für ihren Handel den Zugang zu den Häfen Spaniens und Frankreichs erzwungen. Anfang 1781 legte das Zarenreich gemeinsam mit Österreich den Kriegsparteien sogar das Angebot einer Mediation des Konflikts vor. Beide Mächte versprachen sich davon einen Prestigegewinn und die Zarin außerdem eine Annäherung an Frankreich.[249] Nach dem alten lateinischen Grundsatz des *uti possidetis* (vollständig *uti possidetis, ita possideatis*, „Wie ihr besitzt, so sollt ihr besitzen"), wonach jede der Kriegsparteien das behalten soll, was sie gerade besetzt hielt, würde Großbritannien im Besitz von New York, Florida, Georgia, der beiden Carolinas und etlicher Stützpunkte in Virginia und Vermont bleiben. Der Rest der Kolonien dürfte demnach seine Unabhängigkeit behalten, wäre aber zukünftig nur ein Klientelstaat der Franzosen.

Offiziell ging Frankreichs Außenminister Vergennes zwar nicht auf die russische Note ein, leitete sie aber an Franklin weiter, dem sie, wie der Franzose wusste, nicht gefallen würde. Schon jetzt vermochten sich die Vereinigten Staaten nur noch mithilfe Frankreichs im Krieg zu halten, und in Versailles wuchs mit jedem Tag der Unmut über General Washingtons fortgesetzte Passivität vor New York. Seit drei Jahren trug Frankreich die Hauptlast dieses Kampfes, hatte wiederholt Geschwader in die Karibik entsandt, seine besten Soldaten vor Savannah und St. Lucia geopfert und schließlich sogar einen großen Teil seines Kredits verspielt, um den unfähigen Kongress im Krieg zu halten. Angesichts geleerter Kassen und des beklagenswerten Zustands der amerikanischen Verbündeten sah Vergennes keine andere Option, als 1781 noch einmal mit allen Kräften einen gemeinsamen Erfolg anzustreben. Sollte dieser Versuch jedoch misslingen, musste unbedingt Frieden geschlossen werden.[250]

An der Themse wiederum waren die Minister des Königs über die desolate Lage der französischen Staatsfinanzen gut orientiert, und der Rücktritt von Finanzminister Jacques Necker im Mai 1781 hatte in Europa das Vertrauen in Frankreichs Kreditwürdigkeit weiter erschüttert. Dass auch Spanien inzwischen an Kriegsmüdigkeit litt, war in Whitehall ebenfalls kein Geheimnis mehr. Lord Germains Sekretär Richard Cumberland war bereits im Dezember als britischer Unterhändler in geheimer Mission nach Madrid gereist, um über ein Ende der Kämpfe zu verhandeln. Der Preis für den Frieden war bekannt. Allein die Sorge vor der öffentlichen Meinung schreckte die Minister des Königs noch davon ab, den Spaniern durch die Rückgabe Gibraltars den entscheidenden Schritt entgegenzukommen. Tatsächlich war der „Felsen" für Großbritannien längst zu einer lästigen Bürde geworden. Gerade in diesem Frühjahr hatte ein Versorgungskonvoi aus 70 Transportschiffen für die isolierte Festung noch einmal fast 30 Linienschiffe als Begleitschutz beansprucht. Erst am 12. April 1781 traf dieses kaum entbehrliche Geschwader nach glücklich vollbrachter Mission wieder in Portsmouth ein. Zu spät, wie sich bald herausstellen sollte.

Immerhin konnte Staatssekretär Germain von den so lange versprochenen 10 000 Soldaten für New York wenigstens die Hälfte über den Atlantik schicken. Noch stand man in London unter dem euphorisierenden Eindruck von Cornwallis' Sieg bei Camden, während bereits im Januar 1781 zwei britische Kontingente unter den Generalen Benedict Arnold und William Phillips ungehindert Virginias Plantagen verwüsteten und überall die Sklaven befreiten. Selbst mit französischer Hilfe schienen die Rebellen nicht mehr lange durchhalten zu können. Es fehlte ihrer Armee inzwischen am Nötigsten, die einzelnen Kolonien lieferten wenig und selbst der Kongress war schon seit Monaten nicht mehr vollzählig, da sich viele Delegierte den Aufenthalt in Philadelphia kaum noch leisten konnten. Auf dem Marsch nach Virginia musste der Marquis de La Fayette bereits seinen persönlichen Kredit einsetzen, um in Baltimore Verpflegung, Uniformen und Schuhe im Wert von 2000 Pfund für seine Leute einkaufen zu können.[251] Wie nahe die „ruhmreiche Sache" bereits ihrem Ende war, zeigte eine gefährliche Meuterei im amerikanischen Winterlager von Morristown, wo Anfang Januar Soldaten einer Brigade aus Pennsylvania wegen der unhaltbaren Zustände sogar zwei ihrer Offiziere töteten. Die Affäre drohte weiter zu eskalieren, als General Anthony Wayne, der verantwortliche Kommandeur, mit gespannter Pistole vor seine Leute trat, um sie in ihre Quartiere zu zwingen. Doch die wütenden Soldaten wichen nicht von der Stelle, drohten dem General sogar mit ihren Bajonetten und zwangen Wayne, sich alle ihre Beschwerden anzuhören, die jeder amerikanische Offizier allerdings nur zu gut kannte. Fast alle Männer hatten schon ein Jahr lang keinen Sold mehr erhalten, viele dienten barfuß und buchstäblich in Lumpen, während einige Meuterer darauf bestanden, nach dem Ende ihrer dreijährigen Verpflichtungszeit endlich nach Hause gehen zu können. Obwohl Washington Wayne befahl, den beabsichtigten Marsch der Brigade nach Philadelphia zu verhindern, machten sich die meisten Soldaten auf den Weg zum Delaware. Zu Washingtons Verdruss nahm sich der Kongress der Sache an und beauftragte den Delegierten Joseph Reed mit den Verhandlungen. Er traf in Trenton auf die Meuterer und sah sich am Ende gezwungen, in fast allen Punkten nachzugeben. 1250 Männer durften die Armee verlassen, wodurch sich der Personalbestand von Waynes Pennsylvania-Brigade um die Hälfte reduzierte.[252]

Sämtliche Hoffnungen der Amerikaner ruhten zu Beginn des siebten Kriegsjahres auf Vergennes und den Franzosen, die sich tatsächlich zu einer letzten Kraftanstrengung bereit zeigten. Zwar fiel die Verstärkung für General Rochambeaus Expeditionskorps mit nur 600 Mann eher kleinlich aus, doch als am 22. März 1781 ein Geschwader aus 22 Linienschiffen unter dem Befehl von Admiral François Joseph Paul de Grasse unbehelligt den Hafen von Brest verlassen konnte, war Großbritannien einmal mehr von den Franzosen überrumpelt. Von Marineminister La Croix de Castries persönlich verabschiedet, nahm der 59-jährige Admiral aus Le Bar-sur-Loup bei Nizza, der seine Karriere in der Flotte der Malteser Johanniter begonnen und bereits als Kapitän an Admiral d'Estaings Fahrt nach Amerika teilgenommen hatte, zunächst Kurs auf Martinique. De Grasse hatte allerdings von Vergennes keinen festen Auftrag erhalten, sondern sollte nach den Umständen handeln. Er könne entweder das französische Geschwader in Rhode Island verstärken und eine mögliche Landoperation der Amerikaner gegen New York oder Virginia unterstützen oder mit den Spaniern einen gemeinsamen Schlag gegen Jamaica führen. Die britische Flotte schien erheblich geschwächt, nachdem im Oktober 1780 ein Orkan etliche Karibikinseln verwüstet und auch ein Dutzend britischer Kriegsschiffe zerstört oder unbrauchbar gemacht hatte.[253]

Als das französische Geschwader nach nur fünfwöchiger Überfahrt Ende April ohne Verluste vor Martinique eintraf, hatte sich damit die maritime Lage in Amerika entscheidend zugunsten der Verbündeten geändert. Zwar versuchte Rear-Admiral Samuel Hood, 1. Viscount Hood, der gerade mit seinem Geschwader die Nachbarinsel St. Lucia blockierte, die Ankömmlinge mit den 17 ihm verbliebenen Linienschiffen zum Kampf zu stellen, doch mochte de Grasse sich trotz deutlicher Überlegenheit vorerst nicht auf eine Konfrontation einlassen und zog es stattdessen vor, am 6. Mai 1781 im Hafen von Fort

Royal auf Guadeloupe vor Anker zu gehen. Vier Linienschiffe, die Hood bisher in der Bucht von St. Lucia blockiert hatte, nutzten ihre Freiheit, um sich kurz darauf mit der französischen Hauptmacht zu vereinigen.

George Washington erhielt die erlösende Nachricht von de Grasses Eintreffen in der Karibik nur wenige Tage später in seinem Quartier in New Windsor am Hudson. Sofort bat er Rochambeau, sich mit ihm in Wethersfield in Connecticut zu treffen. Er spürte, dass nach quälenden Jahren der Stagnation der Krieg endlich in eine entscheidende Phase eingetreten war. Mithilfe von de Grasses Geschwader ließe sich jetzt sogar sein jahrelang gehegter Traum von der Rückeroberung New Yorks realisieren. Die Stadt war seine offene Wunde, seit er sie fünf Jahre zuvor an Howe verloren hatte. Die Stärke der britischen Armee in New York schätzte Washington nach den Abstellungen von Leslie und Phillips auf nur noch 7000 Mann. Zusammen mit dem französischen Expeditionskorps und etlichen neuen Milizregimentern hoffte Washington, die verbündete Armee vor der Stadt auf die doppelte Stärke zu bringen und nach Eintreffen der französischen Schiffe auch die Kontrolle über den Hudson zu gewinnen. Rochambeau war über die New Yorker Obsession seines amerikanischen Alliierten irritiert und argumentierte, dass der Schlag gegen die Briten unbedingt in Virginia geführt werden müsse. Die nördlichen Staaten seien längst vollkommen gesichert und über kurz oder lang werde Clinton ohnehin New York aufgeben müssen. An Admiral de Grasse schrieb der Franzose nach dem Treffen, dass er mit seiner Flotte, sollte er tatsächlich nach Norden segeln, die Chesapeake Bay an der Küste Virginias ansteuern solle.[254]

Lord Cornwallis' Krieg in Virginia – Der Weg nach Yorktown

„Was ist denn nun unser großer Plan? Ohne einen solchen werden wir jedenfalls keinen Erfolg haben, und ich selbst bin es inzwischen müde, kreuz und quer auf der Suche nach Abenteuern durch dieses Land zu ziehen. Wenn wir noch einmal die Offensive ergreifen wollen, sollten wir New York aufgeben und alle unsere Kräfte auf Virginia konzentrieren. Bleiben wir jedoch in der Defensive, dann lasst uns die beiden Carolinas aufgeben, die nicht verteidigt werden können, und lieber bei dem gepökelten Schweinefleisch in New York bleiben, während wir gelegentlich ein Detachement nach Virginia schicken, um Tabak zu stehlen."

General Cornwallis an General William Phillips in Virginia[255]

Noch während Washington mit den Franzosen in Wetherfield konferierte, traf Lord Cornwallis nach einem Marsch von fast 400 Kilometern in Petersburgh am Appomattox River ein und vereinigte sich am 20. Mai mit den beiden von Clinton entsandten Korps. Den Zug seines Untergebenen nach Virginia hatte der General von Anfang an voller Skepsis betrachtet. Er bedauere es sehr, schrieb er noch am 30. April an Cornwallis, „dass seine Lordschaft weiterhin der Auffassung ist, die beiden Carolinas könnten nur dann behauptet werden, wenn Virginia vollkommen unterworfen würde, was aber nur mit einem hohen Aufwand an Zeit und Truppen geschehen kann"[256]. Auf einen klaren Gegenbefehl hatte Clinton jedoch verzichtet. Vom Eintreffen einer neuen französischen Flotte in der Karibik hatte er zu diesem Zeitpunkt noch keine Nachricht erhalten.

Die britischen Truppen in Virginia wurden nach dem plötzlichen Tod von General Phillips Anfang Mai von General Benedict Arnold geführt, den wohl von den Amerikanern in allen Kolonien meistgehassten Mann. Schon im Frühjahr hatte Washington den jungen La Fayette mit einem zunächst kleinen Korps beauftragt, den ehemaligen amerikanischen General und Verräter in Virginia gefangen zu nehmen und ohne weitere Umstände aufzuhängen. Nachdem ihm jedoch Cornwallis' Eintreffen gemeldet worden war, änderte er den Auftrag und schickte seinem Günstling sogleich Verstärkungen, sodass La Fayette Ende Mai über knapp 4000 Mann verfügte. Damit war er jedoch den 7000 Mann, die Cornwallis inzwischen in Petersburg unter seinem Kommando vereinen konnte, immer noch deutlich unterlegen. Der Franzose hielt es daher für ratsam, sich aus Richmond nach Norden zurückzuziehen. Cornwallis folgte ihm sofort, gab aber, als er am 1. Juni 1781 Hanover Court House am York River erreichte, die Verfolgung auf und beschloss stattdessen, sämtliche Einrichtungen der Rebellen zwischen James River und York River bis hinauf nach Charlottesville zu zerstören. Dazu ließ Cornwallis 400 Pferde requirieren, um die gleiche Anzahl an Dragonern beritten zu machen. Auf die Nachricht vom Anrücken der Briten verließ das Virginia House of Bourgesses seinen Tagungsort in Richmond und floh zunächst nach Charlottesville, einer Stadt am Fuße der Blue Ridge Mountains, die ihren Namen Sophie Charlotte zu Mecklenburg-Strelitz verdankte, der Gattin Georgs III. Als jedoch Tarletons Reiter am 4. Juni, dem Geburtstag des Königs, in die Stadt eindrangen und sieben Delegierte neben einer Reihe von Offizieren der Kontinentalarmee gefangen nahmen, flüchtete der Rest weiter ins benachbarte Staunton. Wenigstens eine Woche lang war Virginia ohne Regierung.

Tarleton machte daraufhin Jagd auf Thomas Jefferson, den Gouverneur der Kolonie, den er auf dessen nahe gelegenem Gut Monticello vermutete. Obwohl ihnen der Verfasser der Unabhängigkeitserklärung, der die ungebetenen Ankömmlinge mit seinem Fernglas beobachten konnte, im letzten Moment mit Frau und Kindern entkommen konnte, verzichtete Tarleton darauf, Jeffersons Herrenhaus niederzubrennen.[257] Auch Washingtons Landsitz Mont Vermont blieb verschont, als die britische Fregatte *Savage* den Potomac River hinaufsegelte. Lediglich den 17 Sklaven des Generals verschaffte die Besatzung die Gelegenheit, das Weite zu suchen.[258]

Inzwischen stellte sich für Cornwallis die drängende Frage, was er mit seiner beachtlichen Truppenmacht unternehmen sollte, nachdem sich La Fayette einem Kampf entzogen hatte. Die bedeutendste Region Virginias war zwar innerhalb kürzester Zeit in britische Hand gefallen, Cornwallis musste aber damit rechnen, mit den hiesigen Kolonisten die gleichen ernüchternden Erfahrungen zu machen wie zuvor in den beiden Carolinas, wo inzwischen mit Ausnahme einiger Küstenstädte sämtliche britischen Positionen, darunter Ninety Six und Augusta, von General Greenes Armee eingenommen worden waren.

Cornwallis entschloss sich, vorerst nach Williamsburg auszuweichen, der alten Hauptstadt der Kolonie an der Mündung des James River, und dort die Befehle Clintons abzuwarten. Der britische Oberbefehlshaber in New York hatte Virginia nie als einen entscheidenden Kriegsschauplatz angesehen. Seine beiden Befehlshaber Phillips und Arnold waren lediglich mit dem Auftrag in die Kolonie entsandt worden, Verbände der Kontinentalarmee daran zu hindern, General Greene in den beiden Carolinas zu unterstützen, und nach Möglichkeit amerikanische Magazine zu zerstören. Vor allem aber sollten sie eine britische Marinestation bei Portsmouth am Ausgang der Chesapeake Bay errichten.[259] Auch für Cornwallis hatte Clinton jetzt keine anderen Befehle. In einem Schreiben vom 11. Juni trug er ihm auf, seine Armee bei Williamsburg, Yorktown oder in einer anderen von Seuchen freien Gegend in einer Verteidigungsposition zu konzentrieren und sich auf den baldigen Abtransport sämtlicher überzähliger Truppen nach New York einzustellen.[260] Obwohl Clinton in New York nicht weniger als 20 000 Mann unter britischer Flagge hatte, fürchtete er um seine Position auf der Halbinsel Manhattan. Die intensiven Beratungen Washingtons mit Rochambeau in Wetherfield hatten ihn aufs Höchste alarmiert, und er glaubte, nicht stark genug zu sein. Inzwischen war ihm auch bekannt geworden, dass die Flotte von Admiral de Grasse den Atlantik überquert hatte. Für den bevorstehenden Sommer glaubte der General daher, mit einem energischen Angriff der Verbündeten auf New York rechnen zu müssen. Er ahnte jedoch nicht, dass sein langjähriger Widersacher sich unter dem Einfluss Rochambeaus bereits langsam von seiner Lieblingsidee einer ruhmvollen Rückeroberung der Stadt verabschiedete. Allerdings hätte schon die Verstärkung von La Fayettes kleiner Armee um ein weiteres Detachement von 1000 Kontinentalen aus Pennsylvania unter dem Kommando von Brigadier General Anthony Wayne Clinton warnen müssen, dass nicht er, sondern Cornwallis in Gefahr war. Im Vertrauen auf seine gewachsene Stärke hatte La Fayette inzwischen den Abstand zu Cornwallis deutlich verringert und stand bei Bird's Tavern kaum 15 Kilometer von Williamsburg entfernt. Die Katastrophe von Yorktown nahm erste Konturen an.

***

Am 26. Juni hatte Cornwallis in Williamsburg den zwei Wochen alten Befehl Clintons erhalten, sofort die Einschiffung der geforderten Truppen nach New York in Portsmouth, das an der östlichen Spitze von Virginia lag, zu veranlassen. Dazu musste er allerdings auf das Südufer des James River wechseln, was angesichts der energisch nachdrängenden Rebellen nicht ohne Risiko möglich war. Inzwischen hatte La Fayette den ehrgeizigen Plan gefasst, die britische Nachhut noch auf dem Nordufer bei Jamestown anzugreifen und zu zerschlagen. Es wäre

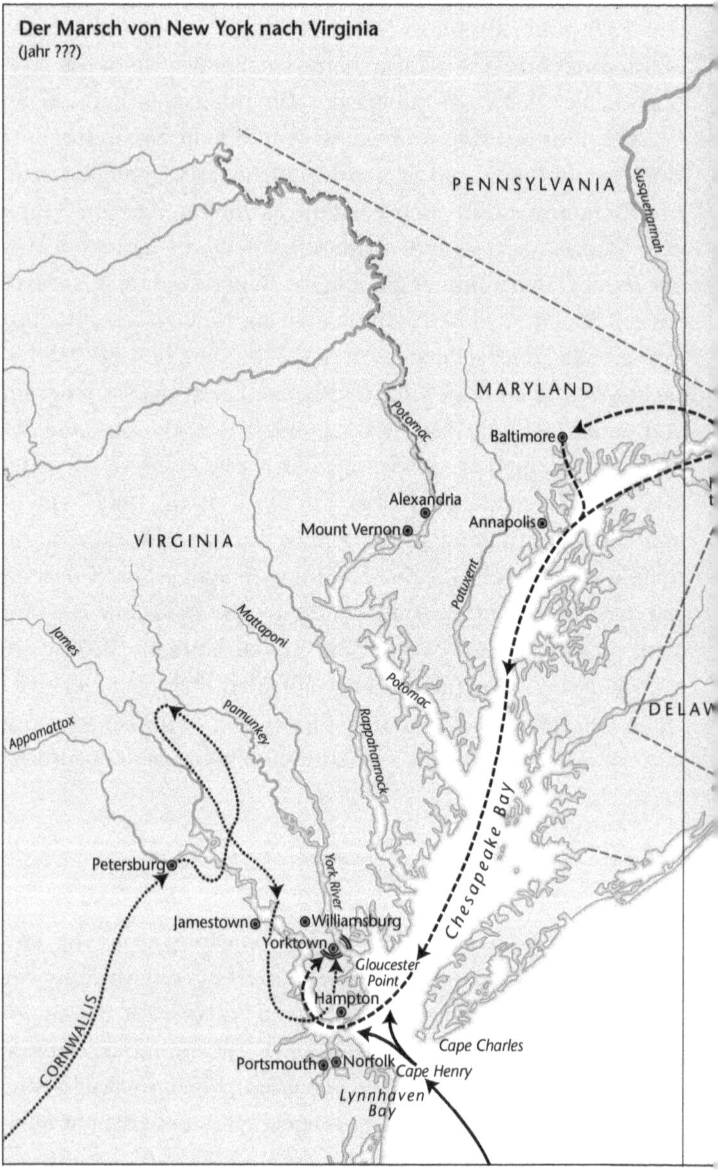

Der Marsch von New York nach Virginia.

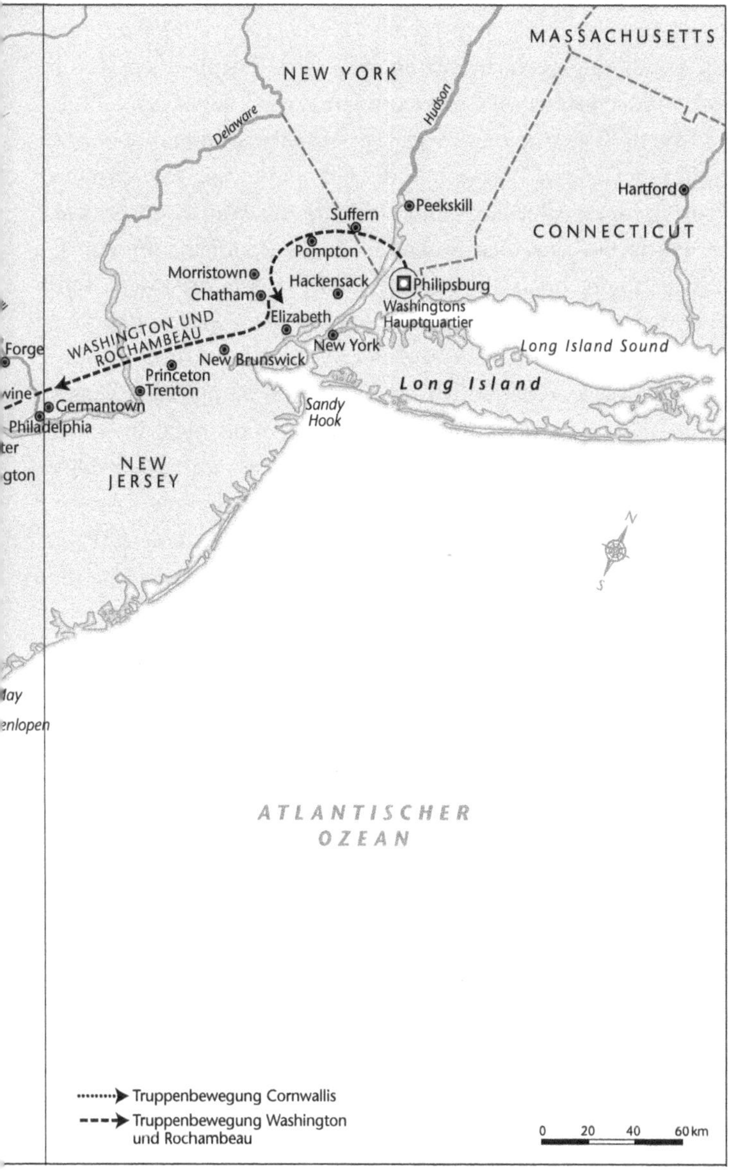
MASSACHUSETTS
NEW YORK
Hudson
Delaware
Hartford
Peekskill
Suffern
CONNECTICUT
Pompton
Morristown
Hackensack
Philipsburg
Chatham
Washingtons Hauptquartier
Elizabeth
WASHINGTON UND ROCHAMBEAU
Forge
New York
Long Island Sound
New Brunswick
Princeton
Trenton
Long Island
Germantown
Sandy Hook
Philadelphia
NEW JERSEY
N
S
ATLANTISCHER OZEAN
Truppenbewegung Cornwallis
Truppenbewegung Washington und Rochambeau
0
20
40
60 km

zweifellos ein Erfolg, würdig der Feier des fünften Jahrestages der Unabhängigkeitserklärung, den seine Truppen am 4. Juli mit Salutschüssen und einer großen Parade begangen hatten. La Fayette übertrug diese wichtige Aufgabe dem gerade eingetroffenen General Wayne und dessen beiden Regimentern aus Pennsylvania. Allerdings unterschätzte der Franzose Cornwallis' taktisches Geschick und Waynes Draufgängertum. Am 5. Juli setzte der britische General zunächst den gesamten Train über den Fluss, behielt jedoch die Masse seiner Kampftruppen auf dem Nordufer zurück. Waynes ahnungslose Pennsylvanier liefen damit in eine tödliche Falle. Zudem hatten zwei angebliche Überläufer den amerikanischen General noch in seiner Überzeugung bestärkt, dass er es lediglich mit Cornwallis' Nachhut zu tun bekäme. Wayne sah eine einmalige Gelegenheit und trieb seine Männer zur Eile an, doch vor einem Waldstück fand ihr Vormarsch ein abruptes Ende. Die Briten, die sich bisher im Schutz der Bäume verborgen hatten, traten jetzt hervor und formierten sich vor den verblüfften Amerikanern in voller Stärke zur Linie. Unter massives Feuer genommen, mussten sich die Rebellen unter 200 Mann Verlusten zurückziehen. Zu ihrem Glück war ihnen La Fayettes Hauptmacht dichtauf gefolgt und bot den Fliehenden jetzt Rückendeckung. Auch wenn Tarleton später die Ansicht verbreitete, dass an diesem Abend ein größerer Erfolg für die Briten möglich gewesen wäre, hatte Cornwallis wohl nicht unrecht, wenn er mit Rücksicht auf Clintons Befehle die Verfolgung des Gegners nach Einbruch der Dunkelheit abbrach. Er hatte sich Luft verschafft, um den Flussübergang geordnet abzuschließen und seinen Marsch nach Portsmouth fortzusetzen, wo ihn Transportschiffe der britischen Flotte erwarteten.

Kaum hatte er jedoch mit der Einschiffung seiner Truppen begonnen, erreichte ihn am 20. Juli ein weiteres Schreiben Clintons, das neun Tage zuvor abgefasst worden war und beinahe alles auf den Kopf stellte. Cornwallis war bestürzt, denn er musste allmählich an der Urteilsfähigkeit seines Vorgesetzten zweifeln. Clinton befahl ihm jetzt, entweder Portsmouth oder das gegenüber liegende Old Point Comfort zu befestigen und als Flottenstützpunkt auszubauen. Es sei sein und auch Admiral Thomas Graves' Wunsch, diesen Punkt um jeden Preis zu halten.[261] Von einer Truppenabgabe für New York war jetzt keine Rede mehr. Cornwallis möge, so Clinton unbestimmt, alle Kräfte einsetzen, die er für seinen neuen Auftrag erforderlich halte.

Am selben Tag, da Cornwallis am James River La Fayettes Vorhut schlug, traf nach einem Marsch von 18 Tagen Rochambeaus Expeditionskorps bei den Amerikanern in White Plains ein. Die Vereinigung beider Armeen am 6. Juli 1781 war in jeder Hinsicht ein denkwürdiges Ereignis. Nach elf Monaten des unschlüssigen Verharrens in Newport hatte sich Rochambeaus kleines Expeditionskorps endlich in Marsch gesetzt, um Frankreichs letzte Chance zu einem nachdrücklichen Erfolg in den amerikanischen Kolonien zu ergreifen. Doch der Anblick der zu ihrem Empfang aufmarschierten Regimenter der Kontinentalarmee musste die Franzosen in ihren adretten weißen Uniformen zutiefst irritieren. Die wenigsten Soldaten in Washingtons Aufgebot trugen Stiefel oder Schuhe, manche mussten gar ihre Blöße mit einer um die Hüften gewickelten Decke schützen. Bei der Parade am nächsten Tag fiel den bestürzten Franzosen auch die ungewöhnlich große Zahl an Jugendlichen und Alten in den Reihen der Amerikaner auf. Am vertrauenerweckendsten wirkten noch die schwarzen Soldaten, die nach dem Urteil eines französischen Offiziers einen zuversichtlichen und robusten Eindruck machten und wohl bereits ein Viertel der gesamten Stärke der Amerikaner ausmachten.[262]

Bei einer Konferenz mit Rochambeau acht Tage später vollzog Washington die endgültige Abkehr von seinen Plänen zur Einnahme von New York. Den letzten Ausschlag für seine Entscheidung gab ein von beiden Generalen angesetzter Aufklärungsvorstoß, wonach sich die britischen Stellungen auf Manhattan als zu stark erwiesen hätten. Die Franzosen sollten daher ihren Willen haben und Admiral de Grasse mochte Kurs auf die Chesapeake Bay nehmen. Die beiden Befehlshaber standen jetzt allerdings unter Zeitdruck, denn die französische Flotte würde längstens bis Ende Oktober in den Gewässern vor Virginia ausharren können. Am 14. August erhielten die Verbündeten die erhoffte Bestätigung: Die französische Flotte war bereits elf Tage zuvor mit 29 Linienschiffen, vier Fregatten und 3200 Marinesoldaten von Haiti aus in Richtung Virginia ausgelaufen. Keine fünf Tage später brachen insgesamt 7000 Mann der beiden verbündeten Armeen bei strömendem Regen zum Hudson auf, um den Fluss an zwei Stellen mit Fährbooten zu überqueren.

Sir Henry Clinton war zwar über den Abmarsch der Amerikaner und Franzosen am 19. August rechtzeitig informiert worden, sah aber keinen Anlass, den Flussübergang durch einen Angriff zu stören. „Ich verstehe die Gleichgültigkeit nicht, mit der General Clinton unseren Bewegungen zusieht", wunderte sich Wilhelm Freiherr von Zweybrücken später in seinen Memoiren. „Ein Feind, der auch nur ein wenig Kühnheit und Geschick besäße, hätte eine für ihn so günstige und für uns so schwierige Gelegenheit ausgenutzt."[263]

Dass die Überquerung des Hudson bereits der Auftakt zu einer großen Rochade nach Virginia sein würde, wussten in den beiden alliierten Armeen nicht einmal die eigenen Offiziere. „Wir werden den Feind niemals täuschen können, wenn wir nicht unsere eigenen Soldaten täuschen", rechtfertigte Washington seine Vorsicht gegenüber den erstaunten Franzosen.[264] Hinzu kam, dass Amerikaner und Franzosen ihren gemeinsamen Marsch zunächst nach Süden auf Newark fortgesetzt hatten, sodass Clinton auch eine Einschiffung des Gegners bei Sandy Hook nicht ausschließen konnte. Ein Angriff auf New York schien daher auch jetzt noch denkbar. Was immer auch Washington und Rochambeau planen mochten, es könnte, so ahnte der britische Oberbefehlshaber, vielleicht schon ihre letzte Anstrengung in diesem Krieg sein. Die Franzosen hatten bereits wiederholt eine große Flotte in die Karibik geschickt, damit aber nur wenig ausrichten können. Gelänge es Clinton also bis zum Beginn des Winters, eine Niederlage zu vermeiden, wären ein baldiges Ende des Krieges und ein günstiger Friede nicht mehr ausgeschlossen. Sollten allerdings Washington und Rochambeau tatsächlich nach Virginia marschieren, könnte Cornwallis' Armee in äußerste Gefahr geraten, wenn zusätzlich Admiral de Grasses Flotte ihren Abzug aus der Chesapeake Bay blockierte.

Der Ring um Cornwallis begann sich bereits abzuzeichnen, aber noch stand seiner Armee der Landweg nach North Carolina offen. Seit seinem unautorisierten Marsch nach Virginia war der General jedoch demonstrativ bemüht, sämtliche Befehle Clintons genauestens zu befolgen. Dieser wiederum änderte seine Anweisung für Cornwallis' Armee selbst dann nicht, als nach dem Rechtsschwenk der Franzosen und Amerikaner auf New Brunswik und Princeton für ihn kein Zweifel mehr daran bestehen konnte, dass Virginia das neue Ziel der Verbündeten war.

In der Falle – Die Belagerung und Kapitulation von Yorktown

„Die Verteidigung des Platzes war durchaus nicht schwach. Auf beiden Seiten war das Städtchen im Osten und Westen durch Sümpfe geschützt, und die halbe Meile im Zentrum dieser beiden natürlichen Hindernisse war ebenso wie die Passage durch die Sümpfe durch starke Schanzen gedeckt. Innerhalb dieser Verteidigung befand sich um die Stadt selbst eine zweite Linie mit Brüstungen, Palisaden, Batterien und weiteren Schanzen. Doch der von dieser inneren Linie umgrenzte Raum betrug nicht mehr als 1200 Meter in der Länge und 500 Meter in der Breite.“

Sir John Fortescue, *The War for Independence*[265]

Im Vertrauen auf General Clintons wiederholte Zusicherungen, dass die britische Flotte stark genug sei, den Seeweg nach Yorktown offen zu halten, hatte Cornwallis gemäß seiner gültigen Order Anfang August mit der Anlage von Feldbefestigungen begonnen. Das Städtchen am Nordufer der Williamsburg-Halbinsel mit seinen 300 Häusern, drei Kirchen und einer stattlichen Town Hall gruppierte sich größtenteils um eine oberhalb der Uferböschung verlaufende Hauptstraße. Lagerhäuser, Bootsstege und Schnapskneipen prägten das Bild von Yorktown auf der Wasserseite. Darüber reihten sich auf der gegenüberliegenden Seite der Straße viele schmucke, von Gärten umgebene Ziegelhäuser im georgianischen Stil, die allerdings schon von vielen ihrer Bewohner, darunter etliche wohlhabende Händler, Ladenbesitzer und Tabakpflanzer, unter Mitnahme aller Habseligkeiten verlassen worden waren. Der aus der Markgrafschaft Bayreuth stammende Soldat Johann

Conrad Döhla aus der 4. Kompanie des Bayreuther Regiments, das Anfang August in Yorktown einrückte, klagte in seinem Tagebuch, dass in den Häusern kaum noch Essbares aufzufinden sei. Schon wenige Wochen später sollte es für die Angehörigen des Regiments nur noch verrottete Schiffsverpflegung und Schiffszwieback voller Würmer geben, was im Zusammenspiel mit dem Genuss von salpeterversuchtem Wasser viele Männer mit Durchfall oder Ruhr aufs Krankenlager warf.[266]

Am westlichen Ortsausgang führte die Straße nach einem Knick über den kleinen York Creek, einen Nebenarm des York River, in das etwa 15 Kilometer entfernte Williamsburg. Cornwallis ließ diesen Punkt durch die Anlage einer Schanze sichern, die von den Füsilieren des 23. Regiments besetzt wurde. Auf der Ostseite von Yorktown verlief die Hauptstraße in gerader Linie zur Spitze der Halbinsel nach Hampton Road. Das Vorgelände des Städtchens war hier durch den Wormley Creek geprägt, der eine kleine Landzunge mit einem einzelnen Gebäude, dem Moore's House, vom Hauptstrand abspaltete.

Im Vergleich zu Portsmouth und Old Point Comfort bot Yorktown ausreichende Ankermöglichkeiten für Linienschiffe in Ufernähe und schien nach der Besetzung des Brückenkopfes von Gloucester, der in etwa 800 Meter Entfernung auf der gegenüberliegenden Seite in den York River ragte, auch zur Wasserseite hinreichend geschützt zu sein. Gloucester sollte in den kommenden Wochen zu einer unerlässlichen Lebensader für die Belagerten werden, da britische Jäger vorerst noch ungehindert Lebensmittel und Fourage auf dem Nordufer requirieren konnten. Zudem war der kleine Brückenkopf an seiner Landfront leicht zu verteidigen.

Dagegen stießen die Bemühungen der Briten, Yorktown zu befestigen, auf eine Reihe erheblicher Hindernisse. Zwar verlief südlich der letzten Häuser in einem Abstand von etwa 600 bis 700 Metern ein halbmondförmiger Höhenzug, der mit etlichen Hohlwegen und feuchten Senken gute Verteidigungsmöglichkeiten bot, die Truppen aber zu sehr exponierte. Im Osten fand diese Erhebung ihre Verlängerung in einem zweiten Höhenzug, der sich in etwa demselben Abstand in einem Bogen um die östliche Flanke von Yorktown bis zum Flussufer zog und die Landzunge mit Moore's House von der Stadt abtrennte. Zusammen hätten beide Erhebungen den Briten erhebliche Vorteile geboten. Cornwallis glaubte jedoch, nicht genügend Truppen zu ihrer Besetzung zu haben, und beschloss daher die Räumung der äußeren Linie. Eine Bewaffnung der befreiten Schwarzen, die er bisher als Schanzarbeiter eingesetzt hatte, oder eine Schwächung des Gloucester-Brückenkopfs verwarf er.

Von Anfang an dürfte Cornwallis klar gewesen sein, dass er sich in Yorktown gegen eine nach den damaligen Regeln geführte Belagerung durch eine überlegene Armee nicht lange würde halten können. Die Stadt drohte dann zu einer Falle zu werden. Doch der Sieger von Camden und Guilford Court House hoffte noch immer auf die ihm aus New York zugesagten Verstärkungen. Dort musste allerdings Clinton die sich anbahnende Katastrophe wie ein *Déjà-vu* vorkommen. Keine vier Tagesreisen zur See entfernt drohte in Virginia ein zweites Saratoga. Allerdings besaß Clinton, anders als vier Jahre zuvor, noch einige Optionen. Als am 25. August das französische Geschwader von Admiral Jacques-Melchior Saint-Laurent, comte de Barras, mit acht Linienschiffen und einigen Dutzend Transportern den Hafen von Newport verließ, hätte schon das Abfangen dieses Konvois den Briten in Yorktown spürbare Entlastung bringen können; denn auf den Schiffen der Franzosen befand sich die gesamte schwere Artillerie für Rochambeau. Doch Admiral Graves zeigte keine Eile und schaffte es erst fünf Tage später, mit seiner Flotte aus New York auszulaufen. Inzwischen war auch Admiral Hood mit 14 Linienschiffen aus der Karibik vor Manhattan eingetroffen. Hood hatte die Vertretung von Admiral Rodney übernommen, der wegen einer Erkrankung nach England zurückgekehrt war. Sein Geschwader steuerte zunächst die Chesapeake Bay an, als Hood jedoch am 25. August dort eintraf, ohne eine Spur von Admiral de Grasse zu finden, segelte er weiter nach Norden, um Admiral Graves' Hauptgeschwader vor New York zu verstärken. Inzwischen hatte sich jedoch gezeigt, dass Admiral de Barras' Schiffe von Newport aus ganz offensichtlich Kurs auf New Jersey und weiter nach Süden genommen hatten. Ihr Ziel war also nicht Sandy Hook, sondern die Chesapeake Bay, die auch de Grasse ansteuerte.

Hood hatte bei seinem Eintreffen vor der Küste Virginias nicht einkalkuliert, dass seine mit Kupferplatten beschlagenen Schiffe schneller als die der Franzosen gesegelt waren, und aus der Abwesenheit von de Grasse den falschen Schluss gezogen, dass dessen tatsächliches Ziel New York sei. So konnten die Franzosen nur vier Tage nach Hoods Weiterfahrt ungehindert mit 28 Linienschiffen in die Chesapeake Bay eindringen. Für die Briten war das Erscheinen der gesamten gegnerischen Flotte vor der amerikanischen Küste eine böse Überraschung. Selbst der umsichtige Rodney hatte zuvor angenommen, dass de Grasse mit höchstens zehn Schiffen nach Norden segeln würde. Doch der Franzose hatte, anders als die vorsichtigen Briten, den Mut zum vollen Risiko aufgebracht und nicht eines seiner Linienschiffe in der Karibik zurückgelassen. Mit einer einzigen Entscheidung hatte er den Angelpunkt der britischen Strategie in Amerika über den Haufen geworfen. Sollte es dem Franzosen jetzt auch noch gelingen, sich mit Admiral de Barras' Geschwader aus Newport zu vereinigen, so würde er über eine unangreifbare Übermacht von 35 Linienschiffen verfügen. Der unerwartete Verlust der maritimen Überlegenheit machte alle bisherigen Hilfszusagen Clintons zu Makulatur. Cornwallis saß in der Falle.

Bei ihrem Eindringen in die Bucht traf die französische Flotte am 29. August nur auf zwei ankernde britische Fregatten, von denen die erste sogleich zum Streichen der Flagge gezwungen wurde. Das zweite Schiff konnte jedoch in den York River entkommen. Kurz darauf ließ Admiral de Grasse die mitgeführten 3200 Marinesoldaten unter Brigadegeneral – *Maréchal de Champs* – Claude-Anne de Rouvroy de Saint Simon am James River landen, wo sie La Fayettes Armee entscheidend verstärkten. De Grasse ließ zunächst drei seiner Linienschiffe vor der Mündung des York River zurück und bezog danach mit dem Rest seiner Flotte Aufstellung in der Lynhaven Bay hinter Cape Henry am Ausgang der Chesapeake Bay.

Nur wenige Tage später, am 5. September, erschienen die Briten vor der Bucht. Admiral Graves befehligte insgesamt 18 Linienschiffe, mit denen er sich auf der Suche nach de Barras' Konvoi machte. Als er den Mastenwald der französischen Schiffe hinter Cape Henry entdeckte, dürfte ihm sofort klar geworden sein, dass England kurz davorstand, diesen Krieg zu verlieren. Graves war ein bedächtiger Befehlshaber und de Grasse an Schiffen um ein Drittel unterlegen, doch ihm blieb keine andere Wahl, als einen Kampf zu versuchen. Immerhin stand der Wind günstig für die Briten, und ein Rodney oder zwei Dekaden später ein Nelson hätte wohl die Gelegenheit ergriffen, die noch ungeordnete Spitze des Gegners schon beim Verlassen der Bucht einzeln zu attackieren. Auch Hood, der einen Teil der Flotte befehligte, klagte später gegenüber dem Ersten Lord der Admiralität, John Montagu, 4. Earl of Sandwich, dass die britische Flotte an jenem Tag eine reiche und wunderbare Ruhmesernte versäumt habe.[267]

Graves agierte an jenem entscheidenden Tag jedoch nach Handbuchmanier und wartete ab, bis sich das französische Geschwader voll zur Linie entfaltet hatte. Der sich daraufhin entwickelnde Schlagabtausch war die wohl wichtigste Seeschlacht des 18. Jahrhunderts. Die französische Vorhut führte Admiral

Louis-Antoine de Bougainville, der sich in ganz Europa einen Namen gemacht hatte, nachdem ihm 1766/67 als erstem Franzosen mit den Fregatten *Boudeuse* und *Étoile* eine Weltumsegelung geglückt war. Vor Quebec hatte Bougainville fast auf den Tag genau vor 22 Jahren als Adjutant von Louis-Joseph de Montcalm-Gozon, marquis de Saint-Véran, miterleben müssen, wie das französische Kanada verloren ging. Am 5. September 1781 wurde er nunmehr Zeuge, wie England sein amerikanisches Imperium verlor.

Beide Flotten beschossen sich über mehrere Stunden auf parallelem Kurs. Es war das klassischer Muster einer Seeschlacht, in der gewöhnlich keine Partei einen entscheidenden Vorteil erringen kann. Gleichwohl entschied der Ausgang dieser Schlacht die Zukunft Amerikas. Auf beiden Seiten waren nicht nur die Kräfte ungleich verteilt, sondern auch die Optionen. Graves musste die überlegenen Franzosen unbedingt schlagen, um Cornwallis' Armee zu retten, de Grasse hingegen konnte sich damit begnügen, die Schlacht nicht zu verlieren. Erst bei Einbruch der Dunkelheit ließen die Kontrahenten voneinander ab. Etliche Schiffe der britischen Vorhut, die am längsten im Gefecht gestanden hatten, wiesen massive Beschädigungen auf, zwei hatten sämtliche Masten verloren und ein drittes Schiff musste sogar, da es zu stark leckte, in Brand gesetzt werden.[268] Graves konnte nicht einmal verhindern, dass Admiral de Barras, den er doch seit New York verfolgt hatte, die Seeschlacht nutzte, um mit seinem Geschwader und den schweren Belagerungsgeschützen für Rochambeau in die schützende Bucht einzulaufen. Bei der bevorstehenden Belagerung von Yorktown sollten sie eine für Cornwallis' Armee verheerende Rolle spielen. Noch fünf Tage kreuzte Graves vor der Bucht, ohne an der kritischen Gesamtlage etwas ändern zu können, ehe er nach New York zurückkehrte. Wie sich nur zu bald zeigen sollte, waren es fünf vergeudete Tage, in denen die Flotte für einen zweiten Einsatz hätte vorbereitet werden können. Sie verhalfen jedoch Graves zu der wohlfeilen Überzeugung, damit mehr als seine Schuldigkeit als britischer Offizier getan zu haben und später jedes Kriegsgerichtsverfahren überstehen zu können.

In Yorktown verharrte Cornwallis inzwischen in seltsam ungewohnter Passivität. Der entschlussfreudige Kommandeur von Camden und Guilford Court House schien sich zum Zauderer gewandelt zu haben, der nur zu gern den beschwichtigenden Versprechungen Clintons vertraute. Tatsächlich dienten diese ihm jedoch lediglich zur Rechtfertigung seiner Untätigkeit. Selbst als ihm ein Bote die schockierende Nachricht überbrachte, dass die jüngst am Eingang der Chesapeake Bay gesichteten Linienschiffe das Lilienbanner führten, konnte er sich nicht zu einer energischen Aktion aufraffen. Er widersetzte sich sogar dem wiederholten Drängen Tarletons und anderer hoher Offiziere, sofort die von La Fayette befehligten Rebellen anzugreifen und sich den Rückweg nach North Carolina freizukämpfen. Cornwallis mochte jedoch seine Verwundeten, die Loyalisten und außerdem das reichliche Kriegsmaterial nicht einfach zurücklassen. Schließlich fand er sich in seiner Entscheidung durch ein Schreiben Clintons vom 6. September bestätigt, in dem ihn der Oberbefehlshaber zwar vor der Ankunft der Armeen Washingtons und Rochambeaus warnte, ihm aber zugleich sämtliche in New York entbehrlichen Truppen, insgesamt 4000 Mann, als Verstärkung zusagte.[269] Von der überlegenen Stärke der französischen Flotte und vor allem vom ernüchternden Ausgang der erst tags zuvor geschlagenen Schlacht vor der Chesapeake Bay konnte Clinton bei der Abfassung des Schreibens allerdings noch keine Kenntnis haben. Cornwallis antwortete ihm, dass er es im Vertrauen auf die ihm zugesagte Unterstützung nicht rechtfertigen könne, das Kriegsglück herauszufordern und sich auf einen derart verzweifelten Versuch einzulassen. Mit dieser Einschätzung lag der General nicht falsch, denn nach der Vereinigung der französischen Marinesoldaten mit den Truppen La Fayettes hätten es die Briten mit einer mindestens gleichwertigen Armee aufnehmen müssen. Ob Cornwallis das Risiko dennoch eingegangen wäre, hätte er nicht erst am 17. September von Admiral Graves' Scheitern vor der Bucht erfahren, bleibt Spekulation.

Unterdessen hatten die verbündeten Truppen bei Trenton den Delaware überquert. Für General Washington war es dieses Mal ein anderer Übergang als noch fünf Jahre zuvor, als er mit den demoralisierten Resten seiner Armee nur knapp den Briten entkommen konnte. Am 3. September marschierten die Amerikaner bei großer Hitze in einer fast drei Kilometer langen Kolone durch die Straßen Philadelphias, wobei sich der aufgewirbelte Staub in einer dichten Schicht auf ihre Uniformen legte, was bei etlichen Damen, die dem Zug der Soldaten interessiert aus den Fenstern zusahen, nicht den besten Eindruck hinterließ. Gleichwohl hoffte der Militärchirurg James Thacher, dass der Anblick der langsam und bedächtig zum Klang der Trommeln und Pfeifen marschierenden Soldaten bei den Bürgern der Stadt auch patriotische Gefühle und vielleicht sogar militärische Begeisterung hervorriefe. Es steigerte jedenfalls die Stimmung unter den Rebellen, dass etliche Männer, wie etwa der aus Connecticut stammende Sergeant Joseph „Plumb" Martin, endlich neue Hemden, Hosen und Strümpfe erhielten. Auch über das erste echte Geld durfte sich der Veteran der Kämpfe um Brooklyn und New York freuen. Französische Offiziere hatten ihren ewig darbenden amerikanischen Verbündeten einen ganzen Monatssold vorgestreckt.[270]

Als endlich einen Tag später auch die Franzosen in ihren adretten weißen Uniformen die Stadt zu den Klängen einer Militärkapelle passierten, hob dies die bislang skeptische Stimmung in der Stadt deutlich.[271] Inzwischen hatte sich auch die Nachricht von der Ankunft Admiral de Grasses verbreitet, die der Siegeszuversicht unter den Soldaten weiteren Auftrieb verlieh. Nach einer weiteren Woche erreichten die Verbündeten bei Head of Elk den tiefsten Punkt der Chesapeake Bay, von wo aus sie mit Schiffen den Rest des Weges nach Williamsburg zurücklegen sollten. Fast genau vier Jahre zuvor war hier General William Howe mit seiner Armee gelandet, um Philadelphia einzunehmen. Dies sei die bislang glücklichste Zeit, die er in Amerika verbracht habe, schrieb General Steuben, der in Washingtons Armee die kombinierte Division von Virginia, Pennsylvania und Maryland führte, in jenen Tagen an General Greene. „Jeder Vorteil scheint sich nunmehr auf die Seite der guten und gerechten Sache zu neigen."[272]

Washington nutzte inzwischen die Gelegenheit, um zusammen mit Rochambeau auf dem Landweg Mount Vernon zu besuchen. Er hatte seinen Landsitz am Potomac seit fünf Jahren nicht mehr betreten. Wenige Tage später, am 14. September, ging er an den Hampton Roads an Bord der *Ville de Paris*, eines von Pariser Bürgern finanzierten 100-Kanonen-Giganten, der Admiral de Grasse als Flaggschiff diente. Es dürfte Washington nicht wenig überrascht haben, dass der Franzose ihn noch an Größe übertraf und ihn wohl deswegen mit einem ironischen „Mon petit général" begrüßte. Der Amerikaner ließ sich jedoch seine Irritation nicht anmerken, gab sich ganz als Diplomat und erwirkte schließlich die erhoffte Zusage, dass de Grasse den Eingang der Chesapeake Bay mit seiner Flotte bis Ende Oktober blockieren werde. An einer sich anschließenden Belagerung von Charleston, wie sie Washington vorschlug, wollte der Franzose sich jedoch nicht beteiligten, da er bereits den Spaniern für den Herbst Hilfe bei der Besetzung Jamaikas versprochen hatte.[273]

Somit stand fest, dass die Verbündeten, als sie am 26. September 1781 bei Williamsburg vollständig versammelt waren, nur wenig mehr als fünf Wochen Zeit hätten, um den entscheidenden Sieg über die Briten zu erringen. Zwei Tage später brachen beide Armeen mit Rochambeaus Franzosen an der Spitze nach Yorktown auf. Im Verlauf des 29. September begannen sie, ihre Stellungen in einem weiten Halbkreis um die Stadt zu beziehen. Die Franzosen übernahmen den linken Flügel und verteilten sich beiderseits der Straße von Yorktown nach Williamsburg. Die Amerikaner besetzten den östlichen Teil des Einschließungsrings, wobei ihr rechter Flügel den Wormley Creek gegenüber der kleinen Landzunge mit Moore's House berührte.

Insgesamt verfügten beide Befehlshaber über 16 000 Mann, womit sie mindestens doppelt so stark waren wie die Briten. Cornwallis konnte außer den 5129 Mann seiner regulären Armee lediglich noch 800 Seeleute und Marinesoldaten von verschiedenen Schiffen sowie aus zerstreuten Verbänden weitere 600 Offiziere und Mannschaften, Pioniere, ortskundige Führer und freiwillige Kolonisten aus North Carolina aufbieten.[274] Gut ein Fünftel dieser Kräfte, darunter das 80. Regiment und ein zusätzliches deutsches Regiment, hatte der General jedoch auf der gegenüberliegenden Seite des York River im Gloucester-Brückenkopf eingesetzt. Später schickte Cornwallis außerdem noch Colonel Tarleton mit 200 seiner Reiter über den Fluss, da er in Yorktown keine Einsatzmöglichkeiten mehr für sie sah.

Inzwischen hatte der britische Befehlshaber den schwerwiegenden Entschluss gefasst, seine äußere Verteidigungslinie entlang des Yorktown Creek und des Wormley Creek, die er in wochenlanger Arbeit hatte anlegen lassen, zu räumen. Wenn er die äußere Linie hielt, würde ihm das zwar kostbare Zeit verschaffen, aber auch seine Truppen zu stark abnutzen oder gar gefährden, sollten etwa die Franzosen an einem schwachen Punkt durchbrechen. Dass seine Armee nach einem Rückzug nur noch auf den engeren Bereich von Yorktown beschränkt sein würde und für den Fall, dass die zugesagten Verstärkungen aus New York tatsächlich noch zur rechten Zeit eintrafen, kein Raum mehr für einen entscheidenden Gegenangriff vorhanden wäre, nahm Cornwallis in Kauf. Ausschlaggebend für seine umstrittene Entscheidung war ein weiteres Schreiben Clintons, das auf den 24. September datiert war und am Abend des 29. September nach Yorktown gelangte. Darin versprach der britische Oberbefehlshaber, spätestens am 5. Oktober mit der Flotte und mit 5000 Mann seiner New Yorker Besatzung zu Cornwallis' Unterstützung aufzubrechen. Wie bei der Katastrophe von Saratoga weckte der General damit auch jetzt wieder Hoffnungen, die er kaum erfüllen konnte.

Die aus dem Mutterland erwartete Verstärkung für New York bestand tatsächlich nur aus drei Linienschiffen unter Rear-Admiral Robert Digby. An Bord eines dieser Schiffe befand sich allerdings Prinz William Henry, der drittälteste Sohn des Königs, der ein halbes Jahrhundert später als William (Wilhelm) IV. den britischen Thron besteigen sollte. Seine Ankunft in New York löste zwar großen Jubel unter den Loyalisten aus, doch zwischen all den Feierlichkeiten und Feuerwerken zu seinen Ehren fand der königliche Seekadett auch die Zeit, einen kritischen Blick auf Admiral Graves' Flotte zu werfen. Seine ernüchternden Eindrücke fasste er am 28. September in einem Brief an seinen Vater zusammen. „Die Schiffe, die in New York und Staten Island liegen, befinden sich in einem beklagenswerten Zustand. Man hofft, sie bis zum 7. oder 8. des nächsten Monats wieder seetüchtig machen zu können. Ich bezweifle das allerdings, denn viele Schiffe sind noch ohne Masten, und es herrscht hier ein extremer Mangel an geeignetem Holz wie überhaupt an allem.“ [275]

Unterdessen hatte Cornwallis in Yorktown seinen folgenreichen Entschluss in die Tat umgesetzt. In der Nacht zum 29. September waren eine Stunde nach Mitternacht sämtliche britischen Truppen in neue Stellungen unmittelbar vor der Stadt ausgewichen. Etliche Soldaten hatten dabei die Gelegenheit zum Überlaufen nicht ungenutzt gelassen. So fehlten etwa in den beiden Regimentern aus Ansbach-Bayreuth am nächsten Morgen acht Soldaten.[276]

Als sich die Verbündeten am Morgen des 30. September von ihren Schlafplätzen erhoben oder vor ihre Zelte traten, um ihre vom harten Boden geschundenen Glieder zu strecken, stellten sie verwundert fest, dass die Briten aus ihren vorderen Stellungen verschwunden waren. „Wir waren angenehm überrascht, dass der Feind sich in die Stadt zurückgezogen und uns das gesamte Vorgelände überlassen hatte, dessen Eroberung uns so viel Zeit und wertvolle Leben gekostet hätte", notierte der Militärchirurg James Thacher voller Zuversicht in seinem Tagebuch. Washington und Rochambeau ließen sofort ihre leichte Infanterie vorrücken und die verlassenen Schanzen in Besitz nehmen. In deren Schutz machten sich die übrigen Truppen augenblicklich daran, ihre Schanzkörbe mit Erde zu füllen und Brustwehren zu errichten. Die Briten versuchten die Bewegung mit ihrem Geschützfeuer zu verzögern und verursachten auch einige Verluste. So schaltete etwa eine einzige Kanonenkugel eine Gruppe von vier Milizionären aus, von denen einer auf der Stelle tot war.[277]

Cornwallis dürfte seine Entscheidung vom Vorabend recht bald bedauert haben, hatte er doch mit seinem Rückzug auf den inneren Ring Amerikanern und Franzosen eine geradezu ideale Ausgangsposition für die Beschießung von Yorktown verschafft. Dass diese neue und kürzere Linie außerdem noch längst nicht fertiggestellt war, warf kein gutes Licht auf die Entscheidung des britischen Befehlshabers. Immerhin hielten die Briten auch jetzt noch drei ihrer ursprünglich zehn Schanzen besetzt. Dazu zählte außer den Schanzen 9 und 10 am östlichen Ortsrand auch die sogenannte Füsilierschanze, die auf der anderen Seite der Stadt die Straße nach Williamsburg und den Übergang über den Yorktown Creek sichern sollte. Die dort eingesetzten Soldaten des 23. Regiments konnten zudem auf die Unterstützung durch die Geschütze der draußen im Fluss vor Anker liegenden Fregatte *Guadeloupe* zählen. Als am Vormittag eine französische Abteilung den Versuch unternahm, die isolierte Schanze mit Blankwaffen im Sturm zu nehmen, stieß sie auf entschlossene und disziplinierte Verteidiger. Die Soldaten des 23. Regiments eröffneten das Feuer erst, als die Franzosen schon den aus Knüppelholz gebildeten Verhau vor der Schanze überwinden wollten. Ihre Salve erzielte eine verheerende Wirkung, und die rasch ausweichenden Franzosen mussten fünf getötete Offiziere und weitere 60 Tote oder Verwundete zurücklassen.[278] Der Angriff sollte jedoch nur ein Ablenkungsmanöver sein. Zu einem weiteren Ansturm auf die Schanze kam es erst wieder zwei Wochen später. Um unnötige Verluste zu vermeiden, waren die Verbündeten übereingekommen, die Stadt nicht im Sturm zu nehmen, sondern die Briten mittels einer regulären Belagerung mit Annäherungsgräben und Parallelen in die Knie zu zwingen. Das Ende der britischen Besatzung von Yorktown war jetzt nur noch eine Frage nüchterner Berechnung. Den Schwerpunkt der Arbeiten legten die Verbündeten auf ihren rechten Flügel gegen den östlichen Ausgang der Stadt, da die Anlage der Parallele hier nicht, wie auf ihrer linken Seite, durch eine Senke mit einem Bachlauf erschwert wurde. Die Schanzarbeiten begannen in der Nacht zum 5. Oktober, an jenem Tag, an dem von New York abzusegeln Clinton versprochen hatte. Die geplante erste Parallele sollte in einem anderthalb Kilometer langen Halbkreis um den östlichen Teil der Stadt führen und einen Abstand von 800 Metern zum Feind aufweisen.

Kurz nach Einbruch der Dunkelheit erschien an jenem Abend ein den Männern unbekannter hünenhafter Offizier und sprach einige ermunternde Worte zu den Umstehenden, ehe er sich eine Spitzhacke geben ließ, um mit kraftvollem Schwung die ersten Schläge auszuführen. Später erfuhren die erstaunten Soldaten, dass ihr Oberbefehlshaber damit persönlich das Startzeichen für das Ausheben des ersten Laufgrabens gegeben hatte. Während der nächsten vier Nächte, in denen die Verbündeten ihre Stellungen kontinuierlich verbesserten, blieb Cornwallis seltsam passiv. Seine Versuche, die Schanzarbeiten durch Ausfälle zu stören und zu den bereits in Stellung gebrachten Geschützen der Verbündeten durchzubrechen, fielen nur halbherzig aus. Colonel Richard Butler, der Kommandeur des 5. Pennsylvania-Regiments, stellte den Briten ein vernichtendes Zeugnis aus: „Der Feind schien überrascht, verwirrt und unentschlossen. Sein Abwehrfeuer war erstaunlich schwach, ebenso wie seine Verteidigungswerke, die offenbar nicht nach einem durchdachten Plan, sondern in aller Eile aufgeworfen worden waren, und obwohl wir noch keine einzige Kanone abgefeuert hatten, verhielt er sich so vorsichtig, als befände er sich bereits unter schwerstem Beschuss."[279]

Immer noch glaubte der General, seine Truppen bis zum Eintreffen der New Yorker Verstärkungen schonen zu müssen, und verzichtete auf daher größere Ausfälle.[280] Unverständlich gerade in seiner beengten Lage war auch Cornwallis' Versäumnis, wenigstens bombenfeste Unterstände für seine Soldaten bauen zu lassen.

Als am 9. Oktober gegen Mittag Amerikaner und Franzosen ihre Arbeiten abgeschlossen und sämtliche Geschütze in Stellung gebracht hatten, warteten alle voller Ungeduld auf das Zeichen für alle Batterien, das Feuer zu eröffnen. Es sollte durch das Hissen der amerikanischen Flagge über der äußersten rechten Batterie erfolgen. Sergeant Martin erinnerte sich, dass sein Herz voller Stolz gewesen sei, „als das Star-Spangled Banner majestätisch vor den Augen unserer unversöhnlichen Feinde im Wind flatterte. Es erschien mir wie ein Omen für unseren Erfolg, und so kam es dann auch. Eine Salve aus allen 92 Geschützen, Mörsern und Haubitzen folgte unmittelbar, und die Franzosen brachen sogar in ein Hussah für uns Amerikaner aus."[281] Washington ließ es sich nicht nehmen, persönlich den ersten Schuss auf Yorktown abzufeuern und damit das grimmige Konzert zu eröffnen. Während die Mörser Granaten schleuderten, die mittels eines Zünders beim Aufschlag oder kurz danach zerplatzten und einen tödlichen Metallregen verursachten, verschossen die Kanonen Vollkugeln, die auf eine Entfernung von mehr als 1000 Metern noch gemauerte Häuserwände durchschlugen.

Die Eröffnung des alliierten Bombardements fiel just auf jenen Tag, an dem Clinton, wäre er tatsächlich am 5. Oktober von New York abgesegelt, mit seinen Verstärkungen am Eingang der Chesapeake Bay hätte erscheinen müssen.

Für die Briten in Yorktown änderte sich an diesem Tag alles. Fraglos hatten Cornwallis und seine Offiziere die zerstörerische Wucht der gegnerischen Artillerie sträflich unterschätzt. Seine Männer waren dem Beschuss jetzt schutzlos ausgeliefert und drängten sich mit den letzten Einwohnern von Yorktown hinter der hohen Uferböschung zusammen. Hauptmann Johann von Ewald erlebte am 10. Oktober persönlich, wie eine feindliche Granate inmitten der an Cornwallis Mittagstisch versammelten Gesellschaft einschlug, den Generalintendanten Perkins auf der Stelle tötete und dem Leutnant Robertson vom 76. Regiment das linke Bein abriss. Perkins' Gattin, die zwischen beiden saß, blieb erstaunlicherweise unverletzt. Cornwallis' Gefechtsstand, der anfangs im Haus von Thomas Nelson, einem der Unterzeichner der Unabhängigkeitserklärung, untergebracht war, musste jetzt in einen hastig im Garten des Anwesens gegrabenen Unterstand verlegt werden.[282] Inzwischen litt die Artillerie der Briten bereits unter Munitionsmangel, und nach und nach fielen immer mehr von Cornwallis' ursprünglich 65 Geschützen aus. Diese Verluste waren nach Ewalds Urteil vor allem auf die nachlässige Bauweise der eigenen Batterien zurückzuführen, die gewöhnlich nur aus einem Sandhaufen bestanden.[283]

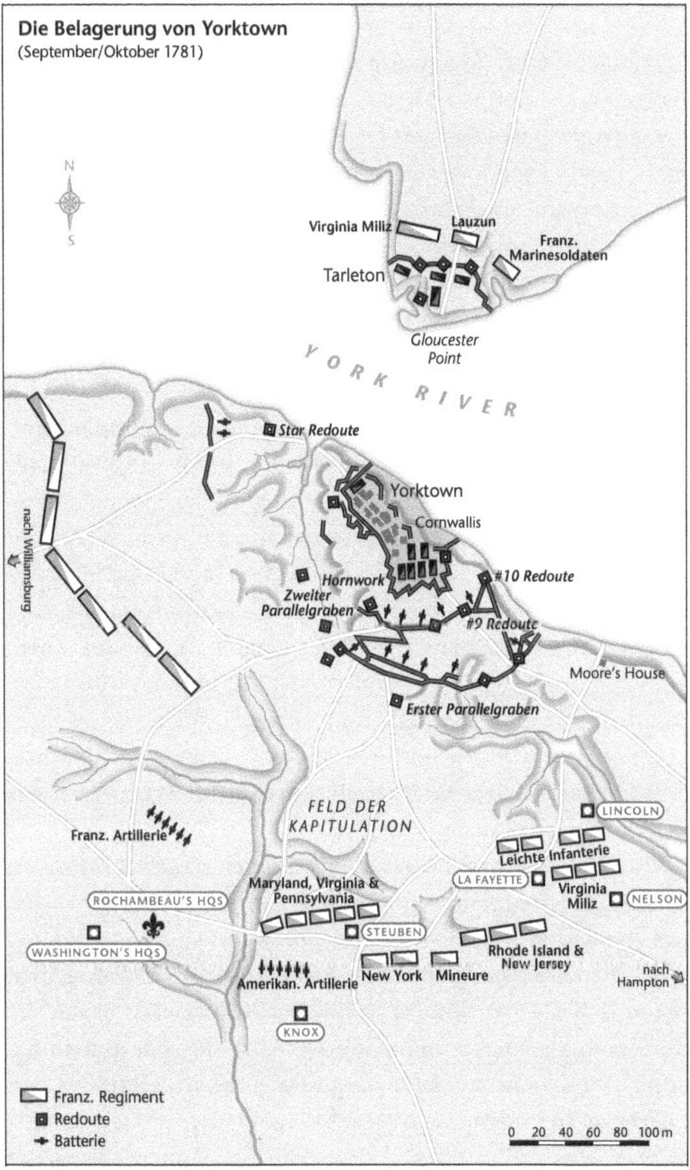

Die Belagerung von Yorktown.

Soldaten wie Seeleute begannen in wachsender Zahl zu desertieren, vor allem, wenn sie nachts auf den gefährlichen Außenposten weit vor den eigenen Linien eingesetzt waren. So verzeichnete etwa das von Oberst Johann Siegmund von Seybothen geführten Bayreuther Regiment im Verlauf der Belagerung rund 50 Deserteure, aber nur 40 Tote und Verwundete.[284] Umgekehrt fanden sich auch immer noch etliche Angehörige französischer Regimenter bei den Briten ein, vielleicht auch nur vermeintliche Deserteure, da sich ihre Auskünfte über Stärke und Absichten der Belagerer meist als übertrieben oder gar falsch herausstellten.[285]

Am 11. Oktober gelang es den Verbündeten sogar, mit rotglühend erhitzten Kanonenkugeln die auf dem York River ankernde Fregatte *Charon* sowie einige Transportschiffe in Brand zu schießen. Von seiner Position am Fluss aus hatte der Militärchirurg James Thacher einen „prächtigen Ausblick auf das Spektakel". Die getroffenen Schiffe waren plötzlich von mächtigen Feuersäulen eingehüllt, „die sich mit rasendem Tempo die Takelage bis hinauf zu den Mastspitzen fraßen. Zusammen mit dem Donnern und Blitzen Dutzender Granaten aus unseren Mörsern und Geschützen war es in der nächtlichen Finsternis das wohl beeindruckendste Schauspiel, das man sich nur vorstellen kann."[286]

Die Bomben und Schrapnells schlugen unterschiedslos in den Gebäuden und im Lager ein und nahmen nach den Worten des Ansbacher Soldaten Johann Döhla vielen guten Soldaten das Leben oder brachen ihnen Arme und Beine. Überall zwischen den Leichen und abgerissenen Körperteilen lagen die Splitter von geplatzten Bomben. Döhla stieß sogar auf ein Exemplar, das wohl 30 Pfund wog und einen Durchmesser von knapp 30 Zentimetern aufwies.[287]

Am selben Tag sah sich Cornwallis gezwungen, in einem neuerlichen Schreiben seinen Oberbefehlshaber in New York zu erhöhter Eile zu drängen. Allein ein Durchbruch in den York

River, dem jedoch ein erfolgreiches Gefecht gegen die französische Flotte vorausgehen müsse, könne ihn jetzt noch retten. Er verliere jeden Tag bis zu 70 Mann und viele seiner Stellungen seien bereits ernsthaft beschädigt.

Draußen vor der Stadt hatten die Verbündeten inzwischen damit begonnen, im Schutz ihrer dominierenden Artillerie von der ersten Parallele aus weitere Annäherungsgräben voranzutreiben. Noch aber hielten die Briten die beiden Schanzen am östlichen Rand von Yorktown, doch nach Ansicht von Hauptmann Ewald hatten viele britische Offiziere die Bedeutung dieser Positionen gar nicht erkannt. Wann immer er vor dem Verlust der beiden Schanzen warne, bekomme er zu hören, dass, ehe dies geschähe, die Flotte eintreffen und die ganze Belagerung aufheben werde.[288]

Auch Washington entging die anhaltende Passivität der Briten nicht, während seine Soldaten in der Nacht zum 12. Oktober bereits die zweite Parallele bis auf 300 Meter an die feindlichen Werke herangeschoben hatten. In einem Brief an Thomas Sim Lee, den Gouverneur von Maryland, drückte er am nächsten Tag sein Erstaunen aus. Lord Cornwallis' Untätigkeit sei ihm völlig unbegreiflich. „Entweder hat er keine Mittel zur Verteidigung mehr, oder er hält seine Reserven noch zurück, bis wir ihm ganz nahe gerückt sind. In ein paar Tagen wird es sich wohl zeigen, ob er uns noch Probleme bereiten kann."[289]

Es zeigte sich nun auch, dass die Verpflegung aufseiten der Verteidiger nicht mehr bis zum Ende des Monats reichen würde. Cornwallis sah sich nunmehr zu einer drastischen Maßnahme genötigt. Von den ursprünglich 4000 ehemaligen Sklaven, die sich den Briten angeschlossen und bei der Anlage der Befestigungen geholfen hatten, lebte inzwischen kaum noch die Hälfte. Die Pocken hatten unter ihnen furchtbar gewütet, und jetzt mussten diese unglückseligen Männer erleben, dass sie von den Briten, in die sie ihr ganzes Vertrauen gesetzt hatten, ins Niemandsland hinausgetrieben und der Rache ihrer ehemaligen Herren überlassen wurden. Während einer Patrouille in der folgenden Nacht stieß Hauptmann Ewald auf eine große Anzahl dieser hungernden Unglücklichen und trieb sie, da er um seinen eigenen Proviant fürchtete, weiter zu den Amerikanern hinüber.[290] Auf der Gegenseite wiederum vermutete der Militärarzt Thacher hinter der grausamen Aktion einen ebenso böswilligen wie verzweifelten Akt, indem er den Briten unterstellte, diese vermutlich mit Pocken infizierten armen Teufel in voller Absicht ins gegnerische Lager zu schicken.

Am 14. Oktober hatten die Belagerer ihre zweite Parallele, die nur noch 300 Meter von den britischen Befestigungen entfernt war, beinahe abgeschlossen. Zu ihrer Vollendung fehlten allein noch die beiden Schanzen 9 und 10, die unmittelbar am Fluss die östliche Flanke von Yorktown deckten. Washington und Rochambeau hatten sich darauf verständigt, beide Befestigungen durch einen gleichzeitig in der Nacht zum 15. Oktober vorzutragenden Bajonettangriff zu stürmen. Cornwallis hatte die bedrohten Schanzen, die als Pentagon angelegt waren und deren Brüstungen etwa vier Meter hoch waren, durch einen umlaufenden Graben gesichert. Eine auf halber Höhe der Außenfront angebrachte Palisade aus quer stehenden und zur Feindseite hin angespitzten Stämmen sollte ein rasches Ersteigen der Bollwerke verhindern.

Im Vorfeld beider Schanzen befand sich jeweils ein Verhau aus Baumstämmen, die fest miteinander vertäut waren und deren Äste Cornwallis' Pioniere in Feindrichtung angespitzt hatten stehen lassen. 120 Mann, Hessen und Briten unter dem Kommando von Lieutenant Colonel Henry Johnson, hielten die Schanze 9 besetzt, dagegen nur 50 Schotten des 71. Infanterieregiments (*Fraser's Highlanders*) unter Major James Campbell die direkt am Fluss liegende Schanze 10.

Den Franzosen fiel die Aufgabe zu, die größere Schanze 9 zu nehmen, wozu Rochambeau eine Sturmabteilung aus 400 Mann bildete, die je zur Hälfte aus Angehörigen der Regimenter *Gâtinais* und *Royal Deux-Ponts* („Königliches Zweibrücken") bestand. Dieses mehrheitlich aus Deutschen bestehende Regiment mit einer ursprünglichen Stärke von 60 Offizieren und 2030 Mann war schon vor Beginn des Siebenjährigen Krieges in der Pfalz und im nördlichen Elsass im Auftrag der französischen Krone aufgestellt worden und hatte bei Roßbach (1757) und Minden (1759) aufseiten der Franzosen gekämpft. Yorktown sollte seine bis dahin dürftige militärische Bilanz entschieden aufbessern. Kommandeur des Regiments war Oberst Christian von Zweybrücken, dessen jüngerer Bruder und Stellvertreter, Oberstleutnant Wilhelm von Zweybrücken, in dieser Nacht die französische Sturmabteilung befehligen sollte.

Eine etwa gleich starke amerikanische Angriffsgruppe richtete sich gegen die benachbarte Schanze 10. Sie wurde von Colonel Alexander Hamilton geführt, dem erst 24-jährigen Kommandeur des Leichten New Yorker Infanteriebataillons. Der begabte junge Mann von zweifelhafter Herkunft und großen Ambitionen hatte lange als Washingtons Adjutant das Vertrauen des Oberbefehlshabers genossen. Zuletzt war es jedoch wegen Hamiltons Verdacht, bei der Vergabe attraktiver Posten vom Kongress mehrfach übergangen worden zu sein, zum Zerwürfnis gekommen. John Adams behauptete später sogar, dass Hamilton das Kommando von Washington nur deshalb erhielt, weil er den General mit der Drohung erpresst habe, andernfalls ein Pamphlet zu veröffentlichen, in dem er Washingtons Führungsfehler anprangern würde.[291] Gleichwohl war Hamilton keine falsche Wahl für die Aufgabe, die ihm das erhoffte Rendezvous mit dem Ruhm bringen sollte.

Kurz nach Einbruch der Dunkelheit beleuchteten drei Mörsergeschosse für einige Augenblicke das gesamte Vorgelände, und die Soldaten der beiden Sturmabteilungen erhoben sich aus ihren Deckungen. Das Kennwort lautete „Rochambeau", und Sergeant Joseph („Plumb") Martin von den Sappeuren, die mit ihren Äxten den Angreifern voraus die britischen Verhaue öffnen sollten, befand, dass es ein gutes Stichwort sei, da es sich, schnell ausgesprochen, für englische Ohren anhöre wie *Rush on boys!* („Vorwärts, Jungs!").

General Rochambeau und George Washington geben den Befehl zum Sturm auf Yorktown. Gemälde von Auguste Couder (1836).

Nach der Erinnerung des Leutnants Wilhelm Heinrich Florus Graf von Schwerin, der dem Regiment *Royal Deux-Ponts* angehörte, war es dank des lebhaften Feuers von beiden Seiten beinahe taghell:

> „Als wir näher zur Schanze und in den Wirkungsbereich der gegnerischen Musketen gelangten, steigerten die Briten ihr Abwehrfeuer so sehr, dass wir wie Schneeflocken zu Boden sanken. Man hätte glauben können, dass es Kugeln regnete. Überall waren Schreie um Hilfe zu hören, aber der Rest verdoppelte seine Schrittzahl, und als wir den Graben und danach die Schanze erreich-

> ten, hatten wir nicht den geringsten Schutz. Sobald aber die Zimmerleute einen Teil der Palisaden zerstört hatten, drängten wir durch die Lücken nach oben. Die Wut unserer Leute war inzwischen so gewaltig, dass wir alle, die einen blauen Rock trugen, einfach niederstachen. Dies betraf jedoch nicht nur die Hessen und die Ansbacher, sondern auch die Briten, deren Rot in der Nacht von unserem Blau kaum zu unterscheiden war. Dem Töten fielen daher auch viele der Angreifer zum Opfer, da die Uniformen des *Deux-Ponts*-Regiments ebenfalls blau gefärbt waren. Es war ein gnadenloser Kampf, und am Ende war die Plattform der Schanze so mit Toten und Blessierten bedeckt, dass man mit jedem Schritt auf einen von ihnen treten musste."[292]

In der benachbarten Schanze hatten die Amerikaner mehr Glück als ihre französischen Verbündeten. Die aus Schotten der 71. *Fraser's Highlanders* bestehende Besatzung erkannte die Angreifer erst, als diese bereits vor dem Verhau standen. Zu ihrer Überraschung sahen sich die Schotten aber sogleich auch von hinten angegriffen, da ein Teil der amerikanischen Sturmkolonne die Befestigung sofort umgangen hatte. Vonseiten der Angreifer fiel immer noch kein Schuss. In dem Durcheinander versuchte auch Sergeant Martin, zusammen mit den anderen Stürmenden nach oben auf die Plattform zu gelangen, fand aber die von den Sappeuren gerissene Lücke im Verhau so sehr von angreifenden Soldaten blockiert, dass er zu einer anderen von den Mörsern aufgerissenen Stelle ausweichen musste. Hinter ihm explodierten noch die hinabgeworfenen Handgranaten der Schotten, und neben ihm stürzte ein Mitkämpfer, von einem Geschoss in den Kopf getroffen, jämmerlich schreiend zu Boden. Ein weiterer Mitstürmer, den Martin im Blitzen des gegnerischen Musketenfeuers soeben noch als einen alten Bekannten ausgemacht hatte, taumelte plötzlich, als er mit ihm gerade die Brüstung überwinden wollte, zurück in den Graben. An der Spitze seiner Männer erstieg Colonel Hamilton die Plattform auf den Schultern eines schwarzen Sergeanten. Im Nahkampf wurde der Widerstand der Briten rasch niedergerungen. Nach zehn Minuten streckten die wenigen Überlebenden der Besatzung ihre Waffen. Es war ein scheinbar leichter Sieg, nur mit dem Bajonett erfochten, doch die Amerikaner hatten dabei jeden zehnten Mann durch Tod oder Verwundung verloren. Von der britischen Besatzung waren Major Campbell und die Hälfte seiner Soldaten in Gefangenschaft geraten, der Rest konnte entkommen.[293] Ein wagemutiger Schotte war sogar über die Brüstung, die hier sechs Meter hoch war, auf den nahen Strand gesprungen und raschen Schrittes in der Stadt verschwunden. Anerkennend meinte Martin, er habe niemals einen Mann besseren Gebrauch von seinen Beinen machen sehen. Als er kurz darauf nach den beiden neben ihm getroffenen Kameraden sehen wollte, fand er sie tot unten im Graben liegen.[294]

Einen deutlich höheren Preis mussten dagegen die Franzosen vor der größeren Nachbarschanze zahlen. Mehr als 90 Angreifer fielen aus, niedergeschossen von den britischen Verteidigern, als sie vor dem Verhau auf ihre Pioniere gewartet hatten. Doch das Ziel war erreicht. Beide Schanzen fielen innerhalb weniger Minuten den Verbündeten in die Hände, und die zweite Parallele konnte nunmehr vollendet werden. Ein Gegenangriff der überraschten Briten kam in dieser Nacht nicht mehr zustande.

Am nächsten Morgen blickte Hauptmann Ewald überall in die langen Gesichter seiner britischen Kameraden, denn jeder Mann in Yorktown wusste, dass nach dem Verlust der beiden Schanzen die Niederlage beinahe unabwendbar war. Schon am nächsten Tag ließ Cornwallis alle nicht mehr benötigten Zugpferde, für die ohnehin keine Fourage mehr vorhanden war, einfach erschießen und in den Fluss werfen. Im Falle einer

Kapitulation durften sie nicht dem Gegner in die Hände fallen. Nur wenige Tage später sollte die Flut ihre Kadaver jedoch wieder ans Ufer treiben, wo sie sich in dichten Haufen an den Schiffswracks stauten, als wollten sie noch einmal stumme Anklage gegen ihre Mörder erheben.[295]

Einnahme einer Schanze bei Yorktown 1781. Holzschnitt von 1885.

Der überkommenen Vorstellung verpflichtet, dass er als verantwortlicher Befehlshaber den Verlust seiner beiden wichtigsten Positionen nicht einfach tatenlos hinnehmen konnte, befahl Cornwallis in der folgenden Nacht zum 16. Oktober einen letzten Gegenangriff. 350 Mann der leichten Infanterie und der Garde unter dem Befehl von Lieutenant Colonel Robert Abercrombie sollten beide Schanzen wieder nehmen und die dort in Stellung gebrachten Geschütze der Verbündeten unbrauchbar machen. Tatsächlich schien Abercrombie Erfolg zu haben. Gegen vier Uhr morgens drang er mit seinem Detachement in die zweite Parallele ein, überraschte die französische Bedienung einer Batterie im Schlaf und vernagelte ihre vier Geschütze. Abercrombies Männer waren noch damit beschäftigt, eine zweite Batterie, dieses Mal eine der Amerikaner, unbrauchbar zu machen, als ein Gegenangriff der Franzosen das britische Kommando zurücktrieb, wobei sie noch 20 Gefangene einbringen konnten.[296] Entgegen den Hoffnungen der Briten zeigte sich bald, dass Abercrombies Männer in der Eile die Geschütze nur mangelhaft vernagelt hatten. Schon am Nachmittag war die gesamte betroffene Artillerie wieder einsatzbereit.

Das Feuer der Verbündeten erreichte an diesem Tag mit über 3500 verschossenen Granaten eine beispiellose Intensität. Es schien jetzt nur noch eine Frage von Stunden, bis der Widerstand der Briten zusammenbrechen würde. In seiner letzten Nachricht an Clinton schilderte Cornwallis unverblümt seine verzweifelte Lage, beschwor aber zugleich seinen Oberbefehlshaber, auf einen Entsatz zu verzichten, da ein solcher Versuch inzwischen ein zu großes Risiko für Flotte und Armee bedeuten würde.[297]

Gleichwohl sah der General noch eine letzte Option zur Rettung. In der kommenden Nacht wollte er die Besatzung von Yorktown mit Ausnahme einer schwachen Nachhut mit Booten über den 800 Meter breiten Fluss nach Gloucester bringen. Zwar hatten die Verbündeten auch hier den britischen Brückenkopf abgeriegelt, aber ihre Stellungen mit erheblich weniger Truppen besetzt. Waren diese schwächeren Kräfte erst einmal durch einen morgendlichen Überraschungsangriff zersprengt, konnte seine Armee vielleicht über den Rappahannock River nach Maryland und weiter nach New Jersey entweichen. So gering auch – ohne Vorräte, Pferde und Artillerie – die Aussichten für einen so weiten Durchstoß waren, schien diese Option angesichts der bitteren Lage immer noch besser zu sein als die sonst unvermeidbare Kapitulation. Colonel Tarleton, der im Brückenkopf das Kommando führte, erhielt den Auftrag, bei Einbruch der Dunkelheit die noch verbliebenen 16 Boote über den Fluss nach Yorktown zu schicken. Geplant war, den Großteil der Armee in drei Wellen nach Gloucester überzusetzen. Zunächst lief für die Briten alles wie geplant. Bis Mitternacht hatte Cornwallis den ersten Teil seiner Armee, die leichte Infanterie, die Garde und das 23. Füsilierregiment, über den Fluss gebracht. Schon waren die Boote nach Yorktown zurückgekehrt, um die zweite Welle aufzunehmen, als ein Unwetter mit Blitzen und böigem Wind aufkam, der das Manövrieren auf dem Fluss unmöglich machte. Einige schon mit Truppen beladene Boote wurden sofort flussabwärts getrieben. Als sich das Wetter gegen Morgen endlich wieder beruhigte, schien es Cornwallis schon zu spät, um den Übergang fortzusetzen. Es wäre keine Zeit mehr geblieben, den Überraschungsangriff auf den vor dem Brückenkopf stehenden Feind vorzubereiten. Ernüchtert ließ der General die ersten Truppen wieder zurückbringen. Die letzte ihm verbliebene Option war dahin. Selbst das Wetter schien sich gegen die Briten verschworen zu haben. Ein letztes Mal eröffneten die verbündeten Batterien bei Tagesanbruch das Feuer und steigerten es in den folgenden drei Stunden zu einer „ohrenbetäubenden Kakofonie des Schreckens“. „Unter dem Feuer unserer infernalischen Maschinen schien die ganze Halbinsel zu erbeben“, erinnerte sich später der amerikanische Militärchirurg James Thacher.[298]

Gegen zehn Uhr morgens entdeckten die Belagerer eine weiße Fahne, die plötzlich über den zerschossenen britischen Palisaden aufgetaucht war. Die sensationelle Meldung machte sofort die Runde, und nacheinander stellten die amerikanischen und die französischen Batterien das Feuer ein, bis sich eine gespenstige Stille über das gesamte Feld legte. Kurz darauf zeigte sich ein britischer Offizier mit weißer Flagge im Niemandsland, begleitet von einem Trommler, der *en chamade* trommelte, das Zeichen, dass man verhandeln wollte. Das Drama von Yorktown hatte seinen letzten Akt erreicht. Ein Offizier der Rebellen trat dem Parlamentär entgegen, verband ihm die Augen und führte ihn zu Washingtons Zelt, wo der Brite dem amerikanischen Oberbefehlshaber einen Brief von Cornwallis übergab. Darin hieß es:

> „Sir, ich schlage Ihnen eine Waffenruhe von 24 Stunden vor. Zwei Offiziere jeder Seite könnten dann bestimmt werden, um in Mr. Moores Haus über die Bedingungen für die Übergabe der beiden Positionen von York und Gloucester zu verhandeln.“[299]

Mehr als ein Vierteljahrhundert zuvor hatte Washington selbst, als Führer einer virginischen Miliz von einer französischen Übermacht in einem von ihm stümperhaft angelegten Stützpunkt namens „Fort Necessity“ eingekreist, eine Kapitulation unterzeichnen müssen. Es war ausgerechnet der 4. Juli gewesen, und jener verregnete Tag in der Wildnis des westlichen Virginia hatte einen neuen Peloponnesischen Krieg, einen fast 30-jährigen Weltkrieg zwischen Frankreich und England, ausgelöst, der jetzt endlich mit der Kapitulation von Yorktown sein wirkliches Ende finden sollte.

Den von ihm so lange ersehnten Triumph vor Augen schien Washington gleichwohl keine Eile zu haben, mit Cornwallis zu einem Abschluss zu kommen. Obwohl er inzwischen seit mehr als sechs Jahren im Auftrag des Kongresses die Kontinentalarmee führte, ohne, mit Ausnahme von Trenton und Princeton, einen besonderen Erfolg vorweisen zu können, und obwohl es kein Geheimnis für ihn war, dass General Clinton in New York eine Rettungsoperation vorbereitete, bestand er darauf, noch vor dem Beginn der Verhandlungen von Cornwallis' Vorschlägen in Kenntnis gesetzt zu werden. Nach Beratung mit Rochambeau entließ er den britischen Parlamentär mit der Forderung nach einer entsprechenden Erklärung seines Befehlshabers. Die Gespräche könnten dann am nächsten Tag beginnen. Die Geschütze der Verbündeten schwiegen aber schon jetzt, und die ungewohnte Ruhe hielt auch während der gesamten Nacht an. Irgendwo war noch das Geräusch einer einsamen Trommel zu hören, und der Fähnrich Ebenezer Denny aus Pennsylvania bemerkte dazu, er habe niemals ein vergleichbares Trommelschlagen gehört. „Es war für uns alle die wunderbarste Musik.“[300]

Die bis zum Abend des 18. Oktober vereinbarten Kapitulationsbedingungen blieben im damals üblichen Rahmen. Die britischen Offiziere konnten ihre Seitenwaffen behalten, die Mehrheit durfte später auf Ehrenwort nach England zurückkehren. Den Unteroffizieren und den Mannschaften beließ man ihr Gepäck, sie wurden aber Gefangene der Amerikaner, die Marinesoldaten gerieten in französische Gefangenschaft. Sämtliche Besitztümer, die britische Soldaten in Virginia an sich gebracht hatten, mussten dagegen zurückgegeben werden, womit Washington in erster Linie die aus der Sklaverei entflohenen Schwarzen meinte. Cornwallis' Ersuchen, seine Truppen gegen das Versprechen, nicht mehr in diesen Krieg einzugreifen, nach Großbritannien und Deutschland zurückbringen zu dürfen, lehnte Washington ab. Ebenso verweigerte er die von den Briten erbetene Straffreiheit für die amerikanischen Loyalisten. Es würden die gleichen Bedingungen gewährt wie bei der Übergabe von Charleston an die Briten, hatte der amerikanische Oberbefehlshaber entschieden. Immerhin durfte Cornwallis seine letzten Depeschen mit einer von rund 200 Personen seiner Wahl besetzten Korvette nach New York bringen lassen.

Am nächsten Tag gegen 14 Uhr marschierten die britischen Truppen unter einem strahlend blauen Himmel aus Yorktown hinaus auf ein zuvor bestimmtes Feld südlich der Stadt, um dort nacheinander ihre Waffen abzulegen. Alle Gräben, die den Marsch der Briten kreuzten, waren für das bevorstehende Schauspiel eingeebnet worden. Es waren schätzungsweise noch 4000 dienstfähige Soldaten aus sechs britischen und vier deutschen Regimentern, die in einer fast anderthalb Kilometer langen Kolonne über das zerschossene Niemandsland vorrückten. Fast 2000 Kranke und Verwundete waren in Yorktown in provisorischen Lazaretten zurückgeblieben. Im Verlauf der Beschießung hatte Cornwallis 556 Soldaten verloren. Die Verluste der Verbündeten summierten sich auf insgesamt 700 Tote und Verletzte, davon 300 Amerikaner.[301] Gleichzeitig mit der Übergabe von Yorktown streckten auch Colonel Tarletons' Männer im Brückenkopf von Gloucester die Waffen. In einem Brief an den Kongress fasste Washington das Ausmaß seines Erfolges zusammen. 7400 Soldaten, darunter 400 Offiziere und 1140 Seeleute, waren in Gefangenschaft geraten. Zur Beute der Sieger zählten auch 82 Schiffe, darunter ein Linienschiff mit 64 Kanonen sowie zwei Fregatten.[302]

Mit den beiden Kapitulationen von Yorktown und Gloucester war nicht nur das zweite große britische Desaster in diesem amerikanischen Krieg vollkommen, es war auch eine Niederlage, für die sich in der langen Geschichte der britischen Armee kein Beispiel fand. In Yorktown war sie nicht nur strategisch ausmanövriert worden, die bittere Wahrheit war, dass sie sich auch in taktischer Hinsicht nicht sonderlich gegen ihre Niederlage gestemmt hatte.

Anstelle von Cornwallis, der, eine Erkrankung vorschützend, der Übergabe ferngeblieben war, führte Major General Charles O'Hara die Briten, die langsamen Schrittes mit eingerollten Fahnen durch ein langes Spalier von Amerikanern und Franzosen marschieren mussten. Viele von ihnen, die unter Cornwallis bei Camden und Guilford Court House gekämpft hatten, konnten die Tränen jetzt nicht mehr zurückhalten. Andere Soldaten waren voller Wut und warfen, als ihnen der Befehl zum Ablegen der Waffen erteilt wurde, ihre Gewehre mit düsteren Mienen und mit solcher Wucht auf den Haufen, dass man ihre Absicht, sie dadurch unbrauchbar zu machen, unschwer erkennen konnte.[303] Nach Ansicht von Sergeant Martin machten die deutschen Truppen einen besseren Eindruck als die Briten, die sich in ihrer Ehre verletzt fühlten, während es den Deutschen gleichgültig schien, in wessen Hand sie geraten waren.[304] Obwohl sich auch viele Zivilisten aus dem Umland eingefunden hatten, wurde die Zeremonie nicht von Zwischenrufen oder Jubel gestört. Einzig die Klänge der britischen Militärkapelle waren zu hören. Nach einer bald aufgekommenen Legende soll sie das damals populäre Lied: „Die Welt steht auf dem Kopf" gespielt haben, was dem bitteren Gefühl der Briten entsprochen hätte, ausgerechnet vor den Amerikanern kapitulieren zu müssen. O'Hara versuchte daher auch, seinen Degen dem Franzosen Rochambeau zu übergeben, der ihn jedoch an Washington verwies. Auch hier hatte der Brite keinen Erfolg. Der Amerikaner lehnte ab, da es nicht Cornwallis' Degen war. Schließlich nahm ihn General Lincoln entgegen, reichte die Waffe aber nach den Gepflogenheiten der Zeit sogleich wieder an ihren Besitzer zurück.[305]

Wie viele andere Augenzeugen äußerte General Henry „Lighthorse" Lee scharfe Kritik an Cornwallis' Fernbleiben. Lee war der Vater des späteren Bürgerkriegshelden Robert Edward Lee, den 84 Jahre später bei Appomattox Court House mit seiner Armee das gleiche Schicksal treffen sollte. Der britische General, der so viele Siege wie kein anderer feindlicher Befehlshaber in diesem Krieg errungen hatte, habe an diesem Tag, so befand Lee, keine Größe gezeigt und seine Truppen in ihrem schwersten Moment im Stich gelassen.

Von den Teilnehmern an der Zeremonie ahnte wohl niemand, dass ausgerechnet zur selben Stunde General Clintons lange erwartetes Entsatzheer in Stärke von 7000 Mann, begleitet von 25 Linienschiffen unter Rear-Admiral Robert Digby, endlich die Anker gelichtet hatte, um nach Umrundung der Halbinsel Sandy Hook bei günstigem Wind Kurs auf die Chesapeake Bay zu nehmen. Offen bleibt, ob die Verspätung des Aufbruchs, die am Ende zwei Wochen betrug, tatsächlich den notwendigen Reparaturen geschuldet war oder dem Unwillen der Kapitäne, ihre Schiffe in einem verzweifelten Manöver zu riskieren. Jedenfalls hielten sich etliche von ihnen erstaunlich häufig in der Stadt auf und einer vertrat sogar in vertrauter Runde die Ansicht, dass es wohl besser sei, eine ganze Armee zu verlieren als zwei Linienschiffe.[306]

Das Moore House in Yorktown, in dem die Kapitulation der Briten verhandelt wurde.

Als die britische Flotte am 24. Oktober den Eingang der Bucht vor Cape Henry erreichte, erhielt Clinton, der Boote zur Küste gesandt hatte, von Flüchtlingen aus Yorktown bald die ersten Meldungen von der fünf Tage zuvor vollzogenen Kapitulation. Nach Bestätigung der ernüchternden Nachricht durch weitere Entkommene befahl der General einige Tage später die Rückkehr nach New York. Ob er mit seinen eingeschifften Truppen bei rechtzeitigem Eintreffen die Lage in Yorktown noch hätte wenden können, ist angesichts der überwältigenden Stärke der verbündeten Amerikaner und Franzosen umstritten. Mit

Glück, dem Vorteil der Überraschung und allem seemännischen Geschick hätte die Flotte vielleicht den Durchbruch nach Yorktown schaffen können. Um aber ein zweites Mal an den Franzosen vorbeizukommen, hätte es schon, wie Graves in einer der letzten Besprechungen in New York betonte, eines Wunders bedurft.[307] Nicht ausgeschlossen war sogar, dass die auf den Schiffen mitgeführten 7000 britischen Soldaten ebenfalls verloren gegangen wären. Solange das überlegene französische Geschwader vor der Küste Virginias ausharrte, blieb Yorktown eine Falle.

Den Abbruch des Unternehmens dürfte Clinton insgeheim wohl mit Erleichterung befohlen haben. Weder König noch Parlament würden ihm jetzt noch vorwerfen können, nicht alles Erdenkliche zur Rettung des unglückseligen Cornwallis unternommen zu haben. Tatsächlich aber hätte der Sieger von Charleston schon lange zuvor mit nur einem einzigen Befehl das britische Desaster in der Chesapeake Bay verhindern können. Clinton hätte seinem Untergebenen nur den sofortigen Rückmarsch nach North Carolina befehlen müssen. Ohne Cornwallis' Zug nach Virginia und dessen unschlüssiges Ausharren auf der Jamestown-Halbinsel wäre Admiral de Grasse wohl kaum zur Chesapeake Bay gesegelt. Vielleicht hätte sich der Franzose stattdessen zur Hudsonmündung begeben, wo er dann festgestellt hätte, dass die Einnahme von New York mit seiner 20 000 Mann starken Besatzung unmöglich war. Seit Clinton von seinem Triumph vor Charleston nach Manhattan zurückgekehrt war, hatte er mit seinem untätigen Verharren im Schutz der New Yorker Schanzen viel Kritik auf sich gezogen. Mochte dahinter Ratlosigkeit oder gar ein Mangel an Tatkraft gesteckt haben, sein Abwarten war jedenfalls nicht falsch, es war tatsächlich sogar das Gebot der Stunde. Mit bloßer Untätigkeit hätten Clinton und Cornwallis das Kriegsjahr 1781 ohne Niederlage überstehen können. Admiral de Grasse wäre wohl, nachdem vor New York kaum ein zählbarer Erfolg zu erzielen war, wie schon sein Vorgänger d'Estaing am Ende mit leeren Händen nach Frankreich zurückgekehrt, wo ein desillusionierter Außenminister Vergennes in diesem Fall kaum noch eine andere Wahl gehabt hätte, als den Krieg mit England zu beenden.

4. Epilog

„Als hätte ihm eine Kugel die Brust durchbohrt“ – Eine Weltmacht sträubt sich gegen die Niederlage

> *„Vor langer Zeit schrieb ich Ihnen, dass wir beide vielleicht das Ende des amerikanischen Krieges nicht mehr erleben könnten. Nun aber scheint sein Ende gekommen, und seine Konsequenzen sind noch nicht zu überschauen. In vieler Hinsicht werden sie ein neues Zeitalter einleiten, das weit über uns hinausreichen wird.“*
>
> Schreiben von Horace Walpole an Horace Mann vom 29. November 1781[308]

Am 25. November 1781, einem verregneten Sonntag, erhielt Staatssekretär Lord Germain auf seinem Dienstsitz gegen Mittag die entscheidende Nachricht, dass sein hochgeschätzter General James Cornwallis, der britische Hannibal, fünf Wochen zuvor bei Yorktown mit seiner ganzen Armee die Waffen gestreckt hatte. Für Germain dürfte die Meldung nicht völlig unerwartet gewesen sein, denn schon nach der Seeschlacht vom 5. September hatte ihm Clinton in düsteren Wendungen geschrieben, dass die Lage kritisch sei, er aber sein Äußerstes zur Rettung von Lord Cornwallis tun werde.[309]

Der Staatssekretär machte sich mit den Briefen aus New York sofort auf den Weg nach Whitehall, um Lord North zu informieren. Die Hiobsbotschaft aus Amerika traf den Premierminister nach den Worten Germains wie eine Pistolenkugel. Eine Weile sei North wie benommen um den Tisch seines Amtszimmers gewankt und habe dabei immer wieder mit wild bewegten Armen gemurmelt: „Oh Gott, alles ist vorbei."

Zwei Tage später wusste es die ganze Metropole und in den Straßen sprachen die Londoner nur noch von der „Burgoynisierung" des Generals Cornwallis. Dieser „Blitzschlag" zwinge England von seinem hohen Ross herunter, um endlich Frieden zu schließen, schrieb König Friedrich II. von Preußen am 1. Dezember an seinen Gesandten in Sankt Petersburg.[310] Zum zweiten Mal in nur vier Jahren hatte eine stolze britische Armee vor einer Horde von Kolonisten kapitulieren müssen, die meist ohne Schuhe und mit leeren Mägen, in Lumpen gehüllt, von einem Ende der Kolonien zum anderen marschiert waren, aber von Generalen befehligt wurden, denen die feinen Herrschaften des Königs offenbar das Wasser nicht reichen konnten. Ein in jenen Wochen unter dem Titel *The American Rattlesnake* veröffentlichter Cartoon zeigte unter Anspielung auf Franklins alte Skizze *Join or Die* von 1754 nicht mehr eine in acht Teile zerstückelte Schlange, sondern ein langes Reptil, das sich um zwei britische Armeen gewunden hatte und auf dessen weit hinaus gestreckter Zunge die Warnung zu lesen war: „Zwei Armeen habe ich bereits burgoyned, und Platz für mehr ist noch da."[311]

Im Parlament war der Unmut unüberhörbar, als Georg III. es in seiner jährlichen Thronrede am 27. November fertigbrachte, die Katastrophe von Yorktown mit keinem Wort zu erwähnen, und sich auch jetzt noch weigerte, den Krieg um Amerika verloren zu geben. Nur Lord Germain pflichtete dem Monarchen bei, da nach seiner Überzeugung der Verlust der 13 Kolonien zwangsläufig weitere Einbußen zur Folge hätte. Wer unter den hier Versammelten glaube denn, dass Kanada und die Karibik jetzt noch zu halten wären? Ohne den Besitz Amerikas würde Großbritannien, so warnte Germain das Haus, in die völlige Bedeutungslosigkeit versinken.[312] Der spätere Gegenspieler Napoleons und gleichnamige Sohn des *Great Commoner*, William Pitt der Jüngere, widersprach ihm mit so donnernder Stimme, dass manche Abgeordnete, wie etwa Edmund Burke, sich sogar an den alten Lord Chatham erinnert fühlten. Die düstersten Prognosen seines Vaters seien inzwischen nahezu eingetreten, klagte der junge Pitt und fragte, was denn diese Regierung in den letzten sieben Jahren erreicht habe außer dem Tod von 50 000 britischen Untertanen und einer Verdoppelung der Staatsschulden.[313]

„The American Rattle Snake“: Cartoon, April 1782, von James Gillray.

Die überaus scharfe Debatte veranlasste einen Kommentator zu der süffisanten Notiz, dass dieser Krieg in London wohl heftiger ausgetragen worden sei als in Amerika. Es folgten noch vier weitere Sitzungen des Parlaments bis Ende Dezember, in denen es den Führern der Opposition jedoch nicht gelang, einen Gegenentwurf zu Lord Germains Plan einer begrenzten

Fortsetzung des Kampfes zu entwickeln. Schlimmer noch, die Whigs liefen Gefahr, mit ihrer unverhohlenen Häme in einer Stunde höchster nationaler Not sämtliche Sympathien des Hauses und der Öffentlichkeit zu verspielen.[314]

Trotz des inzwischen auch in der Regierung vorherrschenden Überdrusses am Krieg gegen die Kolonisten setzte sich vorerst doch die Einsicht durch, dass die amerikanischen Besitzungen zwar unwiderruflich verloren waren, der Krieg gegen die ewigen Rivalen Frankreich und Spanien dennoch nicht sofort beendet werden konnte. Noch standen Großbritanniens Besitzungen in der Karibik, in Kanada und in Indien auf dem Spiel, und seine Gegner schienen noch längst nicht zu Verhandlungen bereit zu sein. Savannah, Charleston und New York waren daher unverzichtbare Flottenbasen für die Fortsetzung des Krieges in der Karibik. Für Jamaika bestand sogar allerhöchste Gefahr, nachdem Admiral de Grasse sogleich nach der Kapitulation von Yorktown nach Haiti zurückgekehrt war, um sich vereinbarungsgemäß mit der spanischen Karibikflotte zu einem Angriff auf Großbritanniens größte und wertvollste Karibikinsel zu vereinen. Es war schließlich Germains Hartnäckigkeit zu verdanken, dass das Kabinett gegen die Bedenken des Ersten Lords der Admiralität, des Earl of Sandwich, dafür stimmte, den wiedergenesenen Admiral Rodney sofort mit insgesamt 17 Linienschiffen in die Karibik zu entsenden, um endlich die maritime Überlegenheit der Franzosen zu brechen.

Den Erfolg seiner Maßnahme sollte Germain jedoch nicht mehr als Minister erleben. Die Regierung North war bereits Geschichte, als der britische Admiral am 12. April 1782 die Franzosen in einer Seeschlacht vor einer Inselgruppe der Kleinen Antillen, den Îles des Saintes, zum Kampf stellen konnte. Bis zum Einbruch der Dunkelheit hatte Rodney insgesamt fünf gegnerische Schiffe zur Streichung der Flagge gezwungen, darunter auch Admiral de Grasses gigantisches Flaggschiff, die *Ville de Paris.*

Sein Sieg kam jedoch zu spät, um das Kabinett North noch zu retten. Wie kein zweiter Minister hatte North das Vertrauen des Königs besessen und die Staatsgeschäfte während des gesamten Krieges geleitet, aber er war nie ein strategisch handelnder Kriegsherr gewesen wie der ältere Pitt und überdies längst amtsmüde. Als auch der auf Ehrenwort nach England entlassene Cornwallis gegenüber der Londoner Presse erklärte, dass die Eroberung Amerikas durch Feuer und Schwert unmöglich sei, drehte sich die Stimmung im Königreich endgültig.[315] Am 28. Februar 1782 fand endlich eine Resolution der Whigs, den Krieg mit Amerika sofort zu beenden, nach mehreren Anläufen im Unterhaus eine Mehrheit von 19 Stimmen. Damit hatte der Premierminister zum ersten Mal in seiner zwölfjährigen Amtszeit keine Mehrheit mehr, und dem König blieb keine Wahl, als drei Wochen später Lord Norths Demission anzunehmen. Da auch Lord Germains Plan einer begrenzten Fortsetzung des amerikanischen Krieges damit durchgefallen war, erklärte er gleichfalls seinen Rücktritt. Persönliche Animositäten des Staatssekretärs im Verhältnis zu General Sir Gay Carleton, der auf ausdrücklichen Wunsch des Königs zum Nachfolger Clintons in New York ernannt worden war, mochten ihn in seinem Entschluss bestärkt haben. Die Ernennung zum Viscount Sackville of Drayton und ein Sitz im Oberhaus versüßten ihm immerhin die bittere Erfahrung, dass Parlament und Öffentlichkeit die bisherigen Niederlagen in Amerika vor allem ihm anlasteten.

Am Ende musste Georg III. beinahe sein gesamtes Kabinett austauschen und klagte, dass es wohl niemals in der Geschichte des Landes ein so umfassendes Revirement gegeben habe. Zeitweise zog der Monarch sogar seine Abdankung zugunsten seines ältesten Sohnes in Betracht, um sich als Kurfürst nach Hannover zurückzuziehen.[316] Doch mit dieser Flucht an Bord der bereits bereitliegenden königlichen Yacht wäre Englands Niederlage gegen Amerika zu einer Staatskrise eskaliert, die leicht zum Ende der Monarchie auch im Mutterland hätte führen können. So beauftragte Georg III. am 27. März 1782, wenn auch mit äußerstem Widerwillen, den Führer der Whigs, Charles Watson-Wentworth, 2. Marquess of Rockingham, einen von jeher entschiedenen Gegner des amerikanischen Krieges, mit der Bildung einer neuen Regierung. Um zu retten, was für Großbritannien noch zu retten war, hätte der König allerdings keine ungeeignetere Gruppe von Politikern finden können als dieses von Männern wie William Knox, William Shelborne oder Charles Middleton besetzte Kabinett. Ihr unbedingter Wille, den Krieg gegen die Kolonisten um jeden Preis zu beenden, veranlasste Rockingham und seine Minister, auch all jene Befehlshaber von Heer und Flotte auszutauschen, die sie der Opposition gegen ihren neuen Kurs verdächtigten. Die große Flurbereinigung verschonte nicht einmal den siegreichen Admiral Rodney, dessen militärische Bilanz mit 17 erbeuteten Linienschiffen und vier gefangen genommenen Admirälen in diesem Krieg beispiellos war. Das Schiff mit der Weisung zu seiner Ablösung verließ nur wenige Stunden vor dem Eintreffen der Nachricht vom Sieg in der Schlacht von Les Saintes den Hafen von Plymouth und konnte nicht mehr abgefangen werden.[317]

Die gewaltige Aufgabe, das Unvermeidliche zu tun, ohne dabei den Rest des britischen Imperiums noch weiter in Gefahr zu bringen, überforderte die neue Regierung von Anfang an. Weder William Petty, 2. Earl of Shelborne, der nach dem plötzlichen Tod Rockinghams am 1. Juli 1782 dessen Geschäfte übernahm, noch General Henry Seymour Conway, Amhersts Nachfolger als britischer Oberbefehlshaber, verfügten über die erforderliche praktische Erfahrung, um ihre Ziele umzusetzen. Als etwa die neue Regierung die baldige Räumung von Savannah, Charleston und New York beschloss, was den Abtransport von insgesamt 30 000 Mann in die Karibik und nach Nova Scotia erforderte, zeigte sich, dass die britische Flotte bei Weitem nicht genug Transportraum besaß. Auch war völlig unklar, wie ohne den Besitz dieser drei bedeutenden Hafenstädte Rodneys überragender Erfolg bei den Îles des Saintes überhaupt ausgenutzt werden könnte. Angesichts des allgemeinen Kriegsüberdrusses und wegen der inzwischen beunruhigend hohen Staatsschulden verlor dieser Gesichtspunkt jedoch rasch an Gewicht. Nachdem die Regierung Rockingham schon im April 1782 einen Bevollmächtigten nach Paris entsandt hatte, um mit einer von Benjamin Franklin geführten Kommission über den Frieden mit Amerika zu verhandeln, waren größere militärische Unternehmungen kaum noch zu erwarten. Die Unabhängigkeit der 13 Kolonien war kein Streitpunkt mehr, und Rodneys überwältigender Seesieg drängte die Amerikaner zu einem baldigen Abschluss. Aus Sorge vor weiteren britischen Erfolgen und dem Versiegen der französischen Unterstützung ließ Franklin jetzt auch seine bisher behutsam vorgebrachten Ansprüche auf Kanada oder andere Kriegsentschädigungen fallen. Die Großen Seen sollten zukünftig die Grenze zwischen den Vereinigten Staaten und Britisch-Kanada sein. Der Mississippi als gewünschte Westgrenze der Vereinigten Staaten musste allerdings separat mit den Spaniern ausgehandelt werden, die ihre Eroberungen in Florida behalten wollten, zumal sie Gibraltar, Madrids oberstes Kriegsziel, auch im dritten Versuch nicht hatten zurückgewinnen können.

Frankreichs Außenminister Vergennes drängten hingegen nicht nur knappe Kassen zu einem raschen Frieden, was ihn auch bewog, dem amerikanischen Wunsch nach jeweils separaten Verhandlungen mit den Briten nachzukommen. Vor allem brauchte der Bourbonenstaat endlich freie Hand, um in Osteuropa vielleicht sogar gemeinsam mit Großbritannien den wachsenden Ambitionen des Zarenreiches entgegentreten zu können. Nachdem schon die erste Teilung Polens 1772 in Versailles als tiefe Demütigung empfunden worden war, bedrohte der russische Griff nach der Krim jetzt sogar das Osmanische Reich, Frankreichs traditionellen Verbündeten im Orient, in seinen Grundfesten. Mit London gelangte Vergennes daher rasch zu einer Einigung. Auch wenn die Ausweitung seiner Fischfangrechte in Neufundland und der Erwerb der beiden Karibikinseln St. Lucia und Tobago Versailles vorderhand nur als bescheidener Ertrag nach fünf Jahren Krieg erscheinen mochten, hatte Frankreich doch seine alte Augenhöhe mit Großbritannien zurückgewonnen. Als am 3. September 1783 in Paris die Friedensverträge zwischen Großbritannien und seinen drei Gegnern zur selben Zeit unterzeichnet wurden, endete der große Krieg um Amerika, der fast 30 Jahre zuvor in der Wildnis des Ohiotals mit der Ermordung eines frankokanadischen Offiziers begonnen hatte. Zwei europäische Großmächte hatten um den amerikanischen Kontinent gefochten und einer neuen transatlantischen Großmacht zur Geburt verholfen.

Von seinem Weltreich hatte Großbritannien Kanada, Jamaika und Gibraltar retten können und in Indien sogar die Stadt Nagapattinam gewonnen. Viele Briten fühlten sich jedoch gedemütigt und standen nicht allein wegen des bitteren Verlusts unter Schock. Auch schmerzte die Art, wie die 13 nordamerikanischen Kolonien für immer verloren gegangen waren. Nicht die Rebellen hatten das zuvor Undenkbare bewirkt. Diesen Krieg hatten allein Englands unvergleichliche Flotte und seine unüberwindbar scheinende Armee verloren. „Oh, Du unglückliches England", klagte William John Kerr, 5. Marquess of Lothian, „vom Genius befreit, vermochtest Du nicht einen Mann aufzubieten, der das Reich bewahren konnte. Es fand sich im ganzen Reich keine Persönlichkeit, die Erfahrung, Urteilsvermögen und Entschlusskraft in sich vereint hätte, nur das hochtönende Geschwätz der Politiker in beiden Kammern."[318]

Der tief verletzte Stolz auf britischer Seite sorgte auch dafür, dass Benjamin West sein Gemälde, das die Unterhändler beider Seiten beim Abschluss des Vorfriedens zeigen sollte, nicht vollenden konnte. Die rechte Seite mit den zwei Vertretern Großbritanniens blieb leer. Kein Brite wollte der Demütigung seines Landes noch auf Dauer sein Gesicht geben.[319]

Doch wenigstens konnte London jetzt einen Strich unter die Angelegenheit ziehen. Selbst ein günstigerer Verlauf des Krieges hätte, so mussten sich viele patriotische Briten ungeachtet ihrer verletzten Gefühle eingestehen, Amerika für die Krone nicht mehr retten können. Die Folge eines konventionellen Sieges auf den Schlachtfeldern wäre wohl ein jahrelang währender Guerillakrieg gewesen, der schließlich doch mit einem Abzug der britischen Truppen hätte enden müssen. Allerdings schien der Horizont für die schwer gestutzte Weltmacht in jenen Tagen nicht nur in tristem Grau. Als im Herbst 1782 der Abgeordnete John Baker Holroyd, 1. Earl of Sheffield, in Soho Zeuge der Vorführung einer von James Watt entwickelten Dampfmaschine wurde, die mit 120 Arbeitshüben in der Minute mittels eines Planetengetriebes ein Rad in gleichförmige Bewegungen versetzen konnte, rief er spontan aus, dass diese Erfindung England gewiss den Verlust Amerikas ersetzen werde.

Der Sieg der Kolonisten in der historiografischen Debatte

> *„Es lag eine offensichtliche Unangemessenheit in dem Verlangen der Amerikaner nach Rückgabe der Schwarzen, während sie selbst offen für ihre eigenen Freiheiten kämpften."*
>
> Gordon William, *The History of the Rise, Progress, and Establishment of the United States*[320]

Zukünftige Historiker, die einmal die Geschichte dieser Schlacht schreiben wollten, würden vor einer schwierigen Aufgabe stehen, prophezeite Washington am 6. Februar 1783 in einem Brief an General Greene. Es sei sogar sehr gut möglich, dass die Nachwelt ihre Arbeiten als reine Erfindung betrachten werde.[321] Der amerikanische Oberbefehlshaber pflegte im Zusammenhang mit Yorktown gern von dem „einzigartigen Beistand der Vorsehung" zu sprechen, „den nicht einmal der unaufmerksamste Beobachter übersehen könne".[322]

Tatsächlich ist das Wundersame des amerikanischen Erfolgs bis heute ein beliebter Topos der nationalen Gründungserzählung geblieben. So erkannte etwa Gordon William, ein Prediger aus Boston, der erst 1770 in die Kolonien ausgewandert war, in Cornwallis' Kapitulation das Walten einer höheren Gerechtigkeit. Williams vierbändige Gesamtdarstellung des Amerikanischen Unabhängigkeitskrieges erschien bereits fünf Jahre nach dem Pariser Friedenschluss von 1783 in London. Der Autor hatte in Korrespondenz mit Washington und anderen Größen des Krieges gestanden, sodass er sein Werk auch auf der Grundlage amtlicher Schriftstücke verfassen konnte. Im Sieg von Yorktown sah er, wie die meisten amerikanischen Autoren nach ihm, den entscheidenden Erfolg im Kampf gegen die Briten. Dass es gerade die Armee des Generals Cornwallis gewesen war, die bei Yorktown die Waffen hatte strecken müssen, erschien auch William wie ein Akt der Vorsehung, hatten doch aus seiner Sicht gerade diese Regimenter zuvor eine Spur der Verwüstung in North Carolina und Virginia hinterlassen.

> „Diese Armee hatte auf der ganzen Fläche Virginias 400 Meilen an der Westküste und 200 Meilen in westlicher Richtung Verwüstung und Ruinen hinterlassen. Ihre Zahl ermöglichte es ihnen, dorthin zu gehen, wo es ihnen gefiel, und ihre Beutegier ließ sie alles mitnehmen, was sie für am wertvollsten hielten. Die Niederlage einer solchen Armee löste in der Brust jedes Amerikaners große Genugtuung aus."[323]

Für Gordon William war Yorktown fraglos ein Triumph der Freiheit. Dass diese neue Freiheit für die zu den Briten übergelaufenen schwarzen Sklaven jedoch die Erneuerung ihrer alten Knechtschaft bedeutete, mochte er immerhin nicht verschweigen. Es sollte allerdings noch mehr als ein halbes Jahrhundert dauern, bis dieser bizarre Widerspruch des amerikanischen Sieges 1861 mit aller Wucht auf die politische Tagesordnung der Nation gelangte.

Vorerst wurde der Gedanke nicht mehr thematisiert. In der 1789 von David Ramsey veröffentlichten *Geschichte der Amerikanischen Revolution* war vom Schicksal der Sklaven jedenfalls nicht mehr die Rede, obwohl der Verfasser, ein aus Charleston stammender Arzt und Historiker, oft sogar wörtliche Anleihen bei William machte. Der Delegierte der gesetzgebenden Versammlung von South Carolina und Mitglied des Kontinentalkongresses war nach der Eroberung seiner Heimatstadt in britische Gefangenschaft geraten. Wohl auch deshalb vermochte Ramsey nach der glücklich erreichten Unabhängigkeit seine tiefe Befriedigung darüber kaum zu unterdrücken, dass ausgerechnet Lord Cornwallis und seine verruchte Armee am 19. Oktober 1781 den Weg in die amerikanische Gefangenschaft hatten antreten müssen:

> „Ihre Beutegier veranlasste sie, alles zu nehmen, was sie mitnehmen konnten, und ihre Feindseligkeit gegenüber den Amerikanern veranlasste sie oft zur mutwilligen Zerstörung von Dingen, die sie weder gebrauchen noch mitnehmen konnten. Durch ihre Untaten waren Tausende in Not geraten."

Dass britische Militärs außerdem nur auf ihre persönliche Bereicherung bedacht gewesen seien, ohne Rücksicht auf den Nutzen für ihre Sache zu nehmen, machte ihr Verhalten in Ramseys Augen doppelt verwerflich. Dagegen hätten sich die französischen Truppen unter General Rochambeau geradezu vorbildlich verhalten, und auf ihrem langen Marsch von Newport nach Yorktown sei es auch zu keiner Belästigung oder gar Drangsalierung der Bevölkerung gekommen.

***

Nur neun Jahre nach dem Ende des zweiten britisch-amerikanischen Krieges unternahm der Marquis de La Fayette, der inzwischen 67-jährige Heros zweier Welten, eine ausgedehnte Reise durch die Vereinigten Staaten und besuchte am 19. Oktober 1824 auch die Stadt Yorktown, die damals gerade erst wieder von einem großen Feuer heimgesucht worden war. 43 Jahre nach der britischen Kapitulation kam es aus diesem Anlass zur ersten großen Gedenkveranstaltung auf dem ehemaligen Schlachtfeld. Außer dem Gouverneur und anderen Offiziellen aus dem nahen Washington hatten sich auch Tausende von Besuchern versammelt, um noch einmal die alte Waffenbruderschaft mit Frankreich zu feiern. Das festliche Diner nahm man sogar in Washingtons ehemaligem Zelt ein, das dieser während der Belagerung benutzt hatte.

***

Es verging danach jedoch noch ein weiteres halbes Jahrhundert, ehe es 1881 zur ersten offiziellen Gedenkveranstaltung in Yorktown kam. Tatsächlich hatten die Vereinigten Staaten kaum zwei Jahrzehnte nach einem vierjährigen blutigen Ringen zwischen Nord und Süd allen Anlass, die Gemeinsamkeiten ihrer Geschichte zu betonen. Anlässlich der Sezession der Südstaaten war Virginia noch einmal zum Kriegsschauplatz geworden, und im Mai 1862 wäre es während des Halbinselfeldzugs von Unionsgeneral George McClellan beinahe sogar zu einer weiteren Schlacht um Yorktown gekommen. Doch sein konföderierter Widersacher John Magruder zog es vor, seine Stellungen um die Stadt vorzeitig aufzugeben. Es passte daher gut zum

Anliegen des *Yorktown Centennial*, dass 1781 zwar auch eine Armee aus dem Norden nach Virginia marschiert war, sie aber im Gegensatz zu den immer noch verhassten Unionstruppen damals gekommen war, um dem gemeinsamen Feind die lang ersehnte entscheidende Niederlage beizubringen. „Ein Land, eine Verfassung, ein Schicksal" lautete dann auch das Motto auf dem Sockel der 1881 endlich fertiggestellten Siegessäule, auf deren Spitze eine Freiheitsgöttin thronte. Obwohl der Kontinentalkongress ihre Errichtung bereits beschlossen hatte, kaum dass Washingtons Siegesbotschaft in Philadelphia eingetroffen war, dauerte es noch ein ganzes Jahrhundert, bis das Vorhaben verwirklicht wurde.

Natürlich fehlten die Vertreter Frankreichs nicht, darunter die Nachfahren von La Fayette, Rochambeau und de Grasse sowie ein gewisser Georges Boulanger, der damals in seinem Heimatland als „Général Revanche" große Popularität genoss. Die Franzosen waren umso willkommener, als aus dem ehemaligen Verbündeten inzwischen ebenfalls eine Republik geworden war. In der Nachfolge des erst einen Monat zuvor an den Folgen eines Attentats verstorbenen amerikanischen Präsidenten James Garfield hielt Chester Alan Arthur die Begrüßungsrede und sparte nicht mit Lob für den ehemaligen Alliierten:

> „Es war Ihre Anwesenheit, die unsere damals nach einer langen Reihe von Rückschlägen erschütterten Landsleute mit neuer Hoffnung beseelte, und es war Ihre noble und großzügige Hilfe in der düsteren Stunde des langen Kampfes, die unserem Triumph den Weg bahnte und die Kapitulation von Yorktown ein Jahrhundert zuvor ermöglichte."[324]

Die aufwendig inszenierte Veranstaltung war offenbar frei von alten Ressentiments, denn auch britische Schiffe waren auf dem York River erschienen, und an Land wurde die britische

Hymne „God save the Queen“ sogar mehrmals mit großer Begeisterung angehört.[325]

Grundsätzlich gilt Yorktown aufseiten amerikanischer Autoren bis heute als Symbol für die nach langem Kampf auf beinahe wundersame Weise erreichte Unabhängigkeit und Freiheit, was allerdings unterschiedliche Bewertungen der Rollen Washingtons und anderer Akteure nicht ausschließt. Während etwa der Historiker Richard Ketchum in seiner 2004 erschienenen Monografie über die Schlacht den Marsch der Kontinentalarmee nach Virginia als eine Tat feierte, die Ausdauer, Entschlossenheit, eine große Portion Glück und vielleicht sogar die gelegentliche Hilfe der von Washington so oft erwähnten Vorsehung benötigte,[326] zeigte sich etwa sein Kollege John Ferling aus West Virginia zurückhaltender. Zwar sei Washingtons umsichtiger Kurs am Ende von Erfolg gekrönt worden, doch sei er lediglich der glückliche Nutznießer einer Reihe von Ereignissen gewesen, die er weder vorhersehen noch im Mindesten habe beeinflussen können. Tatsächlich hätten jedoch erst die Erfolge General Greenes in den beiden Carolinas die entscheidende Voraussetzung für den Sieg von Yorktown geschaffen. Sie allein hätten Cornwallis bewogen, nach Virginia und damit in sein Verderben zu marschieren. Ferling ist nicht weit von der Auffassung John Adams' entfernt, der nur sechs Wochen nach Cornwallis' Kapitulation in einem Brief an John Jay betont hatte, dass Greenes jüngste Unternehmungen in den beiden Carolinas mindestens ebenso bedeutsam für den Erfolg der amerikanischen Waffen gewesen seien wie die Einnahme von Yorktown.[327]

Aus britischer Sicht stand dagegen zunächst die Suche nach den Verantwortlichen des Desasters im Vordergrund. Ausgerechnet der aus Pennsylvania stammende Charles Stedmann, ein Loyalist, der nach Kriegsbeginn zu den Briten übertrat und als Offizier unter Cornwallis und Francis Rawden in South Carolina diente, veröffentlichte 1794 die erste britische Gesamtdarstellung des amerikanischen Krieges. Immer noch beschäftigte damals die Auseinandersetzung zwischen Clinton und Cornwallis über die Verantwortung für Großbritanniens militärische Demütigung das Londoner Publikum. Stedmann vermied jedoch umsichtig eine Parteinahme in diesem Streit und lobte stattdessen die britische Armee in den höchsten Tönen. Die Ursache des britischen Scheiterns in Amerika sah er eher in der Politik der Regierung, die kein strategisches Konzept besessen, sondern allein um ihres kurzfristigen Machterhalts willen taktiert habe.[328]

Dass North und Germain zum Zeitpunkt der Publikation seines Buches bereits verstorben waren, dürfte für Stedmanns Urteil nicht ohne Bedeutung gewesen sein. Clinton und Cornwallis lebten dagegen noch, und vor allem der Protektion des Letzteren sollte es der Autor verdanken, dass er 1797 einen hohen Posten in der britischen Militärverwaltung erhielt. Frei von derartigen Rücksichten war dagegen Sir John Fortescue, der renommierte Chronist der britischen Armee, der in seiner erstmals 1911 erschienenen Geschichte des Amerikanischen Unabhängigkeitskrieges zu einem klaren Urteil gelangte. Unter keinen Umständen könne General Cornwallis unbescholten aus dieser Affäre hervorgehen, lautete Fortescues vernichtender Befund. Sein Marsch nach Virginia sei ein strategischer Fehler gewesen und Cornwallis' Entscheidung, die äußere Verteidigungslinie von Yorktown ohne Not aufzugeben, habe ihn die vielleicht entscheidende Woche gekostet.[329] Differenzierter urteilte ein halbes Jahrhundert und zwei Weltkriege später sein Landsmann Piers Gerald Mackesy. In der Katastrophe von Yorktown sah der Oxforder Historiker nur das Symptom eines für den Krieg in Amerika völlig ungeeigneten britischen Militärsystems. Demnach war Lord Cornwallis' Kapitulation nicht allein die Folge strategischer oder taktischer Fehler, sondern die unausweichliche Konsequenz einer bemerkenswert langen Reihe organisatorischer Unzulänglichkeiten, Kommunikationspannen, Fehlentscheidungen und struktureller Rivalitäten zwischen Heer und Flotte.[330]

Über die politische Bedeutung der Kapitulation von Yorktown bestand jedoch parteiübergreifend nie Zweifel. Selbst nach 200 Jahren behauptete der amerikanische Sieg seinen prominenten Platz im nationalen Erinnerungskanon. Als 1981 das *Bicentennial* der Schlacht an alter Stelle begangen wurde, übertraf das Interesse der Medien und der 60 000 angereisten Zuschauer noch einmal das Echo der beiden vorangegangenen Veranstaltungen von 1881 und 1931. Der verlorene Krieg gegen ein kleines südostasiatisches Volk nagte damals noch tief am Selbstbewusstsein der Nation und verhinderte eine reflektiertere Rückbesinnung auf die eigenen Anfänge, als Amerika einmal selbst, wie jüngst Vietnam, gegen eine scheinbar unüberwindliche Supermacht hatte kämpfen müssen.

So reduzierte sich alles Gedenken auf eine viertägige Jubelfeier, zu der Frankreichs Staatspräsident François Mitterand sogar an Bord einer Fregatte namens *De Grasse* auf dem York River eintraf. Die politische Gemengelage war nicht leicht. Erst wenige Monate zuvor war auf den Gastgeber Ronald Reagan ein Attentat verübt worden, was vielen Beobachtern als eine gespenstige Parallele zum Schicksal seines Vorgängers James Garfield erschienen sein dürfte. Der genesene Präsident gab sich jedoch humorvoll und begann seine Rede mit der launigen Ankündigung, alle Kadetten des Virginia Military Institute amnestieren zu wollen, was an Washingtons damalige Aufhebung aller in der Armee verhängten Arreststrafen erinnerte. Der Präsident fuhr mit einem Gedanken La Fayettes fort. Die Menschheit habe eine Schlacht gewonnen und die Freiheit nun endlich ein Land gefunden, hatte der Franzose nach dem gemeinsamen Sieg geschrieben. Insgesamt erwähnte Reagan das Wort Freiheit noch 16-mal, doch seine selbstgerechte Rhetorik in Zeiten des Kalten Krieges entsprach inzwischen nicht mehr dem Empfinden der Zeit. Wie alle zuvor gehaltenen Sonntagsreden über die Amerikanische Revolution blendete sie auch anderthalb Jahrzehnte nach dem Beginn der Bürgerrechtsunruhen mit immer noch erstaunlicher Gleichgültigkeit das grausame Schicksal der versklavten Afrikaner am Ende der Belagerung aus. Schon in den Kapitulationsbedingungen von Yorktown hatte Washington bestimmt, dass alle Besitztümer, die britische Soldaten in Virginia an sich gebracht hatten, zurückgegeben werden müssten.[331] Damit waren vor allem die entflohenen Sklaven gemeint, die in britische Dienste getreten waren. Nur wenige Tage nach der Übergabe war Washington sogar deutlicher geworden und hatte am 25. Oktober in einem Generalbefehl verfügt, dass alle „Schwarzen oder Mulatten", die sich zu den Briten geflüchtet hätten, sich noch auf deren Schiffen verbargen oder sich britischen Offizieren als vermeintlich freie Männer angedient hätten, an seinen Beauftragten David Ross, einen der reichsten Pflanzer Virginias, zu übergeben seien. Der sollte sie ihren früheren „Besitzern" zuführen oder aber, falls diese sich nicht meldeten, sie an Interessierte verkaufen.[332]

Mit einem Federstrich habe Washington damals seine stolze Armee zu „einem Haufen von Sklavenhäschern" gemacht, schrieb Gregory Urwin, Professor an der Temple University in Philadelphia, und betonte zugleich, dass diese skandalöse Verfügung seit mehr als 200 Jahren für jeden, der sich dafür interessierte, frei zugänglich gewesen sei.[333] Als die Briten in den beiden auf Yorktown folgenden Jahren ihre letzten verbliebenen Stützpunkte in Amerika räumten, sollen sich ihnen auch bis zu 20 000 Afroamerikaner angeschlossen haben. Das war laut Professorin Jill Lepore von der Harvard University Amerikas größte Sklavenbefreiung vor Abraham Lincoln.[334] Auch verzichtete eine hohe Zahl loyaler Kolonisten damals darauf, Teil des vermeintlichen neuen Paradieses der Freiheit zu werden, und zog es vor, nach Kanada oder Großbritannien auszuwandern. Der Historiker Allan Taylor von der Thomas Jefferson University in Virginia schätzt, dass durch den Krieg und den Sieg der Patrioten wohl 60 000 königstreue Kolonisten sich genötigt sahen, eine neue Heimat zu finden, womit sie sogar die Zahl der Franzosen überboten, die nach 1789 ihr Land verlassen mussten.[335] Tatsächlich war der amerikanische Krieg um die Unabhängigkeit bereits auch der erste Bürgerkrieg der neuen Nation. Man darf gespannt darauf sein, ob diese Kritik anlässlich des bald anstehenden 250. Jahrestages der Schlacht von Yorktown endlich aufgegriffen wird.

Das Monument zum Sieg bei Yorktown 1781.

Fazit – Ein Dreißigjähriger Krieg um Amerika

„Die Franzosen sind nur darauf aus, uns von Großbritannien zu trennen. Keinesfalls liegt es in ihrem Interesse, dass wir ein großes und mächtiges Volk werden. Ein Vertrag zwischen uns und Großbritannien, der auf gegenseitigem Vertrauen oder gar Herzlichkeit beruhen würde, fände nie ihre Unterstützung. Tatsächlich trachten sie danach, in ihm die Saat von Neid, Unzufriedenheit und Zwietracht zu legen, sodass wir wegen unserer Sicherheit dauerhaft unsere Augen auf Frankreich richten müssten. Aus diesen Überlegungen heraus liegt ihnen auch daran, Britannien in unserer Nachbarschaft stark zu erhalten, und uns mit möglichst geringen Ressourcen an Reichtum und Macht auszustatten."

Brief von John Jay an Robert R. Livingston vom 17. November 1782[336]

Nur 20 Jahre nach dem Ersten Pariser Frieden von 1763 wurde wiederum in Frankreichs Hauptstadt ein Vertrag unterzeichnet, der einen Schlussstrich unter einen langen und kostspieligen Krieg zwischen den alten Kontrahenten Großbritannien, Frankreich und Spanien zog. Vor allem aber beendete er den achtjährigen Kampf zwischen Großbritannien und seinen amerikanischen Kolonisten. Die Unabhängigkeit der 13 ehemaligen britischen Kolonien, fraglos das bedeutsamste Resultat dieses Konfliktes, überragte von Anfang an die Bedeutung aller sonstigen kleinteiligen Vereinbarungen zwischen den drei europäischen Mächten. Gibraltar blieb britisch, Menorca fiel dagegen an Spanien zurück, und auch in der Karibik wechselten einige Inseln ihren Besitzer. Frankreich durfte Dünkirchen endlich wieder als Hafen und Festung nutzen. Trotz der von den rebellierenden Kolonisten glücklich erreichten Unabhängigkeit war dieses Kräftemessen weitaus mehr gewesen als nur ein Kampf um die Loslösung Amerikas aus dem britischen Weltreich.

Wie schon der 20 Jahre zuvor scheinbar so klar entschiedene Konflikt war er vor allem um die Neuordnung des nordamerikanischen Kontinents ausgetragen worden, und wie der Erstere war er zuletzt ebenfalls zum Weltkrieg eskaliert. So hatten Briten, Spanier und Franzosen einander seit 1778 erneut in Indien, Afrika und Europa bekämpft, und es war sogar auf britischer Seite überlegt worden, den Krieg, wie schon 1762, auf den pazifischen Raum auszuweiten. Zwar waren in der Neuauflage des Konfliktes bedeutende Festlandsmächte in Europa neutral geblieben, doch Preußens, Russlands und Österreichs Feldzüge und Schlachten zwischen 1756 und 1762 waren aus einer transatlantischen Perspektive schon damals wie ein aus der Zeit gefallener Appendix erschienen. Auf die globale Auseinandersetzung der Kolonialmächte um Märkte und maritime Routen hatte der Kampf um Schlesien, Sachsen und Ostpreußen kaum Einfluss gehabt. Frankreich war 1757 mit seiner Armee nur deshalb über Rhein und Weser zur Elbe vorgerückt, um Faustpfänder zum Schutz seiner bedrohten überseeischen Besitzungen in die Hand zu bekommen. Mit Ausnahme von „Roßbach" hatte es sich tatsächlich nie am Krieg gegen Preußen beteiligt.

Es war vor allem der Bourbonenstaat gewesen, der seine Demütigung im Ersten Pariser Frieden nie hatte überwinden können und seither zielstrebig auf dessen Revision hinwirkte. Noch vor Ausbruch des offenen Krieges in Amerika hatten französische Segler in großem Umfang Waffen und Munition an die Patrioten in Neuengland geliefert. Als die nordamerikanischen Kolonien sich 1775 endlich geschlossen gegen Krone und Parlament erhoben und zwei Jahre später bei Saratoga sogar eine ganze britische Armee zur Kapitulation zwingen konnten, sah Versailles den Zeitpunkt gekommen, den alten Krieg gegen Großbritannien mit seiner erneuerten Flotte wieder aufzunehmen.

Der Pariser Frieden von 1763 könnte somit vielleicht mit dem sogenannten Nikiasfrieden zwischen Athen und Sparta im Jahr 421 v. Chr. verglichen werden. Großbritanniens Diktat von 1763 war aus Frankreichs Sicht nie mehr als ein Waffenstillstand gewesen, der die seit 1778 eingetretene Veränderung der Kräfteverhältnisse zwischen den beiden rivalisierenden Großmächten nicht überleben konnte. Wie der vielleicht bedeutsamste Krieg der Antike nach einer Unterbrechung von nur wenigen Jahren erneut aufgenommen worden war und erst im Jahr 404 v. Chr. mit der völligen Niederlage Athens geendet hatte, so ließe sich der amerikanische Krieg, der 1754 mit der heimtückischen Ermordung eines frankokanadischen Offiziers in den Wäldern des Ohiotals begann, analog zu der Sicht des athenischen Geschichtsschreibers Thukydides als ein neuer Peloponnesischer Krieg um Amerika betrachten, der tatsächlich erst 1783 seinen wirklichen Abschluss fand.

Es mag als eine sonderbare Fügung erscheinen, dass sich am Anfang wie auch am Ende dieses langen Krieges mit George Washington ein und dieselbe Persönlichkeit in seine Annalen eintragen konnte. Der trostlose und entmutigende Beginn der militärischen Karriere des späteren Pflanzers und Bodenspekulanten aus Virginia stand wiederum im auffallenden Kontrast zu seinem Triumph von Yorktown, den schon der Protagonist selbst und viel mehr noch nachfolgende Generationen von Amerikanern nur als das Wirken einer wohlgesinnten Vorsehung verstehen konnten. Als die 13 amerikanischen Kolonien am 4. Juli 1776 Großbritannien und den Rest der Welt mit ihrer Botschaft von der Unabhängigkeit überraschten, war dies fraglos eines der kühnsten und vielleicht auch wahnsinnigsten Unterfangen der Geschichte. Ohne Heer und Flotte und vor allem ohne einen stichhaltigen Kriegsgrund hatten sie eine Weltmacht herausgefordert. Sämtliche Führer der „Patrioten“ hätten nach den Maßstäben ihrer Zeit auch als Verräter am Galgen enden können.

Als nur 85 Jahre später die elf Konföderierten Staaten von Amerika der Union den Fehdehandschuh vor die Füße warfen, waren ihre Aussichten auf einen Erfolg weitaus günstiger als die von Amerikas sogenannten Gründervätern. Die abtrünnigen Südstaatler kontrollierten Anfang 1861 ein gewaltiges Staatsgebiet, größer als das Territorium der amerikanischen Rebellen, sie besaßen ein ausgezeichnetes Offizierskorps, eine schlagkräftige Armee und vor allem ein Staatsvolk, das die Lebensweise des Nordens mehrheitlich ablehnte. All dies konnten die 13 rebellierenden Kolonien 1776 nicht für sich beanspruchen. Es gab weder ein Heer noch eine Flotte, und nicht weniger als 20 000 loyale Kolonisten kämpften zwischen 1776 und 1782 sogar unter britischer Flagge. Auch mochten 60 000 Amerikaner nach 1783 nicht Teil der neuen amerikanischen Freiheit sein und hatten auch während des Krieges versucht, eine Parteinahme zu vermeiden. Doch warum gelang der Union nach vier Jahren, woran die britische Weltmacht 1781 endgültig gescheitert war? Gewiss war die vollständige Niederwerfung der Rebellion des Südens im Jahr 1865 auch den revolutionär verbesserten Transport- und Kommunikationsmitteln zu verdanken, doch mehr noch sprach gegen einen Erfolg der Konföderierten, dass es den Rebellen von 1861 nie gelang, einen namhaften europäischen Alliierten zu finden. Ein Staat, der vor allem um die Aufrechterhaltung der Sklaverei kämpfte, konnte im Europa der 1860er-Jahre nicht mehr auf Verbündete zählen. 80 Jahre zuvor hatten die Protagonisten der amerikanischen Unabhängigkeit dagegen mehr Erfolg gehabt. Ihre hohen Ideale von Freiheit, Fortschritt und Humanität, die angeblich von einem tyrannischen Mutterland bedroht waren, verfingen unter den europäischen Aufklärern und vor allem beim französischen Adel. Der wollte oder konnte allerdings nicht sehen, dass er mit seiner Begeisterung für die amerikanischen Ideen selbst die Voraussetzungen seiner privilegierten Existenz untergrub.

Doch französische Diplomaten wie Charles Gravier, comte de Vergennes, sahen im Aufstand der Kolonien vor allem die lang ersehnte Gelegenheit, die Ehre ihres Landes wiederherzustellen und „Albions" unerträglichen Dünkel zu brechen. Es war jedoch nie der Plan des Außenministers gewesen, mehr als nur einen amerikanischen Klientelstaat zu ermöglichen, der, eingekreist vom Rest der britischen Besitzungen, auf Dauer finanziell und militärisch von Frankreich abhängig wäre. Als jedoch François Joseph Paul de Grasse im Spätsommer 1781 mit seiner ganzen Flotte zur Mündung der Chesapeake Bay segelte, machte er dieses beschränkte Ziel seiner Versailler Auftraggeber zunichte. Was 1754 in der entlegenen Wildnis des westlichen Virginia begonnen hatte, endete 29 Jahre später wider Erwarten mit der Geburt einer neuen und selbstbewussten Großmacht, die bereits damals alles Territorium von den Großen Seen bis zum Mississippi beanspruchte.

Zeittafel

1763 Friede von Paris. Frankreich verliert Kanada und Louisiana

1765 Die Regierung Lord Grenvilles beschließt den *Stamp Act* (Stempelsteuer)

1767 Verabschiedung der sogenannten Townsheed Zölle

1770 Sogenanntes Boston Massaker. Britische Soldaten erschießen sieben Bostoner Bürger

1772 Kolonisten aus Rhode Island überfallen die britische Fregatte *Gaspée*

1773 Sogenannte Boston *Tea-Party*

1774 Britisches Parlament verabschiedet am 27. April die *Coercive Acts* gegen Boston und Massachusetts

1774 Erster amerikanischer Kontinentalkongress tritt im September in Philadelphia zusammen

1775 Gefechte von Concord und Lexington am 19. April. Beginn des offenen Krieges zwischen Großbritannien und den amerikanischen Kolonisten

1775 Schlacht auf Bunker Hill. Die Briten stürmen am 17. Juni die Stellung der Rebellen, erleiden aber hohe Verluste

1775 Amerikanische Truppen greifen im Dezember Quebec an, müssen sich aber zurückziehen

1776 Britische Truppen räumen im März die Stadt Boston

1776 Die Vertreter von 13 amerikanischen Kolonien erklären am 4. Juli in Philadelphia ihre Unabhängigkeit von Großbritannien

1776 Britische Truppen landen im August auf Long Island und auf der Halbinsel Manhattan

1776 George Washington überquert am 26. Dezember mit seiner Armee den Delaware und erobert Trenton

1777 Die Briten besetzen am 26. September nach der Schlacht von Brandywine Philadelphia

1777 Eine britische Armee unter General Burgoyne muss am 17. Oktober bei Saratoga kapitulieren

1778 Frankreich tritt an der Seite der amerikanischen Kolonisten in den Krieg gegen Großbritannien ein und schickt eine Flotte in die Karibik

1778 Die Briten räumen am 18. Juni Philadelphia und ziehen sich nach New York zurück

1778 Britische Truppen erobern die Hafenstadt Savannah in Georgia

1779 Spanien erklärt am 16. Juni Großbritannien den Krieg. Ein Angriff der vereinigten französisch-spanischen Flotte auf die Hafenstadt Bristol misslingt jedoch

1780 Die Briten erobern am 12. Mai die Hafenstadt Charleston in South Carolina

1780 Lord Cornwallis schlägt am 16. August eine Rebellenarmee bei Camden in South Carolina

1780 Eine Armee amerikanischer Loyalisten wird am 17.Oktober bei King's Moutain von den Rebellen vernichtet

1781 Lord Cornwallis verfolgt die Amerikaner unter General Greene durch ganz North Carolina und schlägt sie am 16. März in der Schlacht von Guilford Courthouse

1781 Cornwallis marschiert nach Virginia und trifft am 25. April in Petersburg ein

1781 Cornwallis schlägt die Amerikaner am James River (5. Juli) und verschanzt sich in Yorktown

1781 Eine französische Flotte unter Admiral de Grasse blockiert seit Ende August den Eingang zur Chesapeake Bay und behauptet sich am 5. September in einer Seeschlacht gegen ein britisches Geschwader. Damit sitzt Lord Cornwallis mit seiner Armee bei Yorktown in der

Falle. Eine vereinigte amerikanisch-französische Armee unter Washington und Rochambeau schließt die Briten in Yorktown ein und zwingt Cornwallis am 19. Oktober zur Kapitulation. Damit hat Großbritannien im Krieg gegen die Kolonisten zum zweiten Mal eine ganze Armee verloren

1782 Die Regierung von Lord North verliert im Parlament ihre Mehrheit. König Georg III. muss am 27. März einen Premierminister der Whigs ernennen und akzeptieren, dass Verhandlungen mit den Amerikanern begonnen werden

1782 Eine schwere Niederlage der französischen Flotte am 12. April bei Les Saintes in der Karibik gegen ein britisches Geschwader unter Admiral Rodney beschleunigt die Friedensverhandlungen in Paris. Die Amerikaner verzichten am 30. November im Vorfrieden von Paris auf Kanada, sichern sich aber die Großen Seen als neue Grenze

1783 Im Frieden von Paris erkennt Großbritannien am 3. September endgültig die Unabhängigkeit seiner 13 ehemaligen Kolonien an

Anmerkungen

Einleitung

1 Zitiert bei Weintraub, *Iron Tears*, S. 297 f.
2 O'Shaughnessy, *The Men Who lost America*, S. 273.
3 Brief v. 9.4.1781 an Colonel John Laurens, in: *Writings of George Washington*, Bd. XXI, S. 439.
4 Mackesy, *The War for America*, S. 505.
5 Ferling, *Almost a Miracle*, S. 569.

1. Der einsame Sieger

6 Zitiert nach Simms, *Three Victories and a Defeat*, S. 517.
7 Taylor, *American Revolution*, S. 44 f.
8 Simms, *Three Victories and a Defeat*, S. 516.
9 Ebd., S. 519.
10 Ebd., S. 512.
11 Bunker, *Empire on the Edge*, S. 21.
12 O'Shaughnessy, *The Men who lost America*, S. 88.
13 Zitiert nach Taylor, *American Revolution*, S. 50 f.
14 Middlekauf, *Glourious Case*, S. 31.
15 Taylor, *American Revolution*, S. 31 f.
16 Ebd., S. 51.
17 O'Shaughnessy, *The Men who lost America*, S. 281.
18 Bunker, *Empire on the Edge*, S. 233.
19 Hibbert, *Redcoats and Rebels*, S. 4.
20 Ebd., S. 20.
21 Simms, *Three Victories and a Defeat*, S. 553.
22 Ebd., S. 553.
23 Bunker, *Empire on the Edge*, S. 69.
24 Eintrag v. 17.12. 1773, in: Butterfield (Hrsg.), *Adams Papers*, Bd. II, S. 85 f.
25 Bunker, *Empire on the Edge*, S. 239 ff.
26 Tucker, *Four Tracts on Political and Commercial Subjects*, S. 195 ff.
27 Bunker, *Empire on the Edge*, S. 273.

28 Donne (Hrsg.), *Letters of King George the Third with Lord North*, Bd. I, S. 183.
29 Churchill, *A History of the English Speaking Peoples*, Bd. III., S. 142.
30 Griffith, *War for American Independence*, S. 162.

2. Ohne Heer und Flotte

31 Walpole, *Journal*, Bd. I, Eintrag v. 28.5.1775, S. 491.
32 Bunker, *Empire on the Edge*, S. 353.
33 Donne (Hrsg.), *Letters of George the Third with Lord North*, Bd. I, S. 214 f.
34 Fortescue, *The War of Independence*, S. 1.
35 Bunker, *Empire on the Edge*, S. 86.
36 Zitiert nach Bunker, *Empire on the Edge*, S. 358.
37 Middlekauff, *Glorious Cause*, S. 272.
38 Ebd., S. 274.
39 Bericht des Lieutenant Colonel Smith v. 22.4.1775, in: Paul u. Angela Adams (Hrsg.), *Die Amerikanische Revolution*, S. 137 ff.
40 *Concord Fight. Narrative of Ensign Jeremy Lister*, S. 24.
41 French, *The Day of Concord and Lexington*, S. 104.
42 Bericht des Lieutenant Colonel Smith v. 22.4.1775, in: Paul u. Angela Adams (Hrsg.), *Die Amerikanische Revolution*, S. 137 ff.
43 Ebd., S. 190 f.
44 *Concord Fight. Narrative of Ensign Jeremy Lister*, S. 27.
45 Ebd., S. 30.
46 Brief v. 20.4.1775, zitiert bei Ferling, *Almost a Miracle*, S. 33.
47 Middlekauff, *Glorious Case*, S. 279.
48 Griffith, *War for American Independence*, S. 178.
49 Zitiert nach Taylor, *American Revolution*, S. 131.
50 Ebd., S. 133.
51 Philbrick, *Bunker Hill*, S. 272.
52 Brief v. 15.7.1775, in: *Concord Fight. Narrative of Ensign Jeremy Lister*, Anhang, S. 55.
53 Ferling, *Almost a Miracle*, S. 58.
54 Ebd., S. 60.
55 O'Shaughnessy, *The Men who Lost America*, S. 168 f.
56 John Keegan, *Fields of Battle*, S. 152 f.
57 Curtis, *The Organisation of the British Army in the American Revolution*, S. 1 f.
58 Bunker, *Empire on the Edge*, S. 326 f.
59 Curtis, *Organisation of the British Army*, S. 52.

60 Conway, „The British Army. Military Europe and the War of Independence“, in: *The William and Mary Quaterley* (WMQ) 2010, S. 82.
61 Ebd., S. 78.
62 Georg III. an Lord North am 3.11.1775, in: Donne (Hrsg.), *Correspondence of King George the Third to Lord North*, Bd. 1, Brief 322, S. 282.
63 Fortescue, *The War of Independence*, S. 26.
64 Brief Washingtons an Joseph Reed v. 28.11.1775, in: Fitzpatrick (Hrsg.), *Writings of George Washington*, Bd. IV, S. 146.
65 Ferling, *Almost a Miracle, S.* 102 f.
66 Griffith, *War for American Independence*, S. 270.
67 Zitiert bei Johnson, *Sketches of the Life and Correspondence of Nathanael Greene*, Bd. II, S. 220.
68 Martin, *A Revolutionary Soldier*, S. 73 f.
69 Zitiert nach Cox, „The Continental Army“ in: Gray/Kamensk (Hrsg.) *Oxford Handbook of the American Revolution*, S. 161.
70 Taylor, American Revolutions,
71 Nathanael Greene, zitiert nach Taylor, *American Revolution*, S. 242.
72 Brief an Abigail Adams v. 7.7.1776, in: Butterfield (Hrsg.), *Adams Familiy Correspondence*, Bd. II, S. 37 f.
73 Dan (Hrsg.), *The Revolution Remembered*, S. 52, 229.
74 Wright, *The Continental Army*, S. 24.
75 Ebd., S. 84.
76 Zitiert nach Cox, „The Continental Army“ in: Gray/Kamensk (Hrsg.) *Oxford Handbook of the American Revolution*, S. 166.
77 Ebd., S. 167.
78 Ewald, *Diary of the American War*, Bd. 2, S. 340.
79 Brief an Abigail Adams v. 22.5.1777, in: Butterfield (Hrsg.), *Adams Papers*, Bd. II, S. 245 f.
80 Zitiert nach Taylor, *American Revolutions*, S. 203.
81 Ebd., S. 203.
82 Ewald, *Diary of the American War*, Bd. II, S. 342.
83 Martin, *A Revolutionary Soldier*, S. 111.
84 „Farewell Orders to the Armies“ v. 2.11.1783, in: Fitzpatrick (Hrsg.), *Writings of George Washington*, Bd. XXVII, S. 223.
85 Brief v. 3.10.1775, in: Labaree (Hrsg.), *Papers of Benjamin Franklin*, Bd. 22, S. 216.
86 Middlekauff, *Glorious Case*, S. 321.
87 Journal of Captain Thayer, S. 10.
88 Ebd., S. 12.
89 Taylor, *American Revolution*, S. 153.
90 *Life and Works of Thomas Paine*, Bd. II, S. 131.

91 Middlekauff, *Glorious Case,* S. 328.
92 Brief John Adams' an seine Gattin v. 11.6.1775, in: Butterfield et al. (Hrsg.), *Adams Papers,* Bd. II, S. 215 f.
93 Middlekauff, *Glorious Case,* S. 327.
94 Bunker, *Empire on the Edge,* S. 276.
95 Boyd (Hrsg.), *Papers of Thomas Jefferson,* Bd. 1, S. 426.
96 Lowell, *The Hessians,* S. 41.
97 Mackesy, *War for America,* S. 69.
98 Brief v. 18.6.1776, in: Koser/Droysen, *Briefwechsel Friedrichs des Großen mit Voltaire,* Dritter Teil, S. 389.
99 Brief v. 24.10.1777 an den Margrafen, in: Droysen et al. (Hrsg.), *Friedrich der Große, Politische Korrespondenz,* Bd. 39, S. 367, (25.713).
100 Briefe v. 3.7. u. 28.8.1777 an den Grafen v. Maltzan, in: Droysen et al. (Hrsg.), *Friedrich der Große, Politische Korrespondenz,* Bd. 39, S. 244 (25.556) u. S. 303 (25.633).
101 Ferling, *Almost a Miracle,* S. 127.
102 Middlekauff, *Glorious Case,* S. 345.
103 Brief v. 3.9.1776, in: Commager/Morris (Hrsg.), *The Spirit of „Seventy-Six"* S. 443.
104 Griffith, *War for American Independence,* S. 307.
105 Ferling, *Almost a Miracle,* S. 138.
106 Griffith, *War for American Independence,* S. 311.
107 Ferling, *Almost a Miracle,* S. 141.
108 Ebd., S. 141.
109 Ebd., S. 149.
110 Middlekauff, *Glorious Case,* S. 359.
111 Ferling, *Almost a Miracle,* S. 153.
112 Brief v. 6.12.1776, in: Peter Force, *American Archiv,* 5. Serie, Sp. 1083 f.
113 Ferling, *Almost a Miracle,* S. 164 f.
114 Brief Washingtons an John Hancock v. 8.12.1776, in: Peter Force, *American Archiv,* 5. Serie, Sp. 1119 f.
115 Griffith, *War for American Independence,* S. 338.
116 Brief v. 27.12.1776, in: Fitzpatrick (Hrsg.), *Writings of George Washington,* Bd. V, S. 89.
117 Middlekauff, *Glorious Case,* S. 363.
118 Fitzpatrick (Hrsg.), *Writings of George Washington,* Bd. VI, S. 426.
119 Brief v. 17.12. 1776, zitiert nach Ferling, *Almost a Miracle,* S. 175.
120 Brief v. 28.12.1776, in: Commager/Morris (Hrsg.), *The Spirit of „Seventy-Six",* S. 512 f.
121 Ewald, *Diary of the American War,* Bd. II., S. 44.
122 Griffith, *War for American Independence,* S. 343.

123 Serle, *American Journal*, hrsg. v. E. Tatum, S. 168.
124 Jones, *History*, Bd. I, S. 177.
125 Schreiben an Lord Sackville-Germain v. 30.11.1776, zitiert bei Mackesy, *War for America*, S. 109 f.
126 Fortescue, *War of Independence*, S. 61.
127 Ebd., S. 60.
128 *Friederike Riedesel – Eine Frau reist in den Krieg*, hrsg. v. T. Ostwald, S. 85.
129 Ebd., S. 79.
130 Brief v. 30.7.1777, in: Butterfield et al. (Hrsg.), *Adams Family Correspondence*, Bd. II, S. 297.
131 Brief v. 22.8.1777, in: Fitzpatrick (Hrsg.), *Writings of George Washington*, Bd. IX, S. 147 f.
132 Weintraub, *Iron Tears*, S. 119.
133 Brief v. 1.9.1777 an Horace Mann, in: Toynbee (Hrsg.), *The Letters of Horace Walpole*, Bd. X, S. 102 f.
134 Mackesy, *War for America*, S. 138.
135 Ferling, *Almost a Miracle*, S. 237.
136 Weintraub, *Iron Tears*, S. 118.
137 Mackesy, *War for America*, S. 140 f.
138 *Friederike Riedesel – Eine Frau reist in den Krieg*, hrsg. v. T. Ostwald, S. 76 f.
139 Ebd., S. 141.
140 Ferling, *Almost a Miracle*, S. 240 f.
141 Ewald, *Diary of the American War*, Bd. I, S. 108.
142 Zitiert bei Conway, „The British Army and the War of Independence“, in: Gray/Kamensk (Hrsg.) *Oxford Handbook of the American Revolution*, S. 178.
143 Curtis, *Organisation of the British Army*, S. 55.
144 Ebd., S. 57.
145 Conway, „The British Army. Military Europe and the War of Independence“, in: *The William and Mary Quaterley* (WMQ) 2010, S. 75.
146 Curtis, *Organisation of the British Army*, S. 57.
147 Lamb, *Memoirs*, S. 61.
148 Curtis, *Organisation of the British Army*, S. 166, Anhang.
149 Ebd., S. 16.
150 Lamb, *Memoirs*, S. 89.
151 Ebd., S. 64.
152 Ebd., S. 89.
153 Ebd., S. 74.

154 Gruber (Hrsg.), *John Peebles' American War,* Einträge vom 21.3. u. 5.4.1778, S. 253 u. 255.
155 Ebd., Eintrag v. 17.7.1779, S. 277.
156 Ebd., Eintrag v. 2.5. 1778, S. 259.
157 Conway, „The British Army and the War of Independence" in: Gray/ Kamensk (Hrsg.) *Oxford Handbook of the American Revolution,* S. 179.
158 „Observations on the Prevailing Abuses in the British Army" zitiert bei Curtis, *Organisation of the British Army,* S. 24.
159 Curtis, *Organisation of the British Army,* S. 28.
160 Lamb, *Memoirs,* S. 71.
161 Gruber (Hrsg.), *John Peebles' American War,* Eintrag zum 6.1.1778, S. 161.
162 Lamb, *Memoirs,* S. 109.
163 Ebd., S. 70 f.
164 Lamb, *Authentic Journal of Occurences,* S. 66 f.
165 *Concord Fight. Narrative of Ensign Jeremy Lister,* S. 35.
166 Curtis, *Organisation of the British Army,* S. 11, Anm. 24.
167 Ebd., S. 28
168 Conway, „The British Army and the War of Independence" in: Gray/ Kamensk (Hrsg., *Oxford Handbook of the American Revolution,* S. 179.
169 Curtis, *Organisation of the British Army,* S. 27.
170 O'Shaughnessy, *The Men who Lost America,* S. 207 ff.

3. Der Aufstand eskaliert zum Weltkrieg

171 Denkschrift aus dem Jahr 1765, zitiert bei Bérenger/Meyer, *La France dans le monde au XVIII*[e] *Siècle,* S. 240.
172 Middlekauff, *The Glourious Cause,* S. 403.
173 Griffith, *War for American Independence,* S. 397.
174 Bérenger/Meyer, *La France dans le monde au XVIII*[e] *Siècle,* S. 263.
175 Middlekauff, *The Glourious Cause,* S. 405.
176 Ferling, *Almost a Miracle,* S. 260.
177 Morgan, *Franklin,* S. 217 f.
178 Ferling, *Almost a Miracle,* S. 263.
179 Mackesy, *War for America,* S. 160.
180 Ebd., S. 180.
181 Ferling, *Almoust a Miracle,* S. 267.
182 Mackesy, *War for America,* S. 183.
183 Ebd., S. 184.
184 Walpole, *Journal,* Bd. II., Eintrag v. 23.2.1778, S. 213.

185 Ebd., Eintrag v. 7.4.1778, S. 253.

186 Brief v. 9.5.1778 (Nachtrag), in: Toynbee (Hrsg.), *The Letters of Horace Walpole*, Bd. X, S. 233.

187 Mackesy, *War for America*, S. 202.

188 Gruber (Hrsg.), *John Peebles' American War*, Eintrag v. 14.7.1778, S. 201 f.

189 Mackesy, *War for America*, S. 217 f.

190 Ferling, *Almost a Miracle*, S. 311 ff.

191 Schreiben v. 25.12.1777, zitiert bei Kapp, *Life of John Kalb*, S. 137.

192 Griffith, *War for American Independence*, S. 454.

193 Ferling, *Almost a Miracle*, S. 288.

194 Brief v. 23.12.1777, in: Fitzpatrick (Hrsg.), *Writings of George Washington*, Bd. X, S. 196.

195 Griffith, *War for American Independence*, S. 457.

196 Ebd., S. 461.

197 Kapp, *Life of Steuben*, S. 122.

198 Ebd., S. 114.

199 Ebd., S. 117 ff.

200 Ebda, S. 119.

201 Gruber (Hrsg.), *John Peebles' American War*, Eintrag v. 18.5.1778, S. 181 f.

202 Ferling, *Almost a Miracle*, S. 288 f.

203 Brief vom Herbst 1779, zitiert bei Weintraub, *Iron Tears*, S. 217.

204 Griffith, *War for American Ind*ependence, S. 534.

205 Mackesy, *War for America*, S. 237.

206 Griffith, *War for American Independence*, S. 544 f.

207 Ebd., S. 556 f.

208 Mackesy, *War for America*, S. 292.

209 Griffith, *War for American Independence*, S. 580 f.

210 O'Shaughnessy, *The Men who Lost America*, S. 214.

211 Ebd., S. 213.

212 Schreiben v. 8.10.1778, zitiert bei Willcox, *Portrait of a General*, S. 270.

213 Griffith, *War for American Independence*, S. 522.

214 Ebd., S. 417.

215 Ferling, *Almost a Miracle*, S. 355.

216 O'Shaughnessy, *The Men who Lost A*merica, S. 229.

217 Mackesy, *War for Ame*rica, S. 276 f.

218 Ferling, *Almost a Miracle*, S. 388 f.

219 Mackesy, *The War for Am*erica, S. 322 f.

220 Brief an John Jay v. 23.4.1779, in: Fitzpatrick (Hrsg.), *Writings of George Washington*, Bd. XIV, S. 436.
221 Taylor, *American Revolution*, S. 201 f.
222 Schreiben Germains v. 10.10.1779, zitiert bei: Mackeys, *War for America*, S. 339.
223 Hinrichs, zitiert in: Uhlendorf (Hrsg.), Siege of Charleston, S. 326.
224 O'Shaughnessy, *The Men who Lost America*, S. 230.
225 Ewalds *Diary of the American War*, Bd. II, S. 226.
226 Ferling, *Almost a Miracle*, S. 427 f.
227 O'Shaughnessy, *The Men who Lost America*, S. 231.
228 Ebd., S. 256.
229 Ebd., S. 251.
230 Kapp, *The Life of John Kalb*, S. 196.
231 Ebd., S. 227.
232 Wickwire, *Cornwallis and the War of Independence*, S. 154 f.
233 Griffith, *War for American Independence*, S. 594 f.
234 Wickwire, *Cornwallis and the War of Independence*, S. 163.
235 Ferling, *Almost a Miracle*, S. 439 ff.
236 O'Shaughnessy, *The Men who Lost America*, S. 258.
237 Wickwire, *Cornwallis and the War of Independence*, S. 170.
238 Brief Cornwallis' an Admiral Arbuthnot v. 29.6.1780, in: Ross (Hrsg.), *Correspondence of Cornwallis*, Bd. I, S. 48.
239 O'Shaughnessy, *The Men who Lost America*, S. 259 f.
240 Brief v. 20.4.1780, zitiert bei Wickwire, *Cornwallis and the War of Independence*, S. 277 f.
241 Ebd., S. 220.
242 Ebd., S. 256 f.
243 Ebd., S. 285.
244 Ebd., S. 305.
245 Golway, *Washington's General*, S. 260.
246 Schreiben an Lord Rawden v. 17.3.1781, in: Ross (Hrsg.), *Correspondence of Cornwallis*, Bd. I, S. 85.
247 Ferling, *Almost a Miracle*, S. 499.
248 Brief v. 14.2.1781, in: Doniol, *Histoire de la Participation de la France à l'Etablissement des Ètats Unis*, Bd. IV, S. 544 f.
249 Morris, *Peacemakers*, S. 163.
250 Mackesy, *War for America*, S. 384.
251 Griffith, *The War for American Independence*, S. 645.
252 Ebd., S. 618 f.
253 Mackesy, *War for America*, S. 387.
254 Ferling, *Almost a Miracle*, S. 504.

255 Schreiben v. 10.4.1781, in: Ross (Hrsg.), *Correspondence of Cornwallis*, Bd. I, S. 87.
256 Schreiben Clintons v. 30.4.1781, in: Ross (Hrsg.), *Correspondence of Cornwallis*, Bd. I, S. 95.
257 O'Shaughnessy, *The Men who Lost America*, S. 274 f.
258 Ferling, *Almost a Miracle*, S. 503.
259 Wickwire, *Cornwallis and the War of Independence*, S. 326.
260 Brief v. 11.6.1781, zitiert bei Wickwire, *Cornwallis*, S. 338 f.
261 Brief v. 11.7.1781, zitiert bei Wickwire, *Cornwallis*, S. 349.
262 Balch (Hrsg.), *The Journal of Claude Blanchard*, S. 115.
263 Wilhelm Graf von Zweibrücken, *My Campaigns in America*, S. 41.
264 Weintraub, *Iron Tears*, S. 293.
265 Fortescue, *The War of Independence*, S. 251.
266 Döhla, *A Hessian Diary of the American Revolution*, S. 102.
267 Brief v. 6.9.1781, zitiert bei Griffith, *The War for American Independence*, S. 664 f.
268 Ferling, *Almost a Miracle*, S. 528.
269 Wickwire, *Cornwallis and the War of Independence*, S. 361.
270 Martin, *A Revolutionary Soldier*, S. 161.
271 Thacher, *Diary of American War*, S. 325.
272 Brief v. 19.9.1781, zitiert bei Kapp, *The Life of Frederick Wilhelm von Steuben*, S. 445.
273 Ferling, *Almost a Miracle*, S. 530.
274 Wickwire, *Cornwallis and the War of Independence*, S. 366 f.
275 Brief v. 28.9.1781, zitiert bei Weintraub, *Iron Tears*, S. 297.
276 Döhla, *A Hessian Diary of the American Revolution*, S. 101.
277 Thacher, *Diary of American War*, S. 335.
278 Ewald, *Diary of the American War*, Bd. II, S. 329.
279 Tagebuch Colonel Butler, Eintrag v. 9.10.1781, zitiert in: Commager, Morris (Hrsg.), *The Spirit of „Seventy-Six"*, S. 1230.
280 Wickwire, *Cornwallis and the War of Independence*, S. 376.
281 Martin, *A Revolutionary Soldier*, S. 168 f.
282 Wickwire, *Cornwallis and the War of Independence*, S. 377.
283 Ewald, *Diary of the American War*, Bd. II, S. 335.
284 Döhla, *A Hessian Diary of the American Revolution*, S. 109.
285 Ebd., S. 103.
286 Thacher, *Diary of American War*, S. 339 f.
287 Döhla, *A Hessian Diary of the American Revolution*, S. 103 f.
288 Ewald, *Diary of the American War*, Bd. II, S. 335.
289 Brief v. 12.10.1781 an Gouverneur Lee, in: Fitzpatrick (Hrsg.), *Writings of George Washington*, Bd. XXIII., S. 209 f.

290 Ewald, *Diary of the American War*, Bd. II, S. 336.
291 Chernow, *Hamilton*, S. 163.
292 Brief v. 21.10.1781 an seinen Onkel Reingard Graf von Wied, zitiert bei Robert A.Selig in Military History Magazine, Febr. 2003, https/www.historynet.com/letters-from-wilhelm-graf-von-schwerin-eye-witness-to-siege-of-yorktown, letzter Zugriff 9/1/2025.
293 Thacher, *Diary of American War, S. 341.*
294 Martin, *A Revolutionary Soldier*, S. 170 f.
295 Ewald, *Diary of the American War*, Bd. II, S. 337.
296 Wickwire, *Cornwallis and the War of Independence*, S. 382.
297 Brief Cornwallis' an General Clinton v. 15.10.1781, in: Ross (Hrsg.), *Correspondence of Cornwallis*, Bd. I, S. 99.
298 Thacher, *Diary of American War*, S. 343.
299 Zitiert nach Wickwire, *Cornwallis and the War of Independence*, S. 385.
300 Weintraub, *Iron Tears*, S. 300.
301 Ferling, *Almost a Miracle*, S. 538.
302 Brief v. 27.10.1781 an den Kongress, zitiert bei Tarleton, *A History of the Campaigns of 1780 and 1781*, S. 451.
303 Thacher, *Diary of American War*, S. 347.
304 Martin, *A Revolutionary* Soldier, S. 174.
305 Ellis, *The Cause*, S. 248 f.
306 *Diary of Frederick Mackenzie*, S. 664.
307 Willcox, *Portrait of a General*, S. 435.

4. Epilog

308 Brief v. 29.11.1781, in: Toynbee (Hrsg.), *Letters of Walpole*, Bd. XII., S. 110.
309 Schreiben Clintons v. 12.9.1781, zitiert bei Willcox, *Portrait of a General*, S. 423.
310 Schreiben v. 1.12.1781 an Graf von Görtz, in: Droysen et al. (Hrsg.), *Politische Korrespondenz Friedrich des Großen*, Bd. 46, S. 309 f.
311 Weintraub, *Iron Tears*, S. 314.
312 Simms, *Three Victories and a Defeat*, S. 652.
313 Ellis, *The Cause*, S. 250 f.
314 Mackesy, *War for America*, S. 460.
315 Ellis, *The Cause*, S. 252.
316 Ayling, *George the Third*, S. 286 ff.
317 Mackesy, *The War for America*, S. 472 f.
318 Zitiert bei Mackesy, *The War for America*, S. 516.
319 Ellis, *The Cause*, S. 307.

320 William, *The History of the Rise, Progress, and Establishment of the United States*, Bd. IV, S. 196.
321 Brief v. 6.2.1783, in: Fitzpatrick (Hrsg.), *Writings of George Washington*, Bd. XXVI, S. 209 f.
322 „Farewell Orders to the Armies" v. 2.11.1783, in: Fitzpatrick (Hrsg.), *Writings of George Washington*, Bd. XXVII, S. 223.
323 William, *The History of the Rise, Progress, and Establishment of the United States*, Bd. IV, S. 200.
324 Chester A. Arthur. Adress at the Yorktown Centennial Celebration: https://www.ptesidency.uscb.edu/node/363207
325 Rawson, *A Slight Souvenir of a Visit to the Yorktown Centennial*, S. 12.
326 Ketchum, *Victory at Yorktown*, S. 6.
327 Brief v. 28.11.1781 an Jay, in: Butterfield (Hrsg.), *Adam Papers*, Bd. XII, S. 93.
328 Stedmann, *History of the Origin, Progress, and Termination of the American War*, Bd. 2, S. 446 ff.
329 Fortescue, *The War of Independence*, S. 253.
330 Mackesy, *The War for America*, S. 429 f.
331 Schreiben v. 18.10.1781 an Cornwallis, in: Commager/Morris (Hrsg.), *The Spirit of „Seventy-Six"*, S. 1240.
332 Befehl v. 25.10.1781, in: Fitzpatrick (Hrsg.), *Writings of George Washington*, Bd. XXIII, S. 265.
333 Urwin, „The Yorktown Tragedy", in: *Journal of the American Revolution* (2019), o. S.
334 Lepore, *Diese Wahrheiten. Geschichte der Vereinigten Staaten*, S. 144.
335 Taylor, *American Revolution*, S. 3.
336 Schreiben Jays v. 17.11.1782, in: Commager/Morris (Hrsg.), *The Spirit of „Seventy-Six"*, S. 1264 f.

Literatur

Quelleneditionen

Angela und Paul Adams (Hrsg.), *Die Amerikanische Revolution und die Verfassung 1754–1791*, München 1987.

Lyman Henry Butterfield et al. (Hrsg.), *Diary and Autobiography of John Adams*, 4 Bde., Harved 1961.

Bruce E. Burgoyne (Hrsg.), *Johann Conrad Döhla. A Hessian Diary of the American Revolution*, Oklahoma 1993.

Edmund Burke, *Speeches and Letters on American Affairs*, London (Reprint) 1961.

Henry Steele Commager/Richard B. Morris (Hrsg.), *The Spirit of „Seventy-Six"*, New York 1967.

William Bodham Donne (Hrsg.), *The Correspondence of King George the Third with Lord North from 1760 to 1783*, London 1867.

Henri Doniol, *Histoire de la Participation de la France à l'Établissement des États Unis d'Amerique*, 4 Bde., Paris 1886.

Johann Gustav Droysen et al. (Hrsg.), *Die politische Korrespondenz Friedrichs des Großen*, 46 Bde., Berlin/Leipzig 1879–1939.

John Clement Fitzpatrick (Hrsg.), *The Writings of George Washington*, 39 Bde., Washington D.C. 1931–1944.

Peter Force (Hrsg.), *American Archives, Fourth Series Containing A Documentary History of the English Colonies in North America from the King's Message to Parlament to the Declaration of Independence by the United States*, Washington 1837.

John Fortescue (Hrsg.), *The Correspondence of King George the Third from 1760 to 1783*, London 1928.

Ira Gruber (Hrsg.), *John Peebles' American War, 1776–1782*, London 1998.

H. W. Lewis (Hrsg.), *Horace Walpole's Correspondence with Sir Horace Mann*, New Haven 1967.

Thomas Ostwald (Hrsg.), *Friederike Riedesel – Eine Frau reist in den Krieg*, Braunschweig 2020.

Hans Pleschinsky (Hrsg.), *Voltaire–Friedrich der Große. Briefwechsel*, München 2011.

Rhode Island Historical Commission (Hrsg.), *The Invasion of Canada in 1775. Including the Journal of Captain Simeon Thayer*, Providence 1867.

Edward H. Tatum (Hrsg.), *The American Journal of Ambrose Serle, Secretary to Lord Howe, 1776–1778*, San Marino (Kal.) 1940.

James Thacher, *A Military Journal During the American Revolutionary War. From 1775 to 1783*, Boston 1823.

Joseph P. Tustin (Hrsg.), *Captain Johann Ewald. Diary of the American War*, New Haven 1979.

Bernhard Uhlendorf (Hrsg.), *The Siege of Charlestown*, Ann Arbor 1938.

Wilhelm Graf von Zweibrücken, *My Campaigns in America*, Boston 1868.

Ältere Literatur

Winston Spencer Churchill, *The History of the English Speaking Peoples*, 4 Bde., London 1956–1958.

Edward E. Curtis, *The Organization of the British Army in the American Revolution*, New Haven 1926.

John Fortescue, *The War of Independence. The British Army in North America, 1775–1783*, London, o. J.

Allen French, *The Day of Concord and Lexington. The Nineteenth of April 1775*, o. O., 1925.
William Gordon, *The History of the Rise, Progress and Establishment of the United States of America*, London 1788.
Henry P. Johnston, *The Yorktown Campaign and the Surrender of Cornwallis, 1781*, New York 1881.
Friedrich Kapp, *The Life of John Kalb. Major General in the Revolutionary Army*, New York 1884.
Ders., *The Life of Frederik William von Steuben. Major General in the Revolutionary Army*, New York 1859.
Roger Lamb, *An Original and Authentic Journal of Occurences During the Late American War From its Commencement to the Year 1783*, Dublin 1809.
William Edward Lecky, *The American Revolution*, London 1808.
Edward Jackson Lowell, *The Hessians and the Other German Auxiliaries of Great Britain in the Revolutionary War*, New York 1884.
Alfred Thayer Mahan, *The Major Operations of the Navies in the War of American Independence*, London 1913.
Joseph Plumb Martin, *A Narrative of Some of the Adventures, Dangers and Sufferings of a Revolutionary Soldier*, Hallowell (Maine) 1830.
Thomas Paine, *Political Works*, New York 1891.
Banastre Tarleton, *A History of the Campaigns of 1780 and 1781 in the Southern Provinces of North America*, London 1787.
Josiah Tucker, *Four Tracts on Political and Commercial Subjects*, London 1776.

Neuere Literatur

Stanley Ayling, *George the Third*, Glasgow 1972.
Jean Bérenger/Jean Meyer, *La France dans le Monde aux XVIIIe Siécle*, Paris 1993.

Jeremy Black, *War for America. The Fight for Independence 1775–1783*, Stroud/Gloucestershire 1991.
Ders., *George III. America's Last King*, New Haven 2008.
Henry William Brands, *The First American. The Life and Times of Benjamin Franklin*, New York 2000.
Nick Bunker, *An Empire on the Edge. How Britain Came to Fight America*, London 2015.
Ron Chernow, *Alexander Hamilton*, New York 2004.
Ders., *Washington. A Life*, New York 2011.
Stephen Conway, *The War of American Independence 1775–1783*, London 1995.
Jonathan R. Dull, *The French Navy and American Independence*, Princeton/London 1975.
Joseph J. Ellis, *The Cause. The American Revolution and its Discontents 1773–1783*, New York 2021.
Ders., *George Washington. Eine Biografie*, München 2017.
John Ferling, *Almost a Miracle. The American Victory in the War of Independence*, Oxford 2009.
Ders., The First of Men. A Life of George Washington, Knoxville (Tennessee) 1988.
Edward Grey/Jane Kamensky (Hrsg.), *The Oxford Handbook of the American Revolution*, Oxford 2013.
Samuel Blair Griffith, *The War for American Independence*, Garden City 1976.
Ira Gruber, *The Howe Brothers and the American Revolution*, New York 1972.
Christopher Hibbert, *Redcoats and Rebels. The War for America 1770–1783*, London, New York 1990.
Michael Hochgeschwender, *Die Amerikanische Revolution. Geburt einer Nation 1763–1815*, München 2018.
John Keegan, *Fields of Battle. The Wars for North America*, New York 1996.
Richard M. Ketchum, *Victory at Yorktown*, New York 2004.

Jill Lepore, *Diese Wahrheiten. Geschichte der Vereinigten Staaten von Amerika*, München 2020.

Piers Mackesy, *The War for America 1775–1783*, London 1964.

Robert Middlekauff, *The Glorious Cause. The American Revolution 1763–1789*, Oxford 2005.

Edmund S. Morgan, *Benjamin Franklin. Eine Biografie*, München 2006.

Richard B. Morris, *The Peacemakers. The Great Powers and American Independence*, New York 1965.

Andrew Jackson O'Shaughnessy, *The Men who Lost America*, New Haven, London 2013.

Nathaniel Philbrick, *In the Hurrican's Eye. The Genius of George Washington and the Victory at Yorktown*, New York 2018.

Ders., Bunker Hill. *A City, a Siege, a Revolution*, London 2013.

Brendan Simms, *Three Victories and a Defeat. The Rise and the Fall of the First British Empire*, London 2007.

Alan Taylor, *American Revolutions. A Continental History, 1750–1804*, New York 2016.

Barbara Tuchmann, *Der erste Salut*, Frankfurt am Main 1988.

Stanley Weintraub, *Iron Tears. America's Battle for Freedom. Britain's Quagmire 1775–1783*, New York 2005.

Hermann Wellenreuther, *Von Chaos und Krieg zu Ordnung und Frieden. Der Amerikanischen Revolution erster Teil, 1775–1783*, Berlin 2006.

Franklin und Mary Wickwire, *Cornwallis and the War of Independence*, London 1970.

David K. Wilson, T*he Southern Strategy. Britain's Conquest of South Carolina and Georgia, 1775–1780*, Columbia (South Carolina) 2005.

William B. Willcox, *Portrait of a General. Sir Henry Clinton in the War of Independence*, New York 1964.

Robert K. Wright, *The Continental Army*, Washington 1983.

Aufsätze

Stephen Conway, „The British Army and the War of Independence", in: Edward G. Gray/Jane Kaminski (Hrsg.), *The Oxford Handbook of the American Revolution*, Oxford 2013, S. 177–193.

Ders., „British Mobilisation and the American War for Independence", in: *William and Mary Quarterly*, 3. Serie., Bd. 67 (2010), S. 69–100.

Personenverzeichnis

C

D

E

F

H

I

J

M

N

O

S

T

Bildnachweis

S. 2: © akg-images/WHA/World History Archive; S. © Peter Palm, Berlin; S. 27: © akg-images/Science Source; S. 39: © akg-images; S. 43: © akg-images/Science Source; S. 44: © akg-images; S. 50: © akg-images; S. 55: © akg-images/Album/Prisma; S. 57: © akg-images/Science Source; S. 69: © akg-images/Science Source; S. 73: © akg-images/ClassicStock; S. 78: © akg-images/Album/Prisma; S. 87: © akg-images; S. 101: © akg-images/Album/Prisma; S. 125: © Peter Palm, Berlin; S. 128: © ClassicStock/akg-images/H. Armstrong Roberts; S. 132: © akg-images/Science Source; S. 137: © Peter Palm, Berlin; S. 175/76: © Peter Palm, Berlin; S. 195: © Peter Palm, Berlin; S. 200: © akg-images; S. 203: © akg-images/UIG/Universal History Archive; S. 210: © akg-images/UIG/H.Tschanz-Hofmann/Bildagentur Online; S. 215: © akg-images; S. 230: © ClassicStock/akg-images/M. Berman